高等级公路沥青路面养护维修技术读本

GAO DENG JI GONG LU LI QING LU MIAN YANG HU WEI XIU JI SHU DU BEN

吴敏刚　蔡乾东　商博明　徐培华　主编

人民交通出版社

内 容 提 要

本书共六章，分别对高等级公路养护管理、高速公路沥青路面早期损坏、高等级公路沥青路面预防性养护技术、高速公路沥青路面典型病害维修处治技术、乳化沥青及其应用和沥青路面再生技术等作了详细的介绍。内容涉及面广、针对性强、新颖实用，文字通俗易懂，对高等级公路养护技术工作具有指导意义和重要的参考价值。

本书可供高等级公路养护技术管理、施工、监理、养护材料研究及养护机械开发等方面的技术人员学习和借鉴，也可供大专院校师生参考，还可作为高等级公路养护部门工程技术人员的岗位培训教材。

图书在版编目（CIP）数据

高等级公路沥青路面养护维修技术读本 / 吴敏刚等主编．—北京：人民交通出版社，2011.6
ISBN 978-7-114-09068-4

Ⅰ．高… Ⅱ．吴… Ⅲ．①沥青路面－公路养护 Ⅳ．①U418.6

中国版本图书馆 CIP 数据核字（2011）第 081361 号

书　　名： 高等级公路沥青路面养护维修技术读本
著 作 者： 吴敏刚　蔡乾东　商博明　徐培华
责任编辑： 赵瑞琴
出版发行： 人民交通出版社
地　　址：（100011）北京市朝阳区安定门外外馆斜街 3 号
网　　址： http://www.ccpress.com.cn
销售电话：（010）59757969，59757973
总 经 销： 人民交通出版社发行部
经　　销： 各地新华书店
印　　刷： 北京市密东印刷有限公司
开　　本： 720×960　1/16
印　　张： 11.5
字　　数： 212 千
版　　次： 2011 年 6 月　第 1 版
印　　次： 2011 年 6 月　第 1 次印刷
书　　号： ISBN 978-7-114-09068-4
印　　数： 0001－3000 册
定　　价： 28.00 元

前　言

改革开放30年来,我国公路建设发展迅速,截至2010年底,全国公路总里程突破400万公里,高速公路达7.4万公里,作为国民经济的基础性产业,公路建设的发展对加快建设统一市场、实现资源有效配置、促进区域协调发展、提高对外开放程度、推动国民经济发展和社会进步发挥了重要作用。公路建设是创造财富的,养护管理则是保护财富,养护维修技术则是保护财富的根本手段。高等级公路养护维修技术的科学发展,不仅有利于保持其良好的使用状态和服务水平,而且有利于向使用者提供安全、快捷、舒适、经济、优美的行车环境,树立高等级公路的对外形象,提高经济效益和社会效益。

本书总结了国内外高等级公路沥青路面养护维修技术发展现状,凝聚了作者多年来从事高等级公路养护维修实践中所积累的丰富经验,同时参阅了我国现行技术规范和大量文献资料,作者经过系统总结、客观分析、反复精炼而成。全书共分六章内容,分别对高等级公路养护管理、高速公路沥青路面早期损坏、高等级公路沥青路面预防性养护技术、高速公路沥青路面典型病害维修处治技术、乳化沥青及其应用、沥青路面再生技术等作了详细的介绍,思路清晰,内容丰富,重点突出。

本书涉及面广、针对性强,内容新颖实用、文字通俗易懂,对高等级公路沥青路面养护工作具有指导意义和参考价值。本书可供高等级公路养护技术管理、施工、监理、检测、科研等方面的技术人员学习借鉴,也可供大专院校师生参考,还可作为从事高等级公路养护管理和工程技术人员岗位培训教材和自学读本。

本书在编写过程中,参考了国内外有关专著、论文资料和研究报告等,并引用了部分段落,在此向有关作者和研究人员表示感谢。陕西长大博源公路养护科技有限公司高育科、毛述永,西安道路养护维修工程技术研究中心贾晓放、陈月影,长安大学傅珍博士、宋哲玉高级工程师等同仁,在本书编写中给予了大力支持,在此一并表示感谢。

由于学术疏浅和客观条件所限,加之高等级公路沥青路面养护维修技术涉及面广,发展速度快,区域差异性大,诸多新技术可能存在未涉及或总结不到位的地方,同时也难免出现一些错误或不足之处,敬请各位读者和专家学者批评指正!

编　者

2011年5月

目　　录

第一章

高等级公路养护与管理

高等级公路一般指供汽车高速、安全、舒适、顺畅运行的现代化公路；是连接重要政治、经济中心，工矿区、港口、机场的交通纽带；是国家公路交通运输主动脉和国家公路网主骨架。根据公路功能、路网规划、交通量，并充分考虑项目所在地区的综合运输体系、远期发展等，高等级公路分为高速公路、一级公路及二级公路三个等级。

高等级公路建成通车后，随着运营时间的推移、交通量的增长和设施使用频率的增加，高等级公路及其配套设施会出现不同程度的损坏，及时发现并有效修复这些损坏是公路养护管理者的责任。高等级公路养护不仅有利于保持其良好的使用状态和服务水平，而且有利于向使用者提供安全、快捷、舒适、经济、优美的行车环境，树立高等级公路的对外形象和提高经济效益和社会效益。

第一节 概　　述

一、高等级公路养护的目的

高等级公路养护是公路运营管理的重要组成部分，是保证其优良服务水平的主要手段之一。高等级公路养护的目的一般可以归纳为以下几点：

(1)了解并正确评价养护对象状况及服务水平，及时安排日常养护、专项养护及大修，保证高等级公路良好的行车环境。通过养护调查可以建立相应的技术状况数据库，为高等级公路的运营管理提供完整、科学的技术数据，并将数据分析处理后为决策服务。

(2)经常保持高等级公路及其设施的完好状态，发现并及时弥补由于设计或其他原因造成的公路及其设施的先天不足和使用缺陷。一般来说，在高等级公路投入使用后，由于建设期的种种原因，在实际使用中往往会出现诸如排水、边坡防护、通道设置、标牌处置、建筑物使用功能等方面的问题，这些问题只能通过后期的养护维修加以弥补，并逐步形成高等级公路较完善的使用及服务功能，保障行车安全、舒适、畅通。可以说养护也是对高等级公路建设的一种补充与完善。

(3)防治结合。提前预防高等级公路及附属设施病害的发生,及时治理随时出现的损坏,尽可能延长高等级公路及附属设施的使用寿命,延缓大修周期,降低运营管理成本,提高高等级公路的抗灾能力。由于高等级公路具有高车速、重交通、大流量的特点,因而通过早期预防性养护可以防止微小病害的进一步扩大,使高等级公路经常保持使用要求的技术状态。

(4)采取正确的技术措施,提高养护工作质量,减少或杜绝由于高等级公路及设施维护不当给用户及使用者带来的意外损害,避免为此引发不必要的法律纠纷。近年来,我国高等级公路因路上障碍、设施维护不当造成使用者伤害的事件时有发生,不仅增加了使用者与管理者的双重负担,也直接影响了高等级公路的声誉。进一步加强高等级公路养护管理是解决这一问题的最根本手段。

综上所述,高等级公路的养护管理是其运营管理中不可缺少的一个重要内容。高等级公路养护工作一定要常抓不懈,常养不怠,为使用者创造一个良好畅通的行车环境。近年来,交通部曾经提出了"公路建设是发展,公路养护也是发展,而且是重要发展"的观点,把公路养护管理提到了一个新的高度来认识。由此可见,高等级公路的养护管理是一项具有战略意义的工作。因此,进一步加强高等级公路的养护管理是实现国家交通运输长远发展目标的需要,是持续改善国家路网结构的需要,也是加速高等级公路现代化进程的需要。没有高等级公路养护管理工作持续稳定的发展,要实现国家高等级公路的规划目标是不现实的。

二、高等级公路养护的特点

高等级公路由于设计标准、建设质量与运营方式上与一般公路存在很多不同,因此其养护有着自身的显著特点。

1. 养护实施的强制性

由于我国高等级公路既是国家基础设施又具有收费的特性,因此,保证高等级公路良好的使用性能和优秀的服务水平,就成了养护的首要任务。养护工作的任何懈怠和疏忽不仅会对道路及其设施本身造成潜在危害,也会对高速行车的驾乘人员构成严重生命威胁。因此,高等级公路的养护应当是一种强制性的养护。鉴于目前我国高等级公路的建设资金大都通过不同的融资渠道来解决,存在着较大的还贷或其他资金返还压力,故对养护的投入不够充足。特别是一些合资、合作运营的高等级公路,在养护上更难做到及时、到位,就更加显示了强制性养护的重要。解决这一问题的关键是通过立法来加强政府的监督,在法律、行政、经济三个方面加以约束。高等级公路运营管理单位应给养护以正确定位,即:先养护、后还贷、再经营。

2. 养护对象的广泛性

高等级公路的养护对象除道路、桥涵、隧道及其沿线附属设施之外,还应当包括交通工程设施,监控、通信、照明设施,绿化、环保、园林设施,棚亭建筑设施,以及各种生活服务设施等。这些设施的养护和管理几乎涵盖了道桥、建筑、园林、机电、光电、机械、计算机等多种专业,形成了一个内容广泛、互有联系、缺一不可的综合养护体系。

3. 养护的高成本性

由于高等级公路建设标准高、养护范围广、材料选用精良、机械化程度高及使用机械比例较大、施工程序复杂,且保护措施较全、现代化设施较多等原因,使高等级公路养护的成本要比一般公路高出许多。但这种投入是合理且十分必要的,高等级公路养护的大投入换来的是高等级公路及设施的长久完好,是服务水平的不断提高,是通行费收益和社会效益的双重回报。

4. 养护方式的独特性

高等级公路养护面对的是大交通下的快速通行环境,这种环境对高等级公路的养护方式提出了更高的要求。首先,在养护管理上要建立一整套病害尽早发现并迅速治理的快速反应机制。其次,养护作业应快速、迅捷,尽量缩短作业时间,尽量保证开放交通。再次,高等级公路养护要严格执行安全操作规程,除具体的养护工艺环节外,施工作业现场安全措施要求严格,要按规定设置不同的交通安全管制区段,并在限定的区段内作业。此外,还有诸如高等级公路因其路段长、设施多、作业流动性强,必须最大限度地采用并依靠机械作业,以机械化养护为主、人工养护为辅,以便提高高等级公路的养护质量与效率等。

5. 养护技术的复杂性

高等级公路养护除需要具备机械化、专业化技术外,还需要随着养护管理的发展注重探索和推广使用新技术、新工艺、新材料和新设备。同时,在养护检测手段上,也要不断配备现代化设备,以适应高等级公路长距离、多点位的快速检测及分析方式。此外,由于高等级公路养护对象广泛,监控、通信、收费等各种现代化设施的科技含量较高,也将会促进养护技术含量的进一步提高,形成养护技术的复杂性。

除此之外,高等级公路养护还有注重环保、节能减排、提供服务等其他特点。

三、高等级公路养护的任务

根据上述目的和特点,高等级公路养护的主要任务和要求有以下几点:

(1)高等级公路的养护工作必须贯彻“预防为主,防治结合”的方针,坚持“高效、低耗、优质、安全”的原则,对高等级公路应进行经常性、及时性、周期性和预防性养护与维修,使高等级公路保持正常的使用功能。

(2)建立规范化的公路检测、数据采集制度,进行路况及管理设施调查,通过管理数据库，建立高等级公路及设施的综合评价体系。

(3)根据高等级公路及设施的运营状况，制订可行的养护计划和规划，实施有针对性的及时养护，保证高等级公路健全的服务功能。

(4)高等级公路的养护工作必须依靠科技进步，不断探索新的养护技术与管理措施，积极采用新技术、新材料、新工艺、新设备，以最经济的方式达到最佳养护效果。

(5)努力推行并建立合理、高效的机械化养护方式，不断提高机械配备率和机械作业的占有率，保证高等级公路养护的速度与质量。

(6)建设一支能适应高等级公路现代化养护的管理和专业化施工队伍，变被动养护为主动养护，变静态养护为动态养护，达到养护的高标准、高质量、高效率、高机动性。

四、高等级公路养护的内容

高等级公路养护涉及的内容十分广泛，但归纳起来，大致可分为如下几个方面：

1. 为保持路况及设施完好而进行的日常维护保养

高等级公路日常维修保养是确保高等级公路正常使用功能的重要手段，它具有经常性、及时性、周期性的特点。这种养护尽管每天都要进行，但却具有一定的不可预见因素，即在每日的常规养护中会经常发现新的问题和缺陷。这些问题和缺陷如不及时处理，会对行车安全造成很大的隐患或威胁。如标志的修复或重置，监控通信设施故障排除，冬季的各种作业等，这些工作只能在当天或较短的时间内作出计划或反应，因此具有较强的随机性。

高等级公路日常维护保养一般包括路基路面保养、桥涵隧道保养、沿线设施保养、机电设备保养、绿化保养等等。日常维修保养作业具有点多、线长、面广、分散，以及移动作业等特点，往往受自然因素影响较大。在施工组织上一般采用专项责任承包或分段综合承包等方式，以便更好地落实责任，提高养护质量和考核力度。日常维护保养是高等级公路养护资金使用的主要方面。

2. 为加固完善道路及运营设施而进行的专项工程

专项工程是在保证交通的情况下进行的规模性养护施工，是对高等级公路及其附属设施的一般性磨损和局部损坏进行修理、加固、更新、完善的作业，是针对不同养护对象提出的具有保护作用的维护措施。例如易损边坡的护砌加固，桥梁伸缩缝及桥头跳车的处治，沥青路面整段罩面，沿线建筑及收费棚亭的粉刷油饰，易动岩体的灌浆稳固，增设沿线景点和树木更新等，这些措施大部分并非紧急需要，因此，对其工作量可以合理地进行预测，分步实施。这些工作对于防止高等级公路及运营设施的后期损坏、减少今后长期费用的支出往往具有重要意义，在实际养护中常被列入专项工程计划，由专业施工队伍实施。

高等级公路专项工程会随着高等级公路使用年限的增长而逐年增多，根据资金状况对其进行合理预测与安排，是不断保证高等级公路服务水平的重要一环。

3. 为恢复或改进原设计功能而进行的大修工程

高等级公路大修工程是指高等级公路及其附属设施已达到其服务年限，必须进行应急性、预防性、周期性的综合修理，使之全面恢复原设计状态，或根据高等级公路发展的要求进行的局部改善工程，其中包括：重建或增建的防护工程、整段路面的改善工程、增建小型立交或通道、大中桥梁改善、沿线设施的整段更换、房屋建筑的改造、监控收费系统的改造，以及站区广场的改造等。这些项目一般按年度作出规划，在养护费用中列支。由于高等级公路具备了现代交通设施的种种特征，因此这类养护不仅重要，而且必不可少。

4. 对沿线景观、绿地的绿化美化和环境保护

绿化美化是高等级公路养护的重要内容之一。目前我国高等级公路的绿化任务大都是在通车后的养护期内完成或分步实施。绿化工作一般包括沿线中央分隔带及边坡的绿化养护、站区及办公环境绿化养护、服务区绿化养护、沿线特殊景点的绿化养护，以及苗圃的保养等。高等级公路的绿化养护可以用“三分栽，七分养”来描述，其效果好坏不仅取决于设计和栽种，更取决于后期保养是否适当，因此是一项占用人力和资金都很多的工作。绿化养护对于提高路上景观效果，改善驾乘人员的视觉印象，表现地区人文环境，体现高等级公路运营管理水平等都有着不可低估的作用。高等级公路的绿化美化工作一般都被列入高等级公路日常维修、保养与专项工程之中，并根据高等级公路管理的需要，有计划地完成。

此外，做好环境保护也是高等级公路养护的重要内容。高等级公路的环境保护在我国起步较晚，但随着大家环保意识和相关政策的逐步加强，环保设施的逐步增多，环保工作会很快被重视起来。其中噪声控制设施、生态保护设施，以及结合绿化进行的绿化美化工程等，是高等级公路环保养护的重点。

5. 灾害及恶劣气候条件下的抢修及应急对策

高等级公路在运营过程中，会遇到如飓风、暴雨、山洪、冰雪、地震和岩体滑塌等不良灾害天气的侵害。这些情况尽管发生的机会较少，但造成的危害很大，往往会使高等级公路运营工作陷入瘫痪。因此，对上述危害做好充分的物质准备，制订切实可行的抢修预防和快速反应机制，是高等级公路养护管理不可缺少的重要内容之一。重大灾害造成的路基路面损害、桥涵结构物损害的修复，依据其工程量的大小一般都列入高等级公路大修工程的范围。此外，在冰雪等恶劣条件下，尽快改善通行条件，减少高等级公路不必要的关闭，则是高等级公路养护管理经常遇到的

问题，处理是否及时将直接影响着高等级公路的社会效益和经济效益。

6. 沿线机电设施的维修与管理

机电设施的维护与管理是高等级公路养护区别于一般公路养护的重要特征，也是保证高等级公路正常运营的不可缺少的重要环节。随着我国高等级公路现代化水平的不断提高和技术含量的进一步增强，机电设施的维修与管理工作将会愈来愈受到高等级公路管理者与使用者的双重关注。它不仅会为运营管理提供服务，也会给使用者带来极大的方便。

目前，机电设施的维护一般包括监控系统维护、收费系统维护、通信系统维护、通风照明系统维护、供配电系统维护以及消防等。机电设施的维修工作具有技术要求高、程序复杂、危险性大等特点，维护人员需经培训或持有专业证书方可上岗作业。特别是在执行规范和规章方面，有着更严格的要求。机电设施维护对于公路行业来讲是较为生疏的一个领域，但它体现了高等级公路养护是多行业、多工种密切配合的管理特性，同时也是高等级公路养护管理中需要认真对待的一个方面。

第二节　高等级公路养护管理特点及重要性

一、高等级公路养护管理特点

1. 公路养护管理的概念

公路养护是指为保持公路经常处于完好状态，防止其使用质量下降，并向公路使用者提供良好的服务所进行的作业。这里公路养护管理特指公路建成投入使用后所进行的养护作业管理。国际道路会议常设协会（PIARC）于 1983 年建议，公路养护统一划分为日常养护、定期养护、特别养护和改善工程四类。公路养护管理的目的是充分实现公路的使用功能，并不断提高服务水平。

2. 高等级公路养护管理的特点

由于高等级公路设计标准、建设质量、运营方式与一般公路有很大不同，其养护管理工作主要有以下特点：

（1）实施养护作业的强制性。高等级公路在国家综合运输网络中所具有的地位及作用决定了对高等级公路的养护应当是建立在法律法规基础上的强制性养护。

（2）养护对象的广泛性、全面性。高等级公路的养护对象除道路、桥涵及沿线附属设施外，还包括交通工程设施、绿化环保设施、生活服务设施等各个方面。

（3）养护作业方式的机动性与时效性。与一般公路养护相比，高等级公路的养护更要求快捷机动、实用高效，养护工艺、操作规程程序性强。养护作业实施时需特别设置交通安全管制区段。

(4)养护技术的专业性和复杂性。高等级公路的养护除需要具备机械化、专业化外,还需不断探索和发展新技术、新工艺、新材料的使用。在养护检测手段上,需具备现代化综合检测设备。养护工作涉及的学科领域比较宽泛、科技含量高、技术工艺复杂。

(5)综合养护成本高、人员素质要求高。高等级公路养护对象自身价值高,为保持或恢复养护对象的使用功能和服务水平,必须付出高成本。从事养护的作业人员、管理人员必须对养护对象的技术构成十分熟悉,必须具备高素质。

(6)养护管理行为已上升为可持续发展的战略高度,必须树立服务观念、节能环保观念。

二、养护管理工作的重要性

2001 年在江西南昌召开的全国养护管理工作会议上,交通部提出了“建设是发展,养护管理也是发展”的新发展观和“以人为本,以车为本”的新服务观。新发展观,既关注建设,又强调养护管理,较好地把握了建、管、养三者关系,体现了两个并重:“以人为本,以车为本”的新服务观,摆正了人、车、路三者关系,体现了对交通发展规律性的把握和服务社会公众的理念,完全符合科学发展观的本质要求。现在看来,这些理念不仅没有过时,而且愈发显现旺盛的生命力。新阶段的交通发展,要在科学发展观指导下,继续遵循“建设是发展,养护管理也是发展”的理念,继续体现“以人为本,以车为本”的服务意识。这是我们在工作实践中总结出来的重要经验,也是指导今后工作的重要方针。

公路养护管理工作涵盖了体制机制、养护工程、规费征收、路产保护、队伍建设、行业稳定等众多领域。既有生产力的发展,也有生产关系的调整;既有上层建筑的变革,也有经济基础的夯实,涉及领域之深,触及矛盾之多,是其他交通工作所不多见的。这篇大文章做好了,路网完善畅通了,人民群众出行便利了,交通工作就能更好地服从和服务于国民经济发展和社会进步这个大局。如果处理不好,不仅制约国民经济发展、影响人民生活,而且会严重损害交通行业的社会形象。我们要站在国民经济和社会发展全局的战略高度,深刻认识做好公路养护管理工作的重大现实意义和深远历史意义。

1. 加强公路养护管理是实现交通又快又好发展的根本要求

“十一五”以来交通工作的主线,就是要站在新的历史起点上,推进交通事业又快又好发展。对公路交通工作而言,“快”就是要抓住难得机遇,利用一切积极因素,进一步建设完善公路网络;“好”就是要注重公路发展的整体性、协调性、可持续性,发挥路网整体效率。“快”需要加快建设来实现,“好”需要提高养护管理水平来解决。处理好“快”与“好”的关系，就是要在加强公路建设的同时，切实加强养护管理工作。如果忽视了公路养护管理或者养护管理跟不上，到处是坑洼路、颠簸路，到处是堵塞，没有安全，没有效率，就会出现一条腿长、一条腿短的状况，既走不快，也走不远，是无法实现又快又好发展的。

公路建设是前提，养护管理是保障。公路建设是分段分期进行的，建设成就越大，养护管理任务越重。

从交通工作承担的任务和使命看，我们不仅要关注里程的增长和等级的提高，更要关注公路的安全畅通和服务品质的提升。一条路建不建，社会影响固然不小，但一旦通车后再中断，影响可非常大。到2010年底，我国有了7.4万公里的高速公路，再过十多年的时间，我们的高速公路就要接近世界第一了。按照10年一次大修计算，每年就有6000~7000km的高速公路需要大修，大修的规模达到甚至超过目前高速公路在建的规模，我们不仅要面临巨大的资金压力，更要面临巨大的社会压力。因此，必须把公路养护管理工作摆在更加突出的位置，切实处理好“快”与“好”的关系，在继续加快公路建设的同时，用更多的精力，下更大的力气，投入更多的资金，切实把公路管理好养护好。我们要通过自己的努力，再次向世界证明，中国不仅有实力建成世界一流的公路设施，而且我们的管养能力也是世界一流的。

2. 加强公路养护管理是保持交通事业可持续发展的重要途径

公路建设是创造财富的，养护管理则是保护财富的。财富的创造积累和财富的保护同等重要。经过建国五十多年，特别是“九五”以来10年间的快速建设，公路基础设施总量大幅度增加，到2010年底，全国公路总里程已达398.4万公里。这些设施，既是交通行业服务人民、奉献社会的物质基础，也是全体国民的共同财富。保障公路的完好畅通，就是为全体国民守护好我们的共同财富。养护管理工作到位了，可以延长公路的使用寿命，减少公路的投入，降低资源能源的消耗，这是最有效的财富积累。如果养护管理跟不上，小病不治成大病，就会造成巨大浪费。现在，社会和群众对公路交通的需求越来越高，既希望有更多的路，也希望走更好的路。对交通部门而言，公路发展既要有量的扩张，更要有质的提高。我们要通过加强养护管理，提高好路率，充分发挥公路存量资产的最大效益，促进整个路网结构的优化。

这是巩固建设成果、服务社会公众、适应经济发展的重要手段，也是实现可持续发展的重要途径。

3. 加强公路养护管理是建设节约型交通行业的必然选择

交通是资源占用和能源消耗都比较大的行业。进入“十二五”，我国人口、就业、资源、环境等矛盾更加突出。交通事业发展面临的一个突出矛盾，就是日益受资源、能源的制约，特别是资金、土地的约束尤为突出。在一定意义上，公路建设是积极的发展，养护管理则是永续的发展。通过新建改建，延伸公路网络，提高技术等级，扩大通过能力，缓解交通压力，提高行车安全性和舒适度，这一点是单凭养护无法做到的。但是，如果只靠新建工程和规模扩张来发展交通事业，在资金保障、土地供应、环境保护等方面也是无法做到的。只有切实重视和加强公路养护管理，通过养护尽最大努力延长现有公路的使用寿命，通过管理最大限度地提高现有公路设施的效率，才能更加有效地减少对土地的占用和其他资源的消耗。

4. 加强公路养护管理是构建便捷、通畅、高效、安全的综合运输体系的重要基础

在综合运输体系中，公路交通是能够实现“门到门”服务的运输方式，其他运输方式都必须通过公路来衔接。在现代社会，公路与经济社会发展和人民群众生产生活关系更加密切，重要性、基础性地位更加突出。随着经济社会的不断发展，公路交通不但是人们出行的首要选择，而且是最重要的选择。加强公路养护管理，保持公路路网的良好技术状况和安全畅通，不仅对于充分发挥公路交通自身在综合运输体系中的作用，而且对于保障其他运输方式顺畅的运行具有重要作用。

5. 公路养护管理工作是体现、发挥、强化公路功能的重要保障

各地各部门要站在落实科学发展观和建立资源节约型社会的高度，深刻认识加强公路养护管理工作的重大意义，牢固树立建设是发展、养护管理也是发展的理念，进一步增强紧迫感和责任感，统一思想认识，采取有效措施，把公路养护管理摆上重要议程，给予高度重视，切实抓紧抓好。

三、养护管理工作的原则

公路养护工作是交通部门在公路建成通车后，保证公路畅通，延长公路使用寿命，提高公路使用质量的重要工作。通过公路养护工作，使公路达到“畅”、“洁”、“绿”、“美”的标准，同时公路养护工作也是社会性、群众性的工作。如何能够更标准、更高效地达到预防性的工作要求，通过几年的实际工作，从“以人为本”、“以路为本”的角度总结养护工作的原则为“精细严实，实事管养”。

“精细严实，实事管养”工作是从公路养护的主体和公路养护主体人的因素出发，根据公路的实际情况，通过具体的实际操作达到养护的目的。二者相辅相成，互相依附，缺一不可。只有二者高效的统一才能起到更大的作用，公路养护水平才能达到更高的标准。

1. 认真贯彻“精细严实”的原则

(1)有充足技术素质和理论知识。无论从事养护工作的人是正规院校毕业的学生或是一般人都应通过积极努力的学习，不断积累养护的专业知识和理论知识，提高自身能力，使自己成为一名合格的公路养护管理人员。

(2)有高度的责任心。公路养护的质量掌握在养护工作的具体人手里,如果没有高度的责任心,心存侥幸,不负责任,使公路养护工作达不到预期的标准和效果,这样逐渐积累,很容易降低公路的使用质量和标准,难免发生大的事故,造成极大的负面影响。

(3)有细致的工作风格。公路养护工作必须细致,细致到对微小的病害进行严格的分析、研究,想到扩大后造成的后果,来及时地进行处理;细致到对不同路段的养路工进行不同的管理,提高管养能力。

(4)有脚踏实地、吃苦耐劳的工作精神。公路养护需要实实在在地工作,实实在在地解决和处理公路病害,同时应具有吃苦耐劳的精神,深入到工作一线,坚持跟班作业,直到达到标准。

(5)加强公路养护工作中的安全管理工作。从事公路养护施工,安全是重要的工作前提,本着安全第一和管生产必须管安全的原则,在施工前给每一名养护施工人员上缴保险,签订养护安全生产合同。同时,配备好标准的安全施工标志,出台养护生产安全标准,现场有专人管理。

每个养护工作人员都要按上述五个方面严格要求自己,并不断地通过学习和日常积累达到这五个方面的要求。

2. 认真贯彻"实事管养"的原则

"实事管养"就是从公路的实际情况出发,认真做好公路基础数据的填写和存档工作,认真做好路况调查工作和每日的巡视工作,根据不同的路段存在的不同病害,制订相应的管养计划,合理分配资金和人员,提高预防能力。根据季节的变化和路段的不同,确定合理的检测频率,以资料数据来及时反映真实的路况,以避免冰冻、洪水、高温等对公路的破坏,把病害降低到最低水平。根据路段的不同特点,加强特殊性的管养工作,体现和突出公路养护的特征。

总之,"实事管养"的原则就是,实事求是的态度,从公路的实际情况出发,通过大量详细的基础数据资料,反映公路的使用和质量情况,以第一手的资料为基础,制订合理的养护实施方案,通过严格规范的公路养护,使管养的公路达到"畅"、"美"、"绿"、"洁"的标准。

"精细严实,实事管养"的原则是根据实事求是,一切从实际出发的精神实质,体现了人和路的统一关系,只有把二者结合起来,不断提高认识,在实际工作中充分发挥作用,使管养的公路有良好的社会形象,达到使用者——广大群众的满意,达到公路的"畅"、"洁"、"绿"、"美"的标准,提高公路的使用水平,延长公路的使用寿命。这样才能更好地完成实际的公路养护工作,使公路养护事业不断进步,蓬勃发展。

发展公路建设,必须坚持建、管、养并重原则,不能放松正常养护管理。实践证明，只有科学、严格的养护管理，才能提高公路的运行质量和经济效益。

四、高等级公路养护管理存在的问题

由于我国高等级公路的建设发展异常迅猛，传统的、长期计划经济体制下的经验型养护管理模式，已远远不能适应时代发展的要求。目前暴露出的问题集中反映在以下几个方面：

1. 养护管理体制不顺

目前我国高等级公路的养护管理与一般公路的养护管理一样，大多仍采用事业型的管理体制，不能反映高等级公路社会化大生产的商品属性要求；养护经费来源仍采用拨款方式，不能适应高等级公路管理企业经营性要求，这些方面已严重影响了养护技术水平的提高与管理机制的创新。

2. 养护运行机制落后

"重建轻养"思想严重。对养护管理的强制性要求缺乏足够的认识及有效的法律约束，主要表现为对养护责任事故追究不力、监管不严、处罚过轻；对养护资金投入不足，对科技进步重视不够；尚未建立起现代企业制度。

3. 缺少养护定额与规范

截至目前，针对高等级公路养护管理特点的全国性和地方性统一的养护定额与技术规范尚未出台，养护工程费支出缺乏严格的考核标准，随意性较大；养护质量的考核仍沿用一般公路养护的"好路率"指标，不能满足高等级公路全方位养护的客观要求。

4. 养护机械配套率不足，养护科技含量低

虽然一些地方、一些高等级公路配备了从国外引进的大功率综合性养护机械，但对机械性能的开发严重不足，导致使用频率低，设备闲置浪费现象比较严重；大多养护作业仍采用传统的手工作坊式生产组织，对国外已有的新技术、新工艺、新材料多处在试验阶段，还没有大规模推广使用。

5. 养护管理技术落后

上述问题造成了我国高等级公路养护管理技术落后，已严重制约高等级公路安全、快捷、舒适、经济等性能的充分发挥，已形成我国公路事业发展的瓶颈。

五、养护管理的科学化和规范化

现在的公路承受较大的交通负荷，路况不断变化，其养护作业多样且技术复杂，必须走养护管理科学化、规范化之路。从决策到施工过程，都以科学的态度和科学的手段为依托，从而取得最佳效益。在科学决策上，要根据现有公路的标准、质量、实际路况、交通量大小及其他经济技术参数，确定养护对策措施，避免主观臆断、背离实际的决策。这就需要决策者一方面深入实际调查研究，一方面善于利用

先进的科技手段为决策服务，要大力推广应用新工艺、新材料，提高对有关新技术的敏感度，强化自身研究开发意识和应用条件的建设，强化预防性养护、周期性养护，促进公路的良性循环。要通过路况调查，分析公路技术状况的演变，确定合理的路面使用周期，安排周期性养护工程计划。公路养护管理要实现规范化，确保公路养护质量、公路服务水平的提高。在养护工程施工中，严格按有关规定实施规范化交通安全控制，切实做到维持交通、保障安全。另外，在养护工程管理上，建立公路养护工程质量监督体系，坚持质量“否决权”制度，确保工程质量和工作质量。

1. 突出重点干线公路的养护

以路肩、边沟、绿化、桥头跳车和集镇路段综合整治为重点，从2001年开始开展以整修路肩、疏通边沟、绿化补植为重点，用两年的时间，使全场干线公路路容路貌有较大的改观。目前，干线公路基本达到了路肩平顺、边坡稳定、边沟畅通、路树整齐、集镇路段公路两侧环境有较大改观，基本实现了畅、洁、绿、美要求。

2. 加强对干线公路的养护检查考核

一是依据交通部《公路养护技术规范》，进一步明确了检查的内容、重点、标准及要求；二是进一步规范了养护管理行为；三是将养护经费与养护质量挂钩，根据考核结果计量拨付养护经费，养护好的奖，养护差的罚；四是建立了养护考核通报制度和路况整改通知书制度，限期改正。针对公路养护线长、面广、考核量大的特点，由交通局公路科按时对公路日常养护进行检查考核。

3. 大力开展文明样板路创建工作

一是在文明样板路建设中，充分调动沿线单位的积极性，加大创建工作力度；二是将创建文明样板路与大中修改造工程有机结合起来，进一步提高创建质量；三是将创建文明样板路与创建文明行业和治理公路“三乱”有机结合起来，进一步规范行业管理行为。

4. 加强大中修工程管理

为加强大中修工程的管理，一是明确每年按小修保养经费计划；二是进一步明确了实施危桥改造的组织管理、实施步骤、技术标准和经费来源，明确大中修工程经费，优先安排危桥工程改造。

5. 坚持建养并重，积极推进公路养护机械化

目前垦区公路最突出的问题是建成后的养护管理力量和养护资金同题。农场公路本来等级就低，抵御自然灾害的能力弱，如果缺乏及时有效的养护，路况必然会下降，用不了几年，好路就变成坏路了，政府的投资和老百姓的辛勤劳动就会付诸东流。交通主管部门一定要认识到“建设是发展，养护管理也是发展”，在加快垦区公路建设的同时，要认真研究、统筹考虑垦区公路的养护问题，切实做到建养并重。对已列养的公路，要及时充实养护力量和安排养护资金；对未列养的通乡公

路和通村公路，要研究适合当地实际情况的养护管理模式和方式，建立稳定的垦区公路养护管理资金来源，实现农村公路的可持续发展。

要解决公路的养护管理问题，必须改革现行的公路管理体制，要把公路管理纳入交通主管部门的行业管理，合理划分公路的管理层次和管理权限，建立适宜的公路管理机构；同时，要增加公路养护资金来源，逐步建立和完善符合农场公路特点的养护新机制，提高养护水平，推动公路养护管理体制改革。

六、倡导和谐化养护的建议

高等级公路“管养分开”模式是我国社会主义市场经济条件下的必然趋势，是“管养并重”发展的得力举措。尽管各高等级公路公司因自身条件的限制，养护改制的方法手段不一，但肯定地说，他们都不同程度地充实并提高了高等级公路养护管理力度，降低了成本，提高了养护机械化程度，加大了养护科技含量，提高了时效与质量。

那么，如何进一步更新观念、创新方法，协调解决养护体制改革过程中的不足，充分发挥管养分开的最大效能呢?

1. 管养分开是趋势，“和谐”养护是保证

针对管养分开模式中的不足，应积极倡导“和谐”养护理念并通过“创建”这个载体，全面推进高等级公路养护改革进程，实现管养分开模式，这是在打造“和谐”大交通的环境下，必须创建与实施的企业养护文化氛围，有着深远的政治与现实意义。

2. 创建和谐养护理念，必须明确和谐的对象

“创建和谐养护”集中体现在高等级公路养护多元化建设，提倡养护服务交通、服务民众、服务和谐社会的意识，其涉及的对象与内容很多，重点在于做好管养之间的和谐管理，路与自然的和谐养护建设，人、路、车的和谐共处，防灾抗灾与应急处置的和谐力度，路与周边环境的和谐文化等等。

3. 创建和谐养护理念，必须培养和谐意识

和谐养护理念体现在人们的意识之中，我们要积极培养人人关心养护的意识，注重防治意识，市场竞争意识，管养配合协作意识，科技创新与机械化推广应用意识，安全畅通时效意识，勤俭节约的成本意识，拼搏奋进的奉献意识，监管从严的质量意识，自然环保的美化意识。

4. 创建和谐养护理念必须关注的五大环节

创建和谐养护理念，就是要建立一个以人为本、以车为本、以路为本的公路养护体系，培育一个规范有序的公路养护工程市场，培养一支拼搏奉献的公路管养员工队伍，着重在于做好高等级公路养护的人、机、料、法、环(境)等几个重点环节，

如图 1-1 所示。

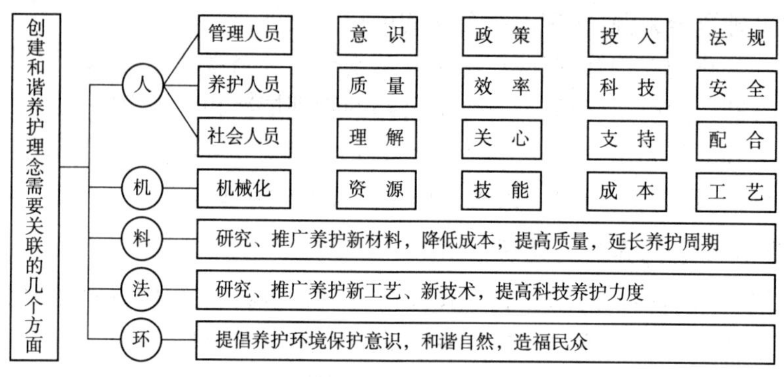

图 1-1 创建和谐养护理念需要关联的几个方面

5. 以和谐的理念设计新的养护管理制度、标准

“十五”以来，相关主管部门先后制定了许多养护管理制度、标准，但是随着养护管理体制的不断变化，这些养护规章制度、标准、措施已不能满足新形势下养护建设发展的需要，必须立足和谐养护的理念，从全国的角度，结合各高等级公路的养护特点，以地区为单位，尽快组织设立省一级的主管养护管理部门，实行统一、规范、适情、科学的养护管理组织体系，组织专门的研究人员总结归纳制定新一轮养护管理规范、技术标准，拓宽养护在防、养、治以及应急救助、服务民众、融合自然等全面养护建设与管理层面，加大路与路之间、区域之间的养护协调联动效应，推动整体养护效能的再提高，全面实现“养护转型、管理升级、改革加速、服务提高”的新要求。

第三节 高等级公路养护管理工作热点问题

1. 公路养护管理工作迎来高峰期，养护资金筹措面临严峻挑战

我国公路事业已处于建养并重时期，东部一些发达地区的路网基本建成，养护管理工作已成为公路工作的重点；中西部地区的路网虽然还在建设和完善中，但已经建成的设施的管理养护任务十分艰巨。

2006 年 8 月，全国养护管理工作会议明确提出了“公路建设是创造财富，公路养护管理是保护财富”的科学论断。

公路养护管理工作即将迎来快速发展的高峰期，而稳定充足的资金是做好养护管理工作的关键。据测算，要维持现有路网的正常养护，每年至少需要 1000 亿元资金，从目前筹措能力看，养护资金缺口将达数百亿元，各级交通主管部门必须

千方百计筹措养护资金,确保公路养护管理工作的顺利开展。

2. 公路发展中的深层次矛盾亟需解决

目前全国公路管理体制多样,一省多局,特别是高等级公路多头管理的局面十分突出。各方关系不顺、政令不畅、工作被动、治超难、执法难、管理难,问题百出,归根到底是公路管理体制的问题。要想解决公路发展和管理中的深层次矛盾和问题,必须理顺管理体制,构建科学合理、精简统一、协调有力、务实高效的公路管理体制平台。

作为公路主管部门,应出台统一的养护规范和养护技术标准、统一的管理规范与标准,以及统一的管养投资标准,并加大检查监督力度,从而实现高等级公路的集中管理和政府职能。"事权一致、权责对等",应成为各项改革的基本原则。

3. 影响生产力发展的体制性障碍使得改革进程缓慢

1995 年"合肥会议"启动公路养护运行机制市场化改革后,在"管养分离、事企分开"总体原则指导下,各地积极探索实践了各种符合市场经济体制要求的新型公路养护运行管理模式,一些影响生产力发展的体制性障碍正在逐步消除。但是,由于众多原因,改革进程呈现一定的复杂性、艰巨性,各地改革进展也不尽平衡。

目前,交通部已组织有关力量对养护运行机制改革问题进行研究,明确了改革模式等原则性问题,下一步将对改革涉及的人员身份置换、国有资产置换、企业运营管理,以及养护工程市场管理等相关环节进行认真研究,争取相关配套政策,改变被动局面,保障改革进程的稳定、顺利推进。

4. 相关法律法规建设问题

我国与高等级公路的建设、管理相配套的法律法规建设还相对滞后,高等级公路养护市场没有统一的准入标准,一些法律法规对公路管养部门和管理者保护不够。加强法律法规建设,是公路行业加强管理、维护国家财产和自身合法权益的重要保障。

5. 预防性养护问题

预防性养护是成本效益最佳的养护手段,对于延长公路使用寿命,降低公路全寿命周期养护成本,提高公路服务水平和资源利用效率,具有重要意义。

各地要抓紧研究预防性养护的关键技术、相关制度和资金投入机制,尽快整合和提炼出适合我国国情的预防性养护设备、技术与工艺。

6. 公路的公共服务能力及评价体系

公路行业本身就是服务行业,要多站在用户的角度看待自己的工作,安排自己的工作,真正建立以公众利益为核心的绩效评价体系。

应对"公共服务能力"进行定性、定量地分析,提出便于大家执行的具体标准,统一大家对此问题的理解、认识和做法。

7. 公路的防灾抗灾能力及突发事件处理问题

各级政府部门要结合公路管理信息化建设,研究开发上下联动、反应迅捷的公路应急信息平台,制订可操作性的公路突发事件应急管理办法,对公路应急队伍建设、应急物资储备管理、应急指挥、信息发布等具体工作作出相关规定。

建立起相对完善的公路灾害防治监管体系,改变我国公路灾害日趋严重的局面,降低公路灾害的发生率和经济损失。

8. 养护资金问题

采取有力措施,理顺资金拨付渠道,提高资金利用率和周转率,实现责权利的统一,把有限的公路建设养护资金用在刀刃上。

9. 大型桥隧工程安全问题

全国公路养护管理工作会议已把切实强化桥隧设施的养护监管列为未来五年公路养护管理工作的九项工作重点之一,部署了有关部门在下一阶段将重点研究。

10. 公路发展的环境问题

大家认为,要从自身做起,从建章立制抓起,从加强管理抓起,经受住各种考验,一定要为公路发展创造良好的行政、社会和舆论环境,带着信心、启发与思考,继续履行历史赋予公路人的责任与使命。

第四节　高等级公路养护管理信息化技术

一、公路养护信息化建设现状

近年来,国内公路养护信息化工作进展比较快,特别是在公路数据库方面较好地应用了计算机技术和网络技术等信息技术成果,有些地区也应用了开放的卫星技术开发了地理信息系统,这些都为养护信息化奠定了良好的基础。

公路行业信息化、数字化、网络化是我国公路行业发展的必然趋势,是公路行业发展从传统繁琐的手工管理模式中解脱出来,从而达到降低费用、提高效率、增强综合竞争力的目的。但在公路养护生产和管理方面的信息化还处在较低的应用层次。

二、公路养护信息化建设存在的问题

(1)目前,公路养护基层单位对人、财、物的管理是比较粗放的,仅靠生产实绩表、材料消耗表、考勤表等手工进行处理,缺乏详尽的材料、机械、人力资源、生产以及路况等管理系统。同时养护自我查评、好路率的形成等源自手工操作,资料查阅困难、汇总缓慢、容易出错,管理部门难于监管。

(2)一些应用在养护管理方面的软件如机械管理、人事管理等,没有统一的数

据标准和规范，各应用系统之间没有接口，数据不能共享，更不能实现信息化整体布局。

(3)大部分公路养护机构还没有建立网络化管理信息系统，没有形成完整、统一、流程化的数据管理体系，部分养护机构还没有采用数据自动采集处理。

(4)由于没有建立通过养护最基层的基础数据汇总制度，所形成的具有宏观调控功能的信息共享数据交换平台使建立省、市、县级的三级管理没有落实到最基层，出现严重的架空状态。

三、公路养护信息化的发展趋势

我国公路管理体制是按照计划经济的要求，实行统一领导、分级管理的原则建立的，公路建设、养护、管理权均在地方。随着我国政治、经济体制改革的逐步深入，这种计划经济体制下形成的公路管理体制，愈来愈不适应社会主义市场经济的要求，已经对新形势下公路事业的健康发展产生了不利影响。因此，按社会主义市场经济的要求，构建一个高效、科学、合理的公路管理体系，从根本上解决存在的矛盾和问题，努力使公路事业有创新、有发展、有突破，管理规范、整合资源、降低成本、提高效益，让人财物合理应用。

改革开放以来，总结多年公路管理的经验与教训，借鉴国外的管理模式，各地都进行了养护体制改革，事企分开，转变机制，生产与管理剥离，建立效率高、机制灵活的新型公路养护生产运行机制是各地都在努力的方向。那么，管养分离后的养护监管怎么办？构建一个网络化的信息管理平台，将会对管养分离后的养护管理起到积极的推动作用。

信息管理平台实现如下功能：

(1)实现公路养护道班的工、料、机、生产、财务等信息化管理，实现各级公路养护管理部门对下级养护机构的监督管理，让养护工作从繁杂的内业管理工作中解脱出来，可以提高工作效率，并提高公路养护的监管力度，为管养分离后的监管创造条件。

(2)要建立在专业数据库平台和网络平台上的、能够提供全面信息管理功能的信息管理系统，让信息化管理覆盖整个养护工作项目，确保养护工作的科学性、准确性和公正性。从技术手段上改进公路养护监管手段和提高养护基层单位的养护项目运营水平，推动整个公路养护行业的质量管理水平上台阶。同时，通过网络平台确保养护行政主管部门能够随时调用和查看养护数据及相关质量信息，进行各种数据汇总和统计，及时准确地了解养护详细情况及路况质量情况，真正提高养护质量监管水平。

(3)要实现通过系统地记录不同地域、季节、路面类型等情况下的实际养护效果，反映基层养护道班的实际养护水平，为管理部门监管养护质量，分析病害原因，评价养护投资效益提供科学依据。通过对养护道班的财、物、人力资源、作业流程的智能化管理，提升道班的管理和生产水平，促进公路养护投入产出最优化。

本章思考题

1. 浅析当前公路养护管理模式的特点及存在的问题？今后主要任务和发展方向是什么？

2. 创建“和谐”化养护理念需要考虑哪些因素，各自发挥什么作用？

3. 浅析公路养护管理信息化技术有哪些优越性？若建立公路养护管理信息化体系需考虑哪些主要内容？

第二章

高速公路沥青路面早期损坏及防治措施

第一节　高速公路沥青路面早期损坏类型及特征

改革开放30年以来,是中国公路发展速度最快、规模最大、最具活力的时期,自1988年沈沪嘉高速公路建成通车以来,中国的公路事业进入了以建设高速公路、一级公路等高等级公路为主的新时代。截至2010年,我国通车高速公路里程达7.4万公里,居世界第二位。我国的公路建设事业用了短短的十几年时间走完了发达国家半个多世纪的发展历程。

在已经建成的高速公路沥青路面中,大部分路面的使用状况是比较好的。例如1988年建成的沈大高速公路,在运营使用了13年后整体情况良好,目前已进行现场再生罩面预防性养护。1993年建成的广深高速公路至今没有发生严重的破坏,目前也进行了表面功能性的维修养护罩面。另外1996年建成的沪宁高速公路、八达岭高速公路以及随后建成的京沪、京哈、京珠三大高速公路主干线,大部分路段都达到了相当高的使用水平。

不过,我们也应清楚地认识到,由于我国高速公路的建设起步晚,技术力量的储备较少,经济基础较差,以及我国的自然气候复杂和交通荷载条件恶劣,车辆超载严重,优质的道路石油沥青等原材料缺乏等原因,铺筑的高速公路路面结构还存在种种问题,一些路段的建设水平并不尽如人意,甚至通车几年就发生了车辙、开裂、泛油、坑槽等早期损坏现象,不得不进行大面积维修。这不仅对社会、交通造成了很大的影响,在经济上也造成了很大的损失。近年来,如何预防高速公路的早期病害已经引起我国道路工作者的高度重视,是目前急需解决的重要技术课题,对提高沥青路面的整体水平是非常必要的。

一、早期损坏的基本类型

造成早期损坏的原因十分复杂,通过大量调查研究认为,我国高速公路早期损坏主要有两种不同的类型:

第一类早期损坏是在沥青路面建成通车不久,短期内发生不同程度的水损坏、车辙、开裂等早期损坏，这些病害基本上都是局部的、个别性的，大部分表现为局部的坑槽、松散等水损坏，车辙、推拥等流动性变形，各种裂缝，桥面铺装损坏、路基不均匀沉降和构造物接头开裂等。这些损坏通过局部性的维修和铣刨可以得到缓解。

第二类早期损坏是指沥青路面的耐久性差，沥青路面的使用寿命达不到我国规范规定的设计年限 15 年，与国际上 30 ~ 40 年的设计年限甚至 50 年的“永久性路面”更不能相比。我国除了早期修建的京津塘、广深珠等几条高速公路只需要进行表面层的再生或加铺罩面外，大多数高速公路基本不到 8 ~ 10 年，甚至更短的年限内就发生基层松散的结构性破坏，需要进行大修，而且这种大修不仅仅是对沥青面层维修，还必须同时维修基层和底基层。这种情况带有普遍性、全局性，对社会和交通的影响较大。

二、早期损坏的基本特点及原因

1. 第一类早期损坏的特点

第一类的早期损坏往往发生在通车后不久，有的是当年，有的在 1 ~ 3 年内发生。往往有以下特点：

(1)大量的情况是，针对同一地区，或者一条路来说，早期损坏都是局部性的，只有极个别的产生全路段的大规模损坏。这种情况在许多路上表现为出现局部的坑槽、松散、部分路段出现车辙等等。

(2)这些损坏通常是在行车道首先发生，很明显与超载车有密切的关系。

(3)这些损坏的发生有强烈的时间特性，大多在雨季和春融季节，水的危害是首位的。水损坏是最常见的现象。车辙毫无疑义是发生在夏季高温季节，尤其是在长大纵坡的上坡路段。开裂大部分发生在气候转冷的入秋季节和冬季，说明这些损坏受环境影响很大。

(4)这些损坏通过及时的局部性的维修可以得到缓解。但是，如果交通量很大，不能及时维修，更大的损坏就难以避免了。

2. 第一类早期损坏的原因

(1)某些工程着眼于“形象工程”、“政绩工程”，不按照科学规律办事，盲目地缩短工期，赶工、抢工，导致施工质量严重下降。有一个省在《人民日报》上很自豪地发表文章，称今年(2003 年)才开工的某高速公路，在冰天雪地里昼夜施工，凭着顽强拼搏的精神，短短 6 个月完成 80km 的路基和底基层，到 11 月高速公路全面贯通，创造了高速公路建设史上的“某某速度”。一年建成的高速公路相当于前 10 年建成高速公路里程的总和，从而使总里程突破了 1000km。这不由使人想起某地在 2002 年也有一个类似的高速公路工程，4 月份开工，10 月份通车，结果到第二年便发生了前所未有的较严重的早期损坏。

(2)路面设计时对水的问题考虑较少。设计都是“你抄我,我抄你”,千篇一律,缺乏地区特色,不仅结构设计全国范围看大同小异,排水设计尤其没有得到重视,长期以来很少在封水和排水设施上下工夫。

(3)材料配合比设计不当。基层和沥青混合料的配合比设计不当,混合料的级配不合理,基层级配过于致密,沥青混合料空隙率过大,沥青用量过大或过小,再加上沥青混合料配合比设计体积指标计算的随意性,设计空隙率与实际的空隙率不吻合,一些路段要么出现泛油,要么渗水严重。

(4)材料质量差。尤其是砂石材料等地方性材料来源杂,质量不稳定,混合料离析和变异性十分严重,路面上存在许多局部性的上下连通孔隙,使得局部渗水严重。还有的石料与沥青的黏附性不足,甚至采用了抗剥落剂效果也不好,在动水压力作用下发生剥离和水损坏。

(5)施工原因。除了少数仍然存在的偷工减料的情况外,普遍的问题是压实不好。在相当长的一段时间内,片面追求平整度、担心构造深度而严重影响碾压,虽然压实度数据100%合格,实际上从碾压工艺就可以看出压实度的不足。而沥青路面的层间施工污染和施工离析成为目前最突出的问题,对此必须更加关注。

(6)路基的问题反映到路面上来,也是必然的事。路基有各种各样的问题,最集中的是分层碾压不规范,压实度不够,还没有达到要求的残余沉降就开始铺筑路面,严重的不均匀沉降导致路面开裂。

(7)施工质量失控。名义上点点合格,实际上存在弄虚作假现象,只保留合格的数据,而舍弃不合格数据。这种现象不仅发生在施工单位,也发生在监理和质检机构,有的建设单位也是睁一只眼闭一只眼。这个问题与我国实行的评分评优制度有关,许多优质工程都在挖补维修。

(8)半刚性基层水泥剂量过大,设计强度过高,出现局部的拱胀和严重的开裂。这个问题目前也比较普遍,由此而带来了一系列问题。

(9)在许多山区、丘陵区的长坡、上坡路段,沥青用量偏多和级配不合理的路段,在重载车的作用下,夏季很快出现严重的车辙、推移。

(10)桥面铺装的防水黏结层施工不良,沥青层与桥面板脱离,沥青层进水又排不出去,沥青铺装层与桥面板之间积水,出现唧浆、网裂、坑槽。

(11)在一些排水困难的路段,如挖方冒水路段、超高路段、中央分隔带渗水路段、隧道铺装路段,由于排水设施不周或很快失效,产生局部水损坏。

(12)构筑物端部施工不良,桥头跳车严重。

3. 第二类早期损坏

第二类早期损坏是由深层次原因导致。我国在铺筑的近3万公里高速公路,除了京津塘高速公路、广深珠高速公路等极少数工程使用10余年后仍然只需通过表面处理就可恢复路面的使用性能外，基本上都达不到设计年限就需要“大修”。从这个意义上讲，也可以说是普遍发生了早期损坏，而且是更为严重的早期损坏。

这种现象引起的社会反响极大，各级领导和工程技术人员也都甚感苦恼，即使是严格管理，完全按照设计认真施工、使用的材料也完全合格的工程，有不少确实是建设者兢兢业业、努力奋斗而修筑的“精品工程”，为什么仍然发生意想不到的早期损坏，为什么用了几年以后都不行了，这就清楚地说明这种早期损坏有着其深层次的原因。

因此，大家都在反思，使用寿命与设计寿命是两个概念，只要维修养护及时，沥青路面是可以长时间使用下去的。

日本高速公路的设计年限一直只有10年，据2000年日本对高速公路使用情况进行的调查，按使用年限划分10年以下占34%，10～20年占32%，20年以上占34%。它与我国千篇一律地采用较薄沥青层的半刚性基层沥青路面这种结构不无关系。因为薄沥青层从长远来说，无法防止开裂，无法防止各种途径的水的进入，又不能迅速地排除水。尤其是在严重的超限超载车辆通行的路段，超载和水的共同作用使沥青路面在短时间内发生较严重的损坏，且导致基层结构的损坏。这种情况在多雨潮湿地区尤其显得突出，带有普遍性。

第一种类型的早期损坏是局部性的，只在某些部位产生坑槽，有些段落产生严重的车辙，但是许多段落并没有发生损坏或车辙。有些路面使用不到3～5年就彻底损坏，必须“开膛破肚”地翻修，可是也有些高速公路和一、二级公路长时期使用良好。即同样的路面结构，同样遭受超限超载车辆“蹂躏”，同样遇到雨水的侵蚀，并不是全地区、全路段都同时发生损坏。这种局部性的损坏，必须从局部找原因，原因无非就是管理、设计、施工、材料、维修养护等等。局部性损坏的原因往往施工因素所占的比例比较高，其中一个重要因素是沥青混合料的离析和不均匀。尽管造成早期损坏往往是由于超限超载车辆、雨水同时作用，而某些部位的路面渗水，沥青混合料自身的抗水损坏能力、抗车辙能力、抗裂性能不强，便在这些薄弱的环节率先发生各种各样的损坏。

第二种类型的早期损坏则是全局性的，有些原因是共同的，沥青路面的耐久性差和使用寿命短已经开始波及许多高速公路，大体上不到10年便进入大修期。这不能不说是非常遗憾的，这才是更深层次的早期损坏。

我国的高速公路建设时预测的交通量增长速度，一般都赶不上实际的增长速度。而且不仅是交通量的数量增加，更直接地反映在超限超载车辆问题上。超限超载车辆是造成公路损坏的主要因素之一。

但是，对于早期损坏的原因，都归咎于超载车也是不科学的。因为同样受到超载车的影响，在同样的地区或者同样的一段路上，并没有全面损坏。例如八达岭高速公路，也不是没有超载车，但都没有发生早期损坏。因此我们必须透过现象看本质，从管理、设计、施工、养护各方面找原因，盲目地将早期损坏统统都归咎于超载车，是无助于总结经验教训的。

第二节　高速公路沥青路面车辙成因及防治措施

近年来，我国高速公路沥青路面都不同程度地出现了车辙病害，部分路段在建成通车不久便出车辙，尤其在交通量较大、重载超载车辆较多的路段，车辙表现得更为明显。据统计，在沥青路面的维修养护中车辙约占80%，是沥青路面早期损坏的重要形式之一。车辙的产生直接导致路面的平整度变差，从而对行车的舒适度、安全性等产生不利的影响。

一、车辙类型

我国高速公路沥青路面车辙类型可分为结构型车辙、失稳型车辙、磨耗型车辙和压密型车辙四个类型。

1. 结构型车辙

结构型车辙主要是基层或路基强度不足，在交通荷载反复作用下产生的沉陷性永久变形，作用于路面而形成。路基强度不足沉陷形成的车辙主要表现为路基横断面整体呈V字形的凹陷，一般大于行车道的宽度。这类车辙通常要通过钻芯取样、全断面切割或挖除进行剖面检查。当因路基结构强度不足引发车辙时，应进行公路大修整治。

2. 失稳型车辙

失稳型车辙绝大多数是由于在交通荷载产生的剪切应力的作用下，路面面层材料失稳，横向位移永久变形而形成。车辙的外观特点是沿车辙两侧可见混合料失稳横向蠕变位移形成的凸缘，一般出现在车辆轮迹的区域内。当路面材料的强度不足以抵抗交通荷载作用于它上面的应力，特别是重载车辆高频率通过，路面反复承受高频重载时，极易产生此类车辙。

此外，在高速公路的进、出口，收费站或一般公路的交叉路口等减速或缓行区，这类车辙也较为严重。因为这些地区车速较低，交通荷载对路面的作用时间较长，易于引起路面材料失稳、横向位移和永久变形。

3. 磨耗型车辙

在交通车辆轮胎摩擦和环境条件的综合作用下，路面磨损，面层内集料颗粒逐渐脱落；尤其是在冬季路面铺撒防滑料或汽车采用防滑链时，将加速磨耗型车辙发展。这类车辙多呈凹形、从外观上较易识别。

4. 压实型车辙

压实型车辙由于碾压不足，开放交通后被车辆压密而形成车辙。这类车辙是由于路面施工质量控制不严造成的非正常病害，一般在讨论车辙时，多不考虑。

二、车辙产生的原因

1. 沥青路面层间结合不好

钻孔取芯发现，发生车辙、壅包破坏的沥青面层与基层顶面之间或沥青面层相邻两层之间出现层间结合不好现象。严重车辙路段大都是上下两层推移，相对较轻车辙段为一层推移。

2. 沥青混合料质量标准低，高温稳定性差

由于近年来交通量的增加，重载、超载车辆比例加大，加之高速公路渠化交通，路面长时间处于疲劳状态，在车辆的反复碾压下路表变形过大，并使得面层混合料产生横向流动而形成车辙和推移。

3. 基层施工质量差

因基层的厚度不足或因基层材料、施工、养生不当导致基层整体强度不足，使得路表变形过大而形成车辙和推移。

4. 施工因素

在施工过程中片面追求平整度而放松压实度，使路面空隙率偏大，在通车后，行车碾压造成车辙。还有施工时沥青混合料油石比控制不好，用油量偏大，造成热稳定性不足形成车辙。

三、车辙的防治措施

造成沥青路面车辙损坏的原因非常复杂，应该从材料、配合比设计、施工、设计、结构、交通和环境等因素进行分析，采取综合措施。

（一）材料

1. 影响因素

（1）沥青的黏度偏小、黏结力差。

（2）集料棱角性差，缺乏嵌挤能力。

2. 防治措施

（1）采用高质量、高黏度的重交通道路沥青（A 级石油沥青）；采用比通常情况针入度较小的沥青；在中下面层采用针入度更小的沥青；按照高温、重载及上坡慢速的条件提高沥青的高温性能分级；采用改性沥青，重载交通路段中面层也采用改性沥青；在特殊的上坡路段，下面层也考虑采用改性沥青。

（2）采用坚硬、粗糙、形状接近立方体、洁净的粗细集料；采用棱角性好的粗集

料、细集料，增补棱角性指标；改变迷信石屑的错误做法，大力推广应用机制砂；在可能发生车辙的路段，控制天然砂用量不超过10%，但是需要使用部分天然砂以改善施工碾压性能，加强碾压密实度；改善集料加工工艺，减小针片状颗粒含量；控制破碎砾石破碎面比例。

（二）配合比设计

1. 影响因素

（1）集料嵌挤能力差，集料悬浮易变形。

（2）配合比设计不合理。

（3）沥青用量偏多，沥青膜偏厚。

（4）动稳定度要求不符合实际情况。

2. 防治措施

（1）选择合理的矿料级配，提高集料的嵌挤能力；如采用SMA结构，长大上坡路段中面层也采用SMA结构。

（2）统一配合比设计体积指标的测定和计算方法；鼓励采用GTM方法、SUPERPAVE方法设计混合料，但必须按马歇尔方法进行检验；采用S型嵌挤密实型级配；具有合理的VMA，在满足要求的基础上控制不要太大。

（3）适当增加设计空隙率至5%～6%，但施工必须压回到标准情况；加大GTM方法、SUPERPAVE方法成型压力，增加马歇尔击实次数；在夏季炎热、重载交通路段减少沥青用量0.3%～0.5%；适当增加矿粉用量，增大粉胶比，通常不小于1，但也不能太多；掺加消石灰，增强沥青与集料的黏附性。

（4）按照实际路面温度、荷载压强进行车辙试验，提高动稳定度要求。

（三）施工

1. 影响因素

（1）路面空隙率大。

（2）碾压未达到稳定状态。

（3）施工污染严重，沥青层整体性不好。

（4）压实过程中使用柴油，洒水过多。

（5）矿料级配和沥青用量不均匀。

2. 防治措施

（1）加强压实，提高压实度要求，控制残余空隙率不小于3%，不大于7%～8%；提高路面的密水性，防止渗水使层间的界面条件改变为滑动状态。

（2）采用重型轮胎压路机反复揉搓碾压。

（3）减少材料、道路污染，喷洒粘层油。

(4)不使用柴油,少洒水。

(5)从各个途径减小施工变异性。

(四)设计

1. 影响因素

纵坡过大、过长。

2. 防治措施

在高热地区,尽可能减小纵坡,控制坡长;尽可能避免设置长大纵坡路段,可改为隧道、桥梁。

(五)结构

1. 影响因素

(1)沥青层与基层的界面条件不能保证连续,成为滑动状态。

(2)基层排水性能不良。

2. 防治措施

(1)做好封层,洒好透层油。

(2)合理地选择路面结构形式和沥青层的厚度。

(3)改善基层的排水性能。

(六)交通和环境

1. 影响因素

(1)重载交通、车况差。

(2)高温季节连续高温通行重载交通是造成车辙的最直接的原因。

2. 防治措施

(1)综合治理超限、超载车辆。合理控制重载车行车时间,严禁高温时段有重载车通行;强化高速公路的低速限制与管理力度,车速不得低于50km/h;车轮胎洒水降温。

(2)加强管理,高温时段封闭重载交通(例如气温高于35℃时,从上午10时~下午6时封闭大型货车通行);分时段收取不同的过路费,鼓励夜间货车通行;开辟高温时段不渠化通行的重载车避让公路,在高温时段给路面洒水降温。

第三节　高速公路沥青路面坑槽成因及防治措施

我国的沥青路面几乎都是密级配沥青混凝土路面。但一段时间以来,路面设计和施工对排水却没有引起足够的重视,致使不少路段发生了严重的水损害早期破坏,是近年来我国沥青路面发生严重的早期损坏的沉痛教训。由于沥青层透水,水分积存在基层表面,不仅使沥青层与基层之间的连续状态遭到破坏,而且很容易产生唧浆、沥青膜剥落、坑槽等水损害破坏。当然沥青层不可能完全不渗水,但是渗水与透水在程度上有着本质上的差别。

目前,国际上存在三种路面,如图 2-1 所示。

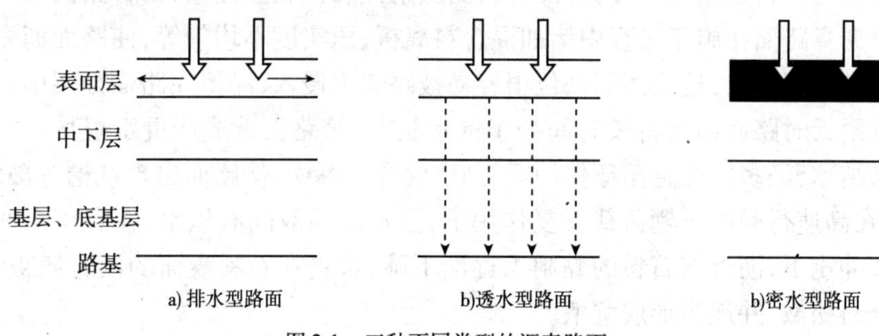

图 2-1　三种不同类型的沥青路面

一、坑槽类型

1. 压实不足型坑槽

一种情况是施工时混合料温度太高,促使沥青老化,黏结力下降,脆性增加,导致压实不够、黏结不牢,并在交通荷载的作用下形成坑槽;另一种情况是混合料温度低,摊铺不均匀,压实不充分,导致压实度不够形成坑槽。

2. 厚度不均匀型坑槽

路面下面层局部高程控制不严,导致沥青上面层个别地方厚度不够,在行车荷载作用下,部分混合料易被“带走”,形成坑槽。

3. 水损害型坑槽

这种坑槽是沥青混凝土路面早期破坏中最常见的坑槽,其形成过程可归纳如下:

在开始阶段,水分浸入沥青与集料的界面,以水膜或水汽的形式存在,影响沥青与集料的黏附性;在反复荷载的作用下,沥青膜与集料开始剥离,渐渐地,路面开始出现麻面、松散、掉粒,最后形成坑槽。水损害破坏往往是从沥青面层的下面层开始的。

水分进入沥青路面,滞留在基层上面,沥青下面层又往往是空隙率大的混合料,空隙中充满水,给水损害提供了条件。当集料与沥青膜剥离后,沥青混合料不再是一个整体,集料在荷载作用下对基层产生了力的作用,使基层局部松散形成灰浆,从路面的缝隙向上挤出来,在沥青路面上形成白色的浆液。如此循环不断,形成水损坏型坑槽。

二、坑槽产生原因

(1)沥青路面的坑槽往往都是由轻微病害发展为较严重的坑槽病害。一般都是起初局部发生网裂、松散,并在交通荷载和雨水等自然因素作用下逐步形成坑槽。沥青与石料黏结性差、沥青混合料的黏附性和抗剥离性差、沥青路面孔隙率过大以及沥青路面在施工过程中诸如混合料离析、压实度不均匀等,使路面沥青混合料存在许多薄弱点,这些薄弱部位很容易被路表水侵入,滞留在路面面层中。尤其是连续雨天时路面面层将长时间处于饱水状态,给路面造成严重水损坏。在低温时水易结冰,经多次冻融循环作用后,沥青混合料酥松,使路面出现坑槽等破坏;高温时,在高速行驶的车辆荷载反复作用下,渗水成为瞬间有压水,在有压水的长期浸泡和冲刷下,沥青与石料的黏附力逐渐下降,包裹在石料表面的沥青膜被剥落,使混合料松散,并逐步形成坑槽。

(2)车辆滴漏油污侵蚀沥青路面,使被侵蚀处沥青混合料离析,沥青膜剥落,造成路面局部松散,进而出现坑槽。

三、坑槽的防治措施

调查表明,造成沥青路面早期水损坏的原因非常复杂,应该从材料、设计、施工、养护及其他外因分析,采取综合措施。而重点是解决混合料空隙率过大,路面渗水、排水设施不完善,压实度不足,沥青混合料抗水损坏能力不足,厚度偏薄等问题,并致力于从路面结构形式去解决。

(一)材料

1. 影响因素

沥青混合料水稳定性不足,采用抗剥落剂没有达到使用目的。

2. 防治措施

(1)尽可能选择与沥青黏附性好的集料,但不要迷信玄武岩;石屑的质量必须符合新修订的规范要求,减少含泥量,积极使用机制砂;矿粉必须是石灰岩生产矿粉,不宜使用酸性石料的石屑。

(2)采用酸值较小的沥青,采用改性沥青,加强与集料的黏结;采用针入度较小的沥青。

(3)推广掺加消石灰或具有长期有效的抗剥落剂。

(二)配合比设计

1. 造成水损的原因或因素

沥青混合料矿料级配不合理、空隙率过大;路面密水性差;混合料水稳定性不足。

2. 防治措施

(1)采用新规范的配合比设计方法,停止使用Ⅱ型及B型抗滑表层级配,采用粗型S型矿料级配。

(2)严格控制设计空隙率,统一空隙率计算方法。

(3)科学地看待构造深度指标。

(4)在规范中增补渗水系数指标。

(5)确保水稳定性检验指标(双指标)合格。

(三)施工

1. 影响因素

(1)沥青混合料离析严重,施工性能差。

(2)沥青路面的密水性差。

(3)防止接缝离析。

(4)施工压实不足,不敢放开碾压;压实度数据弄虚作假。

(5)施工污染严重,层间黏结不成整体。

(6)努力改善沥青层与半刚性基层之间的层间黏结。

2. 防治措施

(1)查找混合料离析的主要原因。

(2)取用科学的离析评价方法,加强过程控制,进行路面离析检验。

(3)减小取样过程中的变异性,在材料来源、生产、存放、取用各环节中,减少材料离析,改变取样方法。

(4)减少材料生产、运输、存放、使用过程中的离析。

(5)减少沥青混合料运输过程中的离析。

(6)减少沥青混合料摊铺过程的离析,控制集料粒径与各层厚度相匹配,不要采用全幅摊铺。

(7)避免采用易离析的间断级配混合料。

(8)优选轮胎压路机搓揉碾压,提高密水性。

(9)认真做好接缝,可考虑用凿缝办法。

(10)确保压实层厚度与最大粒径相匹配。

(11)制止片面追求平整度和担心构造深度的不良倾向。

(12)改变只看钻孔检测结果、重点控制工艺的做法,防止在数据上弄虚作假。

(13)改变标段划分方法,基层面层连续施工,一年内完成施工。

(14)强化喷洒黏层油,严格控制施工时的交通,确保沥青层层间结合良好。

(15)改变乳化沥青透层油的喷洒时间。

(16)更换透层油品种,采用稀释沥青。

(17)按规范要求增加透层油深度,粒料基层 > 10mm,半刚性基层不小于5mm。

(18)进行不同界面条件状态下的力学计算。

(19)清除半刚性基层上的浮灰,使沥青层和基层连续透层油起作用。

(四)防排水设计

1. 影响因素

(1)不重视防排水设计,是设计中最薄弱的环节之一。

(2)路面结构层排水不畅。

(3)中央分隔带向路面体渗水。

(4)路表面及边沟排水不畅,路面积水。

(5)挖方段路基渗水,排水一般采用堵的方式,盲沟效果不好。

(6)超高段排水不良,盲沟堵塞。

2. 防治措施

(1)提高认识,做好路基、路面的防、排水综合设计。

(2)保证路表水排水通畅。

(3)路面结构层内部排水畅通,全线设置纵向渗水沟。

(4)做好中央分隔带封水,要求护栏柱安装提前并灌沥青堵缝。

(5)取消中央分隔带绿化,改为封闭方式。

(6)保证横坡,提高平整度。

(7)取消拦水带,做好边坡、挡墙排水。

(8)改变封闭式路肩及边坡为开放式。

(9)保证边沟尺寸,防止边沟水倒灌。

(10)改堵为排,设置碎石或砂砾排水层,排除裂隙水,隔断地下水上冒。

(11)做好内侧边沟及盲沟排水,经常清理,防止堵塞。

(五)结构设计

1. 影响因素

(1)沥青路面的结构形式单一,千篇一律。

(2)未考虑沥青路面自身排水。

(3)半刚性基层自身过于致密,排水性能差,缺乏基层排水性能指标。

(4)路面薄,受离析影响大。

(5)路面过早开裂,有半刚性基层开裂的反射裂缝和温缩裂缝。

(6)各层结构组合不当,沥青层渗水。

2. 防治措施

(1)尊重各地方设计,防止全国千篇一律,充分引进国际先进的路面结构,采用柔性基层或复合式基层沥青路面结构。

(2)在沥青层下设置级配碎石过渡层排水,将半刚性基层下放为底基层,成为复合式基层。

(3)采用合理的公称最大集料粒径与沥青面层压实层厚度相匹配。

(4)修改规范,控制半刚性基层强度,调整级配,提高抗冲刷能力,提高排水性能,要求在1天内必须排走渗入的水分。

(5)适当加厚沥青层的总厚度,延长水的渗入路径。

(6)修改基层设计方法和设计规范,控制基层强度和水泥剂量,调整半刚性基层级配,减少细料含量,减轻半刚性基层开裂,同时提高排水能力和抗冲刷能力。

(7)提高密水性;使用上封层、下封层。

(8)推广应用小粒径改性沥青 SMA 等薄层结构层做磨耗层。

(六)养护

1. 影响因素

仍然延续中低级公路的养护模式和养护习惯,普遍采用抢救性养护方式,即安排养护从申请计划到批准实施的周期太长,不能及时封缝、灌缝。

2. 防治措施

转变观念,采用预防性养护方式,防止早期损坏迅速发展。

(1)加强巡查,及时发现初期损坏、失效的排水设施,立即采取措施,进行补救。

(2)发现有唧浆及小的局部网裂,立即挖补。

(3)采用冷补材料,加快补坑。

(4)发现路面开裂立即封缝(必要时扩缝)。

(5)对渗水严重的路段立即采用微表处全面封水。

(6)根据损坏程度采取不同养护方式。

(7)改变养护投资的申请程序,缩短审批时间。

(七)交通

1. 影响因素

车辆油渍污染、汽车超载影响。如因车辆维修或其他原因,将汽车用油渗透到路面空隙,会使沥青混合料松散并逐步使路面形成坑槽。这种原因形成的坑槽往往较深,有的甚至深达整个沥青面层的厚度。据调查,在超载现象比较严重的高速公路上,油污往往是造成路面坑槽破坏的重要原因。超载车使动水压力增大。

2. 防治措施

大力整治超限、超载车辆,并及时清洗车辆油渍。

(八)环境与气候

1. 影响因素

坑槽损害与气候条件有相当大的关系。雨水是造成水损坏的主要原因,水能加速坑槽的形成和路面的破损。冬季过后的春融雨季,是对沥青路面水稳定性的一个考验。

2. 防治措施

重视对水的整治,从设计、施工、养护各个环节做好防、排水工作。

综上所述,水损坏是以上各种原因综合造成的,而超载车辆和雨水多是其主要原因,更要从材料、设计、施工、养护等方面着手,才能得到根本治理。

第四节　高速公路沥青路面裂缝成因及防治措施

沥青路面裂缝是高速公路路面各类破损中最常见、最易发生和最早期产生的病害之一,它几乎伴随着高速公路的整个使用期,并随着路龄的增长而加重。路面出现裂缝不但影响路容美观和行车的舒适性,而且容易扩展造成路面的结构性破坏,缩短路面的使用寿命。沥青混凝土路面出现裂缝,应及时进行密封修补,否则雨水及其他杂物就会沿裂缝进入面层结构及路基,导致路面承载能力下降,加速路面局部或成片损坏。

一、裂缝类型

沥青路面的开裂表现形式是多种多样的,主要有横向、纵向、网状和反射裂缝。

1. 横向裂缝

横向裂缝可分为荷载型裂缝和非荷载型裂缝两大类。荷载型裂缝是由于路面设计不当和施工质量低劣,或由于车辆严重超载,致使沥青面层或半刚性基层内产生的拉应力超过其疲劳强度而裂缝。非荷载型裂缝是横向裂缝的主要形式,有沥青面层温度收缩型裂缝和基层反射性裂缝两种情况。裂缝与路中心线基本垂直,缝宽不一,缝长有的贯穿整个路幅,有的贯穿部分路幅,裂缝弯弯曲曲、有枝有叉。横向裂缝的唧浆将导致裂缝两侧凹陷,桥头与路基连接处的路面横向裂缝在路面积水的作用下将加速路基沉降,路桥沉降差扩大,造成桥头跳车,同时积水会对路基造成冲刷。

2. 纵向裂缝

裂缝走向基本与行车方向平行,裂缝长度和宽度不一。纵向裂缝容易形成沿行车方向的台阶状,影响行车舒适性。纵向裂缝一般都发生在高填方的路基上,距路堤边缘3~4m(行车道与紧急停车带分界)处,且路堤下一般均是暗埋式箱形通道或盖板涵洞。也有一些发生在互通或服务区加减速车道与行车道的衔接处。裂缝形式有两种，一种为纵向直线形，裂缝两端未延伸到路堤边缘；另一种为纵向弧形，裂缝两端延伸到路堤边缘，这种裂缝可能会引起路堤滑动，危险性更大。

3. 网状裂缝

在高速公路行车道上常发生路面网（龟）裂病害，且在网（龟）裂、沉陷处又常伴有唧浆现象。如对网（龟）裂、沉陷不及时处理，雨后极易形成坑槽而加速路面的损坏，所以应及时修补网（龟）裂路面，抑制进一步的损坏。裂缝纵横交错，将面层分隔成若干多边形的小块，一般缝宽1mm以上，缝距40cm以下。网状裂缝导致沥青路面松散或形成坑槽，严重影响沥青路面的综合服务水平。

4. 反射裂缝

基层产生裂缝后，在温度和行车荷载作用下，裂缝将逐渐反射到沥青表面，路表面裂缝的位置形状与基层裂缝基本相似。对于半刚性基层以横向裂缝居多，对于柔性路面上加罩的沥青结构层，裂缝形式不一，主要取决于下基层。

二、裂缝产生原因

1. 横向裂缝

（1）由于半刚性基层材料的温缩和干缩特性，导致基层首先产生温缩或干缩裂缝，然后逐渐反射到面层。

（2）因沥青混凝土自身的抗裂性降低使其随温度变化而产生的温缩裂缝。

（3）差异沉降引起横向裂缝。在构造物或台背与路段交接处、填挖方结合部、软土地基与非软土地基交界处、软土地基处理方法变化处等因地基引起的差异沉降导致基层的开裂，并反射到沥青面层，形成横向裂缝。

2. 纵向裂缝

（1）荷载型疲劳开裂。该类裂缝发生于行车道轮迹处，多由于行车荷载的反复作用，由基层首先开裂继而面层开裂或由面层首先开裂，向基层发展。超重车辆的荷载作用加剧了这种发展。

（2）地基原因。在低洼、河谷、水塘或软基等路段，由于地基未作特殊处理或处理不当，在高填土后，地基出现不均匀沉降，造成路面开裂。

（3）路基路面施工原因。位于出入口或服务区加减速车道与行车道衔接段不同步施工，半填半挖路基在衔接处处理不好以及路基边缘压实度不够等，导致路基沉降不均匀，引起纵向裂缝；还有因主线沥青面层分幅摊铺时两幅衔接未处理好，在行车荷载作用下形成纵缝。

3. 网状裂缝

网裂、唧浆、沉陷等病害往往伴随着裂缝病害出现。其形成有以下几方面因素：

(1)基层质量差。因半刚性基层局部强度不足而引起沥青面层开裂，雨水从裂缝浸入，并渗入到基层表面，使基层表面被泡软，在车轮荷载反复作用下，粉浆通过面层裂缝及空隙被压到表面产生唧浆，基层表面被逐步淘空，使沥青路面面层产生网裂、沉陷。

(2)沥青面层厚度偏薄。早期修建的高速公路因路面厚度偏薄，在日益增长的交通量和超重现象严重的双重作用下，使网裂产生，加速了路面破坏。

(3)沥青面层空隙率较大，透水使面层、基层松散破坏。

(4)行车荷载重复作用下引起的疲劳裂缝。

(5)外界原因如污染、腐蚀等造成局部网裂。

4. 反射裂缝

(1)在已开裂的旧沥青、旧水泥混凝土路面层上加罩沥青面层，由于温度的变化(降低)，老路面的裂缝继续扩展，给处于温度收缩的新沥青面层一个附加应力，使新铺层在旧裂缝处断开。

(2)半刚性基层温缩和干缩开裂引起的反射裂缝等。

三、裂缝的防治措施

(一)温缩裂缝的防治

沥青是一种对温度变化比较敏感的黏弹性材料，温度下降时，沥青混合料逐渐变硬变脆，并发生收缩变形。当收缩拉应力超过沥青混凝土的抗拉强度时，沥青路面表面就会被拉裂，并逐步向下发展，形成上宽下窄的横向裂缝。

从根本上解决沥青路面温缩裂缝是不现实的，至今温缩裂缝仍然在世界各国普遍存在。下面仅从材料、设计、施工角度列举一些措施。

1. 认真选择材料

(1)注意沥青的油源。在严寒地区采用针入度较大、黏度较低的沥青，对防止沥青路面开裂有益，但同时要满足夏季的要求。

(2)选用温度敏感性小(PI大)的沥青有利于减少沥青路面的温度开裂。从改进沥青性能来说，改善感温性是最根本的措施。

(3)采用低温延伸性能好、应力松弛性能好的沥青结合料，采用PG的低温等级较低，低温延度(10℃、5℃延度)大的沥青。

(4)采用吸水率小的集料，粗集料的吸水率应严格控制至小于2%。

(5)采用100%机制碎石集料拌制沥青混合料。

(6)沥青用量在马歇尔最佳用量±0.5%范围内对裂缝影响小，若使用较多的沥青用量，对低温抗裂是有益的，但必须注意对高温稳定性的负作用。

(7)掺加纤维、使用聚合物改性沥青、天然沥青改性沥青。

2. 选择合理的沥青混合料和沥青路面结构

(1)适当增加沥青面层厚度,可有效地防治沥青路面低温开裂,不仅能防止温缩裂缝,而且能防止半刚性基层开裂的反射性裂缝。

(2)采用柔性基层,或者在半刚性基层和沥青层之间设置级配碎石过渡层,减少半刚性基层开裂与温缩裂缝的综合作用。

(3)选择空隙率小、不透水的密级配沥青混凝土作为路面结构层,设计空隙率宜降低采用2% ~4%。尽可能采用沥青玛蹄脂碎石混合料(SMA)做面层。

(4)选用摩擦系数大、粗糙的基层对防治沥青路面开裂有利。

(5)土基为黏性土时,沥青路面开裂有减轻的趋势。

3. 认真施工

(1)充分碾压。在寒冷地区的沥青路面,压实度最好提高到98%以上,有效地降低施工结束时的残余空隙率至小于6%。

(2)严防施工过程中的工序交叉干扰,杜绝施工污染。尽可能在同一年内完成半刚性沥青路面基层和沥青层的施工,确保沥青层成为一个整体。

(3)改善沥青路面压实度检验方法,尽量减小取样钻孔的频度,钻孔处必须仔细回填,不致留下缺陷。钻孔处经常是温缩裂缝的发源地。

(4)做好接缝,避免冷接缝,做好与排水井等人工构造物的接头。

(二)半刚性基层沥青路面反射性裂缝的防治

1. 减少开裂的技术途径

(1)减轻无机结合料稳定集料的收缩性能和抗裂性能,使基层产生的裂缝减小到最小的限度。

(2)适当增加沥青层的厚度,降低产生反射性裂缝的可能性。这样实际上半刚性基层沥青路面就成为沥青面层 + 沥青稳定碎石基层 + 半刚性底基层的混合式结构。

(3)采取隔离基层收缩裂缝与沥青层的措施,使基层的收缩开裂尽可能少影响沥青面层,防止裂缝反射到面层,并减缓裂缝进一步发展。

2. 延缓无机结合料稳定集料收缩裂缝的措施

(1)调整无机结合料稳定集料的矿料级配,增加粗集料用量。

(2)采用合理的水泥品种和水泥剂量,减小水泥稳定集料的强度和刚性。

(3)无机结合料稳定集料的收缩性能,分干缩和温缩两种情况。通常干缩要比温缩严重得多,而且温缩的原因、温度变化我们很难控制,干缩则可以通过养生、覆盖等措施改善,所以要特别预防干缩。因此在选择水泥剂量、控制施工含水量及集料中土的含量等对控制收缩将起到重要作用。

3. 关于沥青层的厚度与组合式基层沥青路面问题

(1)我国的水泥稳定粒料的强度通常比较高,在施工期间就开裂的不少,而且裂缝宽度也大,向上传递的力量自然也大。

(2)更主要的是,个别高速公路沥青层不是在一年内铺筑的,第一年经常只铺筑下面层过冬,也就是说,基层开裂的反射性裂缝是经过两次反射传递到沥青层表面的,第一年先反射到下面层表面,以后再逐步传递到上面层。即使第一年没有使下面层开裂那么多,下面层也已经受伤,埋下了祸根。为了防止半刚性基层沥青路面的反射性裂缝,将基层和沥青层在一年内完成铺筑是极为重要的。

需要指出的是,比起采取其他措施来说,增加沥青层的厚度的措施不仅大幅度增加建设成本,而且效果不一定那么明显。因此,仅仅靠增加厚度的办法并不是上策,决不能迷信厚度这一点,而应该把注意力集中到其他措施上。实际上,国外的半刚性基层沥青路面也不乏沥青层较薄甚至很薄的情况,但是一般都采取了其他措施,如降低半刚性基层的设计强度,在半刚性基层上铺碎石过渡层等等。

从目前的情况看,推荐采用沥青稳定碎石基层和半刚性材料底基层的组合式结构是适宜的。组合式基层沥青路面的结构形式从表面上看似乎与半刚性基层沥青路面并无区别,不同的只是加厚了沥青层的总厚度,把半刚性基层材料往下放,只起底基层的作用。这样可以使半刚性材料的拉应变减小,受温度、水分等环境的影响也减小,从各方面讲对防止反射性裂缝有好处,而且成本也增加不多。

4. 降低和分散半刚性基层对沥青层的影响

降低半刚性基层对沥青层的影响就是使得荷载作用下半刚性基层裂缝的张开幅度较小,以及重车通过时裂缝两边的相对沉降差较小,即裂缝处有着较好的传荷能力。在国外,通常有两种措施用来降低和分散半刚性基层收缩开裂对沥青层造成的不好影响。

(1)设置预切缝。为了降低由干缩或温度引起的裂缝张开幅度,可以人为地缩短裂缝间距,把总的裂缝张开幅度分摊到大量的细裂缝上。其方法是在半刚性材料凝结前设置预切缝。预切缝的难题是如何适度控制预切缝间距。间距不能太长,一般应该小于最大的自然裂缝间距(如5m),但是也不能太短,因为太短的接缝可能会造成3个或2个接缝中只有1个会张开,最好设置间距为3m。设置接缝费用不高,一般来说效果较好。其难点在于确保所有裂缝能同时张开,并且张开幅度相同。这就要求半刚性基层与其下面一层之间有足够的摩擦力,保证在接缝处产生足够大拉应力并在此位置产生开裂。

(2)预先粉碎基层。由于半刚性基层损坏以后将会变成碎块,所以有一种想法是如其使以后再破碎,还不如一开始就破碎好了。因此有人建议干脆在半刚性基层收缩开裂之前让半刚性材料先产生开裂,方法是采用荷载(交通荷载或振动压路机)使基层粉碎,甚至采用大锤打碎,就如水泥混凝土路面板在加铺沥青层之前将其打碎一样。之后的收缩就会分布到这些细小裂缝中去,而且不会产生横贯裂缝。但是这种办法与设置半刚性基层的目标即提供较高的强度和承载能力相矛盾。

5. 在沥青层与半刚性基层之间设置阻止裂缝传递的隔离层

理论模型表明,通过在沥青层与半刚性基层之间设置隔离层,取消两层之间直接接触能够一方面削弱反射裂缝的扩张,同时能有效延长半刚性材料裂缝反射到面层的时间。但是隔离沥青层与半刚性层的缺点在于,如果夹层设置不好会增加磨耗层内应力,一旦裂缝反射到面层后,裂缝发展非常迅速,迅速成为网裂。而且隔离层会使得水在沥青层与半刚性层之间循环,在半刚性层顶面和沥青层下面造成水损坏。

6. 提高沥青层的材料性能

沥青混合料的性能也会影响沥青面层裂缝的发展。为了阻止裂缝向上发展,沥青层的底面层采用较高沥青用量的密级配沥青混合料是有利的。如果有条件,采用改性沥青也是有利的,而且采用改性沥青的同时势必会增加沥青用量,这会更有利于阻止裂缝的发展。

7. 精心施工,减少半刚性基层的开裂,加强沥青层与基层的黏结

有了一个好的设计,关键在于施工,更何况目前采用的半刚性基层沥青路面结构并不是一个很理想的结构,如何从施工中得以弥补,就显得更加重要了。

半刚性基层的施工关键有以下几点值得注意:

(1)有效地控制矿料级配,减小变异性,尤其是无机结合料的剂量要保持均匀一致。水泥剂量太低,形成不了基层的强度,太高了会造成严重的开裂。拌和阶段要严格控制土的混入,而在不少工程中混入土是经常有的事。控制好细粉用量也很重要。总之要按照设计的配合比施工拌和,减小变异性,否则出了问题都没有办法检查。

(2)严格控制拌和和压实过程中的用水量,防止施工过程中失水过多,收缩太快,形成开裂。

(3)加强对碾压成型的无机结合料稳定集料基层、底基层的养生。最好的方法是在成型以后立即喷洒乳化沥青养生剂,将基层内部的水分封闭住,减少蒸发,保护无机结合料稳定集料强度的形成和增长。沥青养生剂一方面起到养生保护层的作用,同时也起到透层油的作用。研究表明,在半刚性基层上喷洒透层油,不仅取决于透层油的品种,更重要的是喷洒的时机,英国规范要求在碾压后1h内喷洒,我国要求在第2天开始时喷洒,这样渗透深度较大,效果较好。如果不能及时铺筑

沥青层而需要通行施工车辆的,可以在透层油上面撒一层石屑和粗砂作磨耗层。现在许多工程已开始将透层油更换为下封层,但是一方面做下封层的时间往往较晚,这期间水分的散失不可避免,而且下封层使用的乳化沥青和改性乳化沥青并不一定渗透良好,所以是不能代替透层油的。因此,强调在铺筑半刚性基层后尽快喷洒透层油的措施,是目前减少半刚性基层沥青路面反射性裂缝头等重要的大事。

(4)为了满足施工期间工程车辆通行的要求,如果不能马上铺筑沥青层的话,宜在透层油的基础上再铺筑乳化沥青稀浆封层或者改性乳化沥青。下封层也可采用普通沥青或改性沥青按照表面处治的方法铺筑。

(5)加强碾压,保证达到要求的压实度。

(6)为了保证半刚性基层材料层之间黏结成为一个整体,在下层上面洒一些水泥浆是有效的,否则不同的两层之间是很难成为一个整体。

(7)认真控制高程。对无机结合料稳定集料的半刚性基层来说,高程达不到,相差那一点点是没法采用贴饼子的方法修补的,它根本就不能黏结成为一体。而如果高程高出设计,只能采用铣刨的方法,但铣刨又有可能使结构遭到损坏。现在仍然有一些工程是采用路拌和平地机摊铺的方式,这在国外也是常见的。问题是需要特别认真,否则高低不平或者离析严重,问题就大了。

8. 对施工期间已经开裂的基层的处理问题

在这几年的高速公路施工实践中,关注最多的是关于在水泥稳定基层上还没有来得及铺筑沥青面层,却已经严重开裂,裂缝间距可能不到20m一道,甚至有1m以上的。对这一类问题一般是很难处理的,要求全部重新返工显然是不现实的。可以设想的办法只能是封闭,具体来说可以采用以下方法弥补。

(1)将基层破碎,当成小块的材料处理,此时设计强度和模量就应该按照粉碎以后的实际情况确定。这种措施在我国尚未试验过,所以千万不能贸然使用。

(2)将裂缝中的灰尘等杂质彻底清除,用高压空气吹净,灌注沥青材料,或细的沥青混合料。但是如果缝宽并不大,无法灌注的话,需要扩缝以后再封缝。

尽管采取了这些措施,能否达到遏制反射裂缝,尚不很清楚。

9. 减少半刚性基层开裂和形成反射性裂缝的技术措施

根据以上分析,如果在铺筑沥青层之前,基层已经开裂,那么沥青路面的反射性裂缝就无法避免了。所以,为了防治半刚性基层沥青路面的反射性裂缝,保证基层自身少开裂,甚至不开裂是十分重要的。

众所周知,半刚性基层的收缩裂缝来源于干缩和冷缩,尤其是干缩占的比例最大。为此,在施工过程中严防半刚性基层出现严重开裂,应该注意以下一些问题。

(1)采用强度适中、收缩性小、抗裂性能和抗冲刷性能好的无机结合料稳定集料基层。严格控制粒料中不包含土,减少细粉的含量。按照“七五”攻关的研究成果，水稳碎石的最佳水泥剂量为5%。水泥剂量的增加会使收缩性能增加，所以要控制水泥剂量不要太大。

(2)施工时严格控制无机结合料稳定集料的含水率，而碾压时每增加1%的含水率明显大于增加1%水泥剂量对干缩系数的影响。实践证明，施工期间的干缩是造成基层和底基层开裂的最重要的原因。

(3)加强对碾压成型的半刚性基层、底基层的养生，成型以后立即喷洒乳化沥青养生剂，同时作为透层油，即使铺筑了下封层，也不能省掉透层油。

(4)如果不能马上铺筑沥青层的话，宜在透层油的基础上再铺筑乳化沥青稀浆封层或者改性乳化沥青稀浆封层的下封层。

(5)在半刚性基层上面设置高沥青含量的细级配沥青混凝土应力扩散层，其厚度一般不小于10mm。但只宜设置在较厚沥青层的路面下。

(6)尽可能快地在半刚性基层上面铺筑沥青层，连续施工，确保连续的界面条件，提高沥青层与基层的黏结性，使之成为一个整体。

(7)确保沥青层的数层在基层铺筑后连续铺筑完成。

(8)在半刚性基层上进行预切缝，但是如何切缝，间距如何确定，切多深，切开的缝如何处理等等问题都还需要研究，故需要慎重。

(9)选择合理的路面结构，改变目前千篇一律地使用半刚性基层沥青路面的状况。最近可优先考虑将较薄沥青层的半刚性基层沥青路面更换为较厚沥青层(含沥青稳定碎石基层)的混合式基层沥青路面，将半刚性基层材料下放到底基层。

(三)疲劳裂缝的防治对策

疲劳裂缝可分两种，一种是自上而下的表面裂缝，一种是自下而上的疲劳裂缝。如何防治我们都还缺乏研究，这里只能从其机理的角度出发极简单地做一些探索。

(1)确保沥青层有足够的厚度，进行层底应力(应变)验算。

(2)将沥青层的最下层做成高抗疲劳层，采用改性沥青，增加沥青用量，采用细型密级配沥青混凝土等。

(3)采用优质的沥青混合料矿料级配，在确保抗车辙能力的基础上适当采用较多的沥青用量和较稀的沥青。

(4)采用高性能的沥青混合料表面层，严格控制沥青混合料的空隙率。

(5)严格防止沥青路面施工各工序的交叉干扰，杜绝沥青层间的施工污染，确保沥青层、基层、底基层全部成为一个整体。

(6)强化喷洒黏层油，使沥青层各层黏结良好，成为一个整体。

(7)选择耐老化的沥青结合料，有可能时使用抗老化性能的改性沥青。

(8)在沥青层层底设置应力吸收层或应力扩散层。

(9)采用SMA结构。

(10)加强施工压实,确保施工压实度,控制路面成型后的残留空隙率。

(11)推广应用轮胎压路机揉搓碾压,增加密水性。

(12)最大限度地努力减少沥青混合料的离析。

①限制摊铺机宽度,做好两台摊铺机摊铺层的热接缝;

②配备足够数量的压路机,并全面均匀地碾压;

③采用沥青混合料转运机,使沥青混合料进入摊铺机之前得到再次拌和;

④运料车始终采用苫布覆盖;

⑤加强施工过程中的过程控制,及时发现离析部位,及时修补或返工。

(13)发现表面裂缝,立即进行灌缝,宽度太窄不好灌缝的要先扩缝后再灌缝。

(14)发现表面有微裂缝,及时进行微表处、涂覆表面复苏剂等封面,防止进水。

(15)出现局部损坏,迅速进行挖补。

(16)每隔一定年限,进行表面铣刨或罩面加铺、就地再生处理。

(17)采用轧制碎石、机制砂等优质集料。

(18)严格治理超载。

以上对温缩裂缝和半刚性基层沥青路面的反射性裂缝这两种最常见的裂缝的防治对策进行了论述,同时对疲劳裂缝的防治措施作了一些简单的叙述。总的来说,防治裂缝是很困难的,不出现裂缝可以说是不可能的。问题是对出现裂缝后的态度,我们必须转变观念,只要一发现裂缝就立即对其进行灌缝处理是最要紧的。

本章思考题

1. 高速公路沥青路面存在哪些早期病害类型,其成因是什么?

2. 为防止高速公路早期病害的发生,在建设过程中应重点考虑哪些关键环节?

3. 结合工程实践,列举身边高速公路早期病害防治采取了哪些积极的措施?

第三章

高等级公路沥青路面预防性养护技术

第一节 概　述

目前,我国高等级公路已开始由快速建设阶段向养护管理阶段过渡。已经建成的高速公路80%左右是沥青混凝土路面,由于受交通量迅速增长、车辆大型化、超载严重、行驶渠道化及水损坏等影响,路面发生了不同程度的早期损坏,导致养护任务艰巨。另外,随着高等级公路里程的增加和使用时间的延长必然会带来路面不断的损坏,养护工程量将越来越大。可以预计,今后一个时期,我国高等级公路将由建设为主,转为建设与养护并举,并逐步以养护为主。在这种形势下,研究开发高等级公路沥青路面养护新技术,探索养护管理模式具有重要意义。

一、预防性养护理念

在绝大多数发达国家,公路网已经完善,养护管理成为公路工作的重点,很早就着手于公路养护管理的相关调查、研究工作。例如,美国公路管理部门从20世纪80年代以来,通过对几十万公里不同等级道路进行跟踪调查,发现道路的使用性能和寿命有一个共同的变化特征:一条质量合格的道路,在使用寿命75%的时间内性能下降40%,这一阶段称之为预防性养护阶段。此阶段如不及时进行养护,在随后12%的使用寿命时间内,性能再次下降40%,而养护成本却要增加3~10倍,这一阶段称为矫正性养护阶段。因此,预防性养护在许多国家得到广泛运用,并已取得成功经验和十分显著的成效。

2000年AASHTO(美国国家公路运输管理协会)在描述预防性养护(Preventive Maintenance)时对其的定义是:"公路预防性养护是一种有成本效益的措施的计划性策略,它针对已建的公路系统以及其附属设施,延缓其发生破坏的时间,并保持或提高系统功能性能状况,但不增加结构承载力"。通俗地讲,预防性养护实质上就是早期防御性养护,它的作用在于通过一些前置的措施方法,使道路及其构造物内部和外部的病害隐患与不利的条件得到遏制、改善,保证其在正常的运营条件下,实现或延长设计使用寿命。必须明确的是,预防性养护仅仅适用于路面表面层的修复，而不能解决结构上已经存在的问题。

美国联邦公路管理局对预防性养护措施的定义如下：为了防止路面早期破坏和延迟路面破坏的进程而采取的措施，其目的是延缓路面的破坏率，增加路面的使用寿命。我国的沥青路面预防性养护的定义就是通过定期的路况调查，及时发现路面轻微破损与病害迹象，分析研究其产生原因，对症采取保护性养护措施，以防止微小病害进一步扩大，减缓路面使用性能的恶化速度，使路面始终保持良好的服务状态的一种养护方法、养护理念。预防性养护可以延长路面的使用寿命，提高路面的服务效能，节约养护维修资金，是一项费用—效益比非常可观的养护技术方法，通常用于尚未发生损坏或只有轻微病害的路面。

此外，由于影响道路服务水平的主要因素是路面技术状况，因此路面养护工作占到道路整体养护工作的70%以上。而道路路面技术状况随时间（自然因素和行车荷载作用）的变化具有一定的规律性，亦符合预防性养护的基本概念。

二、预防性养护主要措施类型及选择

（一）预防性养护主要措施类型

1. 路面的表面处理（雾封层、还原剂封层、稀浆封层、Cap封层、微表处、石屑封层和薄层罩面等），目的是封缝封水、抗滑、改善平整度，恢复表面功能。

2. 路面裂缝填补（封缝、填缝），目的是封缝封水，防止继续发生破坏并波及基层和路床。

3. 路面局部修补，防止破坏扩大、保持路面完好、预防成为大的坑槽破坏。

4. 修补车辙，确保交通安全。

5. 加铺罩面（超薄磨耗层、超薄层罩面、高黏薄层）。

Cap封层实际上是指在原路面上做碎石封层，经1～2个月后再在该碎石封层上加罩稀浆封层，集两种封层的优点于一身的路面养护或修复工艺；微表处是改性的稀浆封层。除了路面裂缝填补措施之外，其他的措施都使路面有一个新的磨耗层，但是雾状封层通常比原有路面的抗滑性能要差。

（二）预防性养护措施的选择

1. 影响因素

一般的养护措施强调的是路面的结构性能，影响一般养护维修措施选择的主要因素是路面损坏状况和承载能力。而预防性养护的特点决定了反映路面服务能力的功能性指标在对预防性养护措施选择中占主导地位。因而对于预防性养护而言，除了要考虑路面损坏状况外，路面抗滑性能、平整度和车辙在很大程度上影响对策的制订。

在制订预防性养护措施时，通常需要考虑以下因素：

(1)路面破损状况。路面破损状况包括两部分—路面状况指数(PCI)和主导损坏类型。PCI 的大小决定是否需要罩面及罩面层的厚度,路面主导损坏类型决定采取措施前需要采取何种预处理措施。即使 PCI 相同时,若路面主导损坏类型不同,所采用的对策也可能不同。

(2)路面行驶质量。路面平整度反映了路面的行驶质量。在决定罩面厚度时,应考虑路面的平整度。平整度越差,罩面应该越厚。

(3)路面抗滑能力。抗滑能力的大小决定路面是否需要加铺抗滑表层。

(4)路面车辙深度。作为平整度的参考因素,当车辙评价较低时,可以认为路面行使质量较差。

(5)交通等级。交通量是路面所受的最主要荷载,交通量越大,罩面或补强的厚度应越大。

(6)行政因素。行政干预、政策因素也会影响到路面预防性养护措施的选择。

2. 制订预防性养护措施的原则

根据沥青路面使用性能四项指标进行优、良、中、次、差的评价后,在确定养护对策时,需要根据四项指标评价等级之间的不同组合,给出每一种组合的养护对策。由于四项指标五个等级的不同组合很多,若一一给出对策,结果将过于庞大、复杂。另外,根据实际调查发现,四个指标之间存在相互联系,如强度系数小时,往往相应的破损率、平整度都较差:而破损率较大地段其平整度也较差,即很少出现一个指标属于优,而其他指标属于差的情况。因此,具体养护措施的选择应遵循以下原则:

(1)预防性养护措施不是由措施的种类决定的,而是根据措施应用的目的和措施的效果决定的。

(2)预防性养护措施的选择主要考虑路面状况和平整度,将抗滑指标单独处理。这是因为从物理机理来分析,路面抗滑性能只与路表浅层结构有关,与路面状况和路面行使质量的相关性不大。另外,国外在进行各指标的评价和指导养护时,往往也是将路面抗滑作单项处理。

(3)沥青路面预防性养护应加强水损坏的防范。在水损坏频繁的路段,宜考虑对排水系统、防水层进行合理有效布置。对面层空隙率过大引起水损坏的路段,宜尽早采取罩面等措施。

(4)路面预防性养护应重视新材料、新工艺的开发研究与推广。如采用改性沥青稀浆封层、SMA 薄层罩面、高黏薄层等,全面改善沥青老化、松散、剥落和裂缝等路况,但在封层、罩面前应对路面破损进行有效预处理。

(5)路面预防性养护方案的决策是一个非常复杂的过程,对各种养护方案以及实施时机、实施顺序的确定,需要建立路面预防性养护效果—费用模型对各方案在生命周期内的效果、费用进行分析。

三、预防性养护的建议

预防性养护是为最大限度地延长公路寿命而有计划进行的、以路面为中心的综合处理体系。它要求精心选择养护步骤，仔细安排实施时间表，以最佳成本效益延长路面寿命，从而使养护程序向前推进了一步。然而，究竟早期防御性专业养护该如何实施？应做哪些前置性的措施方法？又如何作质量考核测评？这一系列的问题，尚且没有一个明确的统一标准。应按照加强日常小修保养、优先安排周期性中修、延缓大修时间的原则，建立和实施以周期性、预防性养护为主的科学养护体系，促进公路养护实现良性循环。

1. 在路面尚处于良好状况时实施预防性养护

预防性养护实质上是一种周期性的强制保养措施，它并不考虑路面是否已经有了某种损坏。因此预防性养护最佳实施时机应该是在路面尚处于良好状况，或者只有某些病害先兆时进行。以沥青路面为例，根据对河北省高等级公路的调查，一般沥青路面在使用3～5年后，其表面由于交通、气候、日照等因素，开始氧化并出现轻微车辙、疲劳裂缝、骨料剥落等路面病害，如再遇到当初设计、施工等方面存在问题，可能2～3年就会出现病害。这些病害往往经过一个雨季后加速发展和扩大，并逐步发展至下层，造成整个沥青面层、甚至基层结构的损害。因此，在到达年限或出现病害先兆时及时采取灌缝、洒油封面等预防性养护措施进行处理（一般在雨季之前），可有效遏制病害发展，延长路面寿命。

2. 预防性养护计划的制订应建立在全面调查和科学评价的基础上

要重视和加强公路交通量观测和路况调查工作，并纳入各级公路管理机构的日常工作范围，从资金、人员、设站规划等方面给予保证。对高等级公路实行信息化的动态管理，充分利用计算机技术，将公路养护管理系统与地理信息系统相结合，开发建立适合本地实际的路面管理和评价信息平台，通过研究对比各项技术性能指标，科学分析公路技术状况的演变，实现道路病害及交通状况预警，结合实际确定合理的路面使用周期，并据此制订周期性养护工程计划，科学确定所辖范围的公路维修里程和维修方法，提高养护管理的科学决策水平和有限资金的使用效益。

3. 加强日常小修保养，及时采取经济有效的预防性中修措施

以路面为中心的预防性养护，关键是要使路面在整个使用过程中免受水损害。这就需要在出现任何路面病害迹象之前提早进行预防性养护维修，否则就会使路面恶化，直至需要使用高额的结构罩面或整体重建。因此，应高度重视公路的日常小修保养，按照“及时、补早、补少、补彻底”的原则修补小型路面裂缝。当路面出现疲劳、开裂、老化和磨损等现象时，及时采取一些经济有效的中修措施是非常必

要的。中修方案的选择既要考虑公路的技术状况和特点，又要考虑节省投资。以沥青路面为例，诸如乳化沥青稀浆封层、微表处、薄层罩面等方法，都是适合我国国情、经济实用、便于实施的公路预防性养护施工方法。

4. 在制订年度养护计划时，大、中修的比例应适当

在制订年度养护计划时，应优先安排中修，鼓励预防性养护，并在资金上给予倾斜；要合理控制大修或翻修改造项目，以实现公路养护发展的良性循环。原则上对于公路基础设施状况较好的地区，大修里程应控制在公路总里程的5%～7%以内，中修里程应不低于10%；对于历史欠账较多，路况较差的地区，在加大大修改造工程投入的同时，用于预防性养护的中修投入也不能减少。虽然鼓励预防性养护需要多投入某些费用，但因其能有效延长公路寿命，比起大修或整体重建来，是一种费用—效益比最经济有效的养护措施。

第二节　高等级公路预防性养护决策

预防性养护理念的核心在于防患于未然，基础在于经济性最优。也可以说，预防性养护就是指在道路技术状况衰减的初期，在最适当的时机，应用最适当的预防性养护措施，以最小的寿命周期成本、最大限度地延缓路况退化。

而这一有限资源的最佳分配问题，要依赖于科学的决策程序和评价方法。预防性养护决策，是通过预测道路技术状况的发展趋势，分析养护措施对道路技术状况产生的影响，对可行的预防性养护方案进行评估，以最小费用效率比的方案为基础进行决策。在预防性养护方案评估过程中，主要考虑三方面因素，即需要处理的现有病害和应当被预防或减缓的预期病害，确定现有公路技术条件下可以采取的最适当的养护措施（技术评估），以最小费用效率比确定获得最佳结果的养护处理时间（效益评估）。

《沥青路面养护技术规范》中明确规定，对沥青路面必须进行预防性、经常性和周期性的养护，这是针对沥青路面的工程特点所提出的。与其他工程设施不同，沥青路面一般在开放交通后不久，就会出现程度和范围不等的损坏。如果这些轻微的损坏在初始时能够得到及时的预防性养护，那么损坏的扩展趋势和速度就会受到控制，路面的结构和服务性能就可以得到维持；相反，初始的损坏得不到及时的预防性养护和维修，就可能加剧水、温度、紫外线等自然因素对路面的不利影响，导致路面损坏扩展迅速，路面状况恶化加剧，极大地缩短路面的服务寿命。因此，选择适当的时机、采取适宜的养护方案在适宜的沥青路面上来处理原路面的初始破坏有重要的意义，即制订科学而合理的预防性养护方案显得尤为重要。

成功的预防性养护计划应考虑以下三方面的内容：

1. 科学的判断

科学的判断要建立在实事求是的路况调查的基础上，通过路况调查充分了解路面的各种服务性能指标（平整度、抗滑性能、路面状况、强度等）和路面的病害类型、破损程度。根据病害类型和程度以及服务性能指标来判断该路段是否适合于预防性养护（即路面刚开始有某一病害的趋势，或者病害程度不严重），通过对路面病害的具体分析，研究破损程度及范围，进而对路面养护方案作出科学的分析，这是预防性养护实施的前提条件，也是路面管理系统的一个重要组成部分。

2. 恰当的时机

预防性养护措施必须在路面加速破坏之前进行，不能影响路面性能和期望寿命。例如沥青路面的填缝应在单条裂缝发展到多条裂缝之前进行。从调查的路况可以分析推断将来的路况，从而及早采取预防性养护措施，将养护成本降到最低，避免反复修补造成的养护费用的累积和对道路服务功能的影响。为了保证预防性养护措施的及时应用及良好的使用效果，在恰当把握养护时机时要注意预防性养护计划应提前制订。可以从以下几个方面入手研究：路面结构强度是否完好，确保路面结构性能优良是进行预防性养护的前提；沥青路面的老化情况；路面在行车荷载作用下的渗水情况及其对面层、基层的破坏作用；路面行车安全性能如何，路表的抗滑和车辙情况；路面的平整度及路面破损情况等。

3. 恰当的措施

恰当的预防性养护措施是预防性养护实施效果好坏的关键一环。如果没有合适的养护措施，即使对路况作出科学评价，在适宜的路段上实施了，也有可能达不到预期的效果。这犹如是中医上讲的没有对症下药一样。选择正确的预防性养护措施包括四个过程：即可能采取的措施；对具体路段采用的措施；路网中需要进行预防性养护的其他路段的优先度；预防性养护材料和施工方法的选择。

沥青路面预防性养护措施较多，不同的路况、环境、资金条件下选择的措施也不同，如何用最少的投资取得满意的效果，即选择经济性技术性良好的预防性养护措施，是有效进行路面预防性养护的重中之重。

一、识别路面技术状况

识别现有路面技术状况，预测路面技术状况的发展趋势，确定需要处理的现有病害和应当被预防或减缓的预期病害，是预防性养护决策和方案评估的基础。

在我国，高速公路路面技术状况评价体系在交通部《高速公路养护质量检评方法（试行）》中有较为系统的规定。路面技术状况以路面质量指数（Pavement Quality Index，PQI）表达，即由路面状况、路面强度、行驶质量和抗滑性能 4 个指标加权计算得到。其中路面状况指数 PCI 由沥青混凝土路面破损率或水泥混凝土路面坏板率计算，路面行驶质量指数 RQI 由国际平整度指数 IRI 计算，路面结构强度指数 PSSI 由路面允许弯沉和实测代表弯沉计算，抗滑性能指数 SRI 由横向力系数和抗滑性能限值计算。

由于沥青混凝土路面结构强度的变化主要受到行车荷载和路基工后沉降的影响，而与路面预防性养护措施的相关性较小，因此在路面预防性养护决策中，可以仅考虑其余 3 个指标。以检评方法规定的权值为基础，根据养护的最主要目的和单个指标间的相对重要关系，对权重系数作出相应调整。

同时，要确定路面技术状况所处的状态，亦即等次。对预防性养护而言，关键是确定各项路面技术指标的效益截线值 BCV，即在何种状态下，路面达到破坏状态而需要进行重新修复，这是路面技术指标可被接受的低限值。各个项目的 BCV 可根据历史路面状况数据确定，但当没有足够数据时，也可依据相关标准规范进行确定。根据《高速公路养护质量检评方法（试行）》，要求高速公路 PQI 应保持 75 以上。根据评价模型的模拟结果，PQI 为 75 时，路面状况指数（PCI）对应的路面破损率（坏板率）为 3.5 %，道路行驶质量指数（RQI）对应的国际平整度指数为 6.6m/km，路面抗滑性能指数（SRI）对应的横向力系数为 45.0。上述数据都表明路面处于养护关键期，需要及时进行养护，否则，将导致更多的养护投入和更高的用户费用。

对每一条高速公路来说，由于交工验收质量状况和外界因素的不同，其路面技术状况变化都有其独特的规律。因此，有必要从高速公路运营通车起，就对路面技术状况进行定期的检测和调查，建立起信息系统（如高速公路路面管理系统 CPMS），对所检测的数据进行分析处理，以确定其路面技术状况，并对其发展趋势进行拟合和预测。

二、路面预防性养护技术评估

预防性养护技术评估的目的，是要选择最适当的养护措施。应当综合考虑技术措施的可靠性、合理性、适用性和经济性。根据养护工程的实际情况，首先应确定现有病害和应当被预防或减缓预期病害所需的技术处理措施，即评价技术措施对病害的有效性和不适应性；其次，评价路面状况、气候、交通和环境对施工的影响，养护后的预期寿命以及养护费用。根据国内外的养护施工经验，符合预防性养护定义的典型技术措施见前节所述。

三、预防性养护最优时间的选择

预防性养护决策的核心在于养护时机的选择，这是达到预防性养护经济性目标的关键。沥青路面进行预防性养护，养护时机的选取很重要。采取得过早，造成养护资金上的浪费，不值得提倡；采取得过晚，错过了最佳的养护时机，预防性养护的费用效益明显降低，预防性养护的价值没有得到充分的体现。所以一个度的把握很重要，要让有限的资金得到最大限度的利用。预防性养护时机的确定，应该基于路面的功能性能，在路面结构性能良好的情况下，在路面功能性能加速恶化之前进行。这就需要凭借一系列科学的检测手段去预先发现路面功能的衰减趋势，对其变化发展过程进行准确跟踪监测，并进行归纳分析判断，得出合理的预防性养护时间，这是实现养护处治措施前置并使高速公路养护走向理性化、科学化的先决条件。总之，预防性养护时机的确定要以国家和行业有关标准规范为依据，以现场检测数据为基础，以科学预测为导向。

沥青路面的预防性养护的时机很重要，美国广泛应用的道路管理系统 PMS（Pavement Management System），就是充分考虑路况现状及变化、资金、优先权、养护措施等各种复杂因素，合理地安排养护工作，并取得了良好的效果。道路管理系统 PMS 的主要目的就是要通过对路面现状指数 PCI（Pavement Condition Index）的控制，作为路面养护维修管理的依据，使得路面整体维护费用在生命周期中处于最低水平。在美国，沥青路面养护是以 PCI 为指标，将养护工作分为四个等级，其中第一阶段 PCI 指数为 75 ~ 95，表示路面状况优异，仅需日常管护；第二阶段 PCI 指数为 60 ~ 75，路面状况良好，但此时就要采取预防性养护，以延长道路使用寿命，恢复路表状态功能。但对于基于路况的预防性养护来说，有时不同破坏状况的路面可能具有相同的 PCI，有时即使路况相近 PCI 也相近，而不同时期的路况的变化情况也不尽相同。PCI 是一个表示路面“损坏”状况的综合值，而路面上的损坏错综复杂，路面破坏由路面结构、路面材料、设计、施工、环境、交通等诸多因素引起的，PCI 仅仅是路面破坏的一种外观评价指标，它只关注了路面破坏这一现象，并没有对路面破坏究竟是什么原因引起的加以考虑，所以单凭 PCI 值很难决定采取何种养护措施。PCI 值只代表调查时的路况，不能说明路面的使用性能情况。如果要采用此指标，还需考虑 PCI 值的变化情况，这样才可以反映路面的使用性能，因此建议将 PCI 及其变化率二者结合起来考虑，共同作为路面使用性能的评价指标用以确定养护时机。但目前我国路面管理系统应用还不广泛，所需要的大量基础性数据还不充足，用 PCI 来作为预防性养护时机的选择依据还存在一定的困难。

路面使用性能不是直线下降的，在使用初期，其服务能力下降较为缓慢，但当路面质量指标超过某一限值时，路面的服务能力就开始急剧下降，病害迅速增多，路面质量达到警戒状态。预防性养护的最佳维修时机就选择在路面尚未达到警戒状态时实施，这样可以及时阻止或延缓病害的发展速度，从而使路面始终维持较好的服务状况，有效地延长路面寿命。矫正性养护（中修）策略是等路面损坏发展到警戒状态之后采取相应措施来恢复路面功能，采用这种方法，路面经常处于较差的服务状况。预防性养护的特点是在路面还处于良好的使用状况时，就采取养护措施，路面一直保持优良的服务功能，最大限度地发挥了路面的使用功能。借鉴国内外对沥青路面预防性养护时机的确定的指标，决定以老化指标、渗水性指标、平整度指标、抗滑性能指标和车辙指标来综合确定沥青路面的预防性养护时机。在进行养护决策时应充分考虑各评价指标之间的相互关系。

第三节 稀浆封层及微表处技术

一、稀浆封层

稀浆封层，是以乳化沥青为结合料，加粉料（水泥、石灰、粉煤灰、矿粉等）、添加剂和水按一定的配合比拌和而成的流动状态沥青混合料，均匀摊铺在路面上而形成的沥青表面处治薄层。我国习惯上将稀浆封层分为普通稀浆封层和慢裂快凝稀浆封层。稀浆封层在水分蒸发干燥硬化成型后，其外观与细粒式沥青混凝土相似，可以使磨损、老化、裂缝、光滑、松散等病害迅速得到修复，具有耐磨、抗滑、防水、平整等技术性能，施工快、造价低、用途广、能耗省，是一种沥青路面养护用的新材料、新工艺、新结构。

稀浆封层技术20世纪40年代后期兴起于德国。在美国，稀浆封层的应用占全国黑色路面的60%，其使用范围得到了拓展，对新旧路面的老化、裂缝、光滑、松散、坑槽等病害起到了预防和维修的作用，使路面的防水、抗滑、平整、耐磨性迅速提高。

（一）稀浆封层技术在公路养护中的主要作用

1. 防水作用

稀浆混合料的集料粒径较细，并具有一定的级配。乳化沥青稀浆封层在路面铺筑成型后，能与原路面牢固地黏附在一起，形成一层密实的表层，从而防止雨水或雪水通过裂缝渗入路面基层，保持了基层和土基的稳定。从透水系数测定结果看，铺筑稀浆封层后的路面基本不再透水。

2. 防滑作用

由于稀浆混合料摊铺厚度薄，沥青在粗、细集料中分布均匀，沥青用量适当，没有多余的沥青，从而使铺筑稀浆封层后的路面不会产生光滑、泛油等病害，具有良好的粗糙面，路面的摩擦系数明显增加，抗滑性能显著提高。

3. 填充作用

由于稀浆混合料中有较多的水分，拌和后成稀浆状态，具有良好的流动性，可封闭沥青路面上的细微裂缝，填补原路面由于松散脱粒或机械性破坏等原因造成的不平,改善路面的平整度。

4. 耐磨作用

乳化沥青对酸、碱性矿料都有着较好的黏附性,所以稀浆混合料可选用坚硬的优质抗磨矿料,以铺筑有很强耐磨性能的沥青路面面层,延长路面的使用寿命。

5. 恢复路面外观形象

对使用年限很久,表面磨损发白、老化干涩,或经养护修补,表面状态很不一致的旧沥青路面,采用稀浆封层进行处理,遮盖破损与修补部位,使旧沥青路面外观形象焕然一新,形成一个新的沥青面层。

稀浆封层的寿命取决于原路面的状况、现有的交通荷载,当地的自然气候条件、稀浆封层决策阶段计划投入的资金等因素。施工完成后,由于车辆的作用,当稀浆封层完全磨损后,原路面上的空隙和裂缝已经被乳化沥青稀浆封层混合料所填补,因此,稀浆封层被完全磨损后,其作用继续存在。

与传统工艺比较,稀浆封层有以下优势:

(1)面层的整体效果好且污染小。传统的罩面,层与层之间有明显的分层。而稀浆封层面层由于混合料的流动性好,它能与原路面很好的黏结,就好像是统一的整体。由于采用乳化沥青,在施工中减少了对环境的污染。

(2)增加路面强度,不存在老化问题。稀浆封层工艺所用材料级配细,接近细粒式热拌沥青混凝土,而且由于在常温条件下拌和,在破乳前摊铺,不存在加热中的老化问题。经实验证明,路面强度较一般热拌沥青材料高。

(3)造价低廉,施工方便。由于不用再次加温,可节省二次加温燃料费,而且在混合料中有相当比例的水,不需用全部的沥青混合料就能拌和均匀,使工程造价大大降低;常温施工,降低了材料的温控要求,极大地方便了施工。

(4)交通封闭时间短。普通的面层施工封闭的时间大约为4~5h,而优质的稀浆封层面层施工仅需40~60min就可以开放,缩短了时间,缓解了交通压力。

(二)稀浆封层采用的材料

稀浆混合料的主要组成材料是集料、乳化沥青和水,还可根据需要适当添加矿物填料和化学添加剂。所有的材料都有各自特定的要求,应遵照相关规范要求选择。

1. 乳化沥青

乳化沥青是稀浆混合料的重要组成部分,它用来裹覆集料,最终作为黏结料存在于稀浆封层中。在道路工程中常用的乳化沥青有阳离子型和阴离子型,而根据破乳速度又可分为快裂(RS)、中裂(MS)和慢裂(SS)。用于稀浆封层的乳化沥青一般是慢裂型的,而且目前以使用阳离子型为主。

由于使用要求的提高和技术的进步，目前已在传统的慢裂型乳化沥青的基础上发展了阳离子快凝乳化沥青（CQS）和聚合物改性乳化沥青，特别需要指出的是CQS乳化沥青不同于传统的慢裂型乳化沥青，它可能不能通过普通慢裂乳化沥青（SS）的水泥拌和试验，但是这并不影响其使用，CQS型乳化沥青正被广泛使用于要较快开放交通的稀浆封层施工中。

稀浆封层使用的阳离子慢裂乳化沥青必须是符合ASTM的CSS－1h的要求，这是传统的慢裂乳化沥青。我国交通部规范《道路用乳化石油沥青技术要求》中的BC－3和BA－3型乳化沥青也可用于稀浆封层路面。

2. 集料

集料是稀浆混合料的重要组成部分，它形成了矿物骨架。通常可用于热沥青施工的石料如石灰石、花岗岩、玄武岩等，均可用于稀浆封层。用于稀浆封层的集料首先应满足特定的级配要求，其次应干净、坚硬、完全破碎、外观均匀。矿料中不得含有超过封层厚度的超粒径颗粒。在级配选择上应适中，偏粗可能会导致空隙率大、防水效果较差，偏细可能会导致强度不足而发软。

稀浆封层用石料还必须控制泥土含量，泥土含量越高，危害越大。根据以往的经验，砂用量过小，会有以下不利因素发生：①沥青用量增加而无任何利益可言；②养护过程中发生过分收缩，产生裂纹；③抗磨耗能力降低；④对某些乳化沥青可能导致破乳过快，无法施工。

3. 水

水也是稀浆混合料的重要组成部分，它影响混合料的工作特性。稀浆混合料中的水有三个来源：集料中的水、乳化沥青中的水和预湿集料的水。

预湿集料的水应该是洁净的，一般可使用饮用水，通常无需试验室检验。不能使用含有泥沙的水和盐碱水。预湿水的加入起到润滑作用，使得摊铺容易，合适的用水量能使稀浆混合料达到最佳的工作状态。如预湿水太少或不用，则拌和时细集料就会迅速吸附乳液，使乳液过早破乳，造成拌和困难，最终无法摊铺，反之，过量的水会使混合料离析，沥青与细集料漂浮甚至流失，使得封层与原路面不能紧密结合以及表面光滑。合适的用水量需通过试验确定，影响用水量的因素有：料级配、集料的材质、路面条件、气候条件等。

4. 矿物填料

矿物填料的使用主要有三个目的：①改善集料级配；②促进稀浆混合料的稳定性；③调节破乳速度。矿物填料被认为是集料的一部分，其用量一般是矿物集料总量的0.5%～2%。使用最多的填料是水泥，其次是石灰，这两种填料具有化学活性的。也可使用石灰石粉，但是它只能调整矿料的级配。

5. 添加剂

添加剂的作用是调节拌和时间与破乳速度，与填料的不同之处是可溶于水，不改变集料的级配。常用的添加剂可分为两大类：无机盐类和表面活性剂类。添加剂的种类与用量需通过试验确定，影响的因素有：①集料性质；②环境温度；③乳液温度；④矿粉含量。

（三）稀浆封层的配合比设计

合理的稀浆封层配合比，是保证封层质量的前提，所以必须做以下混合料试验，试验的目的是为了：①检验组成材料之间的兼容性；②合理的油石比；③最短的养护时间；④检查混合料的抗水性能。

1. 拌和试验

将稀浆混合料的组成成分按一定比例混合搅拌，观察搅拌过程中的现象，确定可拌和时间，矿物填料或液体添加剂的使用量，检验乳化沥青与石料的相容性，判断是否适于摊铺。此试验应在预计的施工期间最高气温下进行。

2. 黏结力试验

将稀浆混合料制成小圆饼状试件，在养护过程中的特定时间点使用黏结力试验仪在试件表面施加扭矩，测定试件所能抵抗的最大扭矩。要求可开放交通的最小扭矩为 20kg · cm。同时可根据 30min 和 1h 的扭矩判定稀浆混合料的成型特性。

3. 湿剥落试验

用于判断混合料抗水破坏的能力。此试验采用完全固化的稀浆混合料进行水煮，判断沥青膜的保持率，合格的混合料应在 90% 以上。

4. 湿轮磨耗试验

此试验用于确定最小沥青用量。按照不同的油石比拌制稀浆混合料并制成圆饼状试件，经过特定程序的养护后，在规定的压力下使用特定的橡胶管以一定的旋转速度碾磨试件表面，要求碾磨后的损失量不超过规定值。

5. 负荷轮碾试验

用于确定最大沥青用量。以不同的油石比制作稀浆混合料试件并养护至完全固化，使用特制的轮辙试验机碾压试件 100 次循环，尔后撒上热砂再碾压 1000 次循环，要求碾压完毕后的试件黏附砂的量不超过规定值。

根据以上试验来确定石料、乳化沥青、水和水泥的合理比例。

（四）稀浆封层的施工技术要求

（1）施工前，应保证基层和透层沥青施工质量检查验收合格，同时应将基层表面的所有杂物、尘土及松散颗粒清扫干净。对由于汽油或柴油滴漏形成的大块油污,用去污剂将其清除干净,否则会降低封层与基层的黏结力,产生起皮、剥离等质量问题。

(2)施工用的原材料(改性乳化沥青、矿料、水等)应经检验合格后方可使用,施工用矿料必须过筛,把超大粒径的石料筛出去,以免大粒径石料给稀浆混合料的拌和、摊铺带来不利影响。

(3)稀浆封层施工应采用稀浆封层摊铺机进行,摊铺前必须对摊铺设备做全面的检查和调试,同时标定摊铺厚度,确定摊铺机工作状态完全正常时方可施工,当原材料或配合比发生较大变化时,应重新进行计量标定。

(4)摊铺时,调整摊铺槽,打开控制开关,使调整好的稀浆流入摊铺槽内。当流至摊铺箱容积2/3时,启动底盘,以1.5~3km/h的速度匀速前进。应保持稀浆摊铺量与搅拌量基本一致,并始终保持摊铺箱内稀浆混合料的体积为摊铺箱容积的1/2左右,当一种材料用完时,必须停止铺筑,重新装料后再继续进行。

(5)稀浆混合料摊铺后,若出现不平整处应立即用橡胶耙进行人工找平,找平的重点部位为:起终点,纵、横向接缝及超粒径颗粒引起的沟槽。

(6)接缝处理。对于纵向接缝,如铺好的混合料出现部分凝固状态时,应对其预湿后再进行下一车程的施工。对于横向接缝,宜从上一车程的终端,倒回5~10cm的距离开始下一车程的施工,驾驶员应保证机械的运行轮迹与上一车相吻合,纵、横接缝漏接处应进行人工找平。

(7)根据选定的级配,要求压实后的厚度在6mm左右,不宜低于5mm和大于10mm。稀浆封层厚度过薄达不到防水的效果,过厚则由于本身强度不足而可能形成油包。

(8)稀浆封层的施工气温及养护成型期内气温不得低于10℃。施工和养护成型期间如遇天气即将下雨或正在下雨时严禁施工,雨后基层积水未干或未清除以前,不可施工。

(9)注意早期养护,在乳化沥青刚破乳时及时用小型轮胎压路机反复碾压4~6遍,这样有利于提高密实度、早期强度和平整度以及防水性能。开放交通前对所摊铺好的路面全面检查一遍,发现损坏及时修补。

(10)操作人员在车辆行驶过程中,应保证安全,如应挂牢操作台的围栏和把牢操作设备,倒料人员在摊铺车上系牢安全带等。同时整个施工过程应注意现场清洁,防止污染。

(11)稀浆封层施工的外观质量要求:表面平整密实、无松散、无轮迹;纵、横缝衔接平顺,外观色泽一致;与其他构造物衔接平顺,无污染;摊铺范围以外无流出的稀浆混合料;表面粗糙,无光滑现象;摊铺厚度均匀。

（五）稀浆封层施工中注意的问题

（1）对要进行稀浆封层的路段进行处理。由于稀浆封层的厚度在3～15mm之间，因此要求原有路面的表面强度、刚度应满足规定；如有沉陷、壅包等现象先进行填补、削平，保证平整度；摊铺前清扫路面，保持路面的干净；放样画线之后进行路面润湿，但不要有存水。在实际施工中我们应特别注意雨水井的表面覆盖，防止混合料填充，影响排水功能。

（2）把好人员筛选关。稀浆封层是一种技术要求较高的工作，施工人员应具备高素质、强责任心、吃苦耐劳、技术熟练的能力。

（3）施工前对各种材料进行调查，经试验选择确定的材料在施工过程中应保持稳定，如有变动，应重新试验确定。

（4）摊铺中要做到人机料的完美配合。由于摊铺时间很短，在摊铺中应立即人工找平；接缝衔接处应恰当，控制纵向接幅，应在车前设置导向杆，并有专人指挥车辆行驶。横接缝应重合3～5m的摊铺段，纵接缝处应润湿已凝固的混合料，并对纵横接缝进行及时找平。对大粒料产生的纵向划痕，应尽快清除并填平。

（5）每摊铺完一车料，应对搅拌筒和摊铺箱进行清洗，并注意清洗后的积水不要影响以后的摊铺。

（6）摊铺完后，不允许任何车辆和行人通过；对漏铺部位进行同种稀浆混合料修补。施工和养护的温度应大于10℃，当混合料黏结力矩达到200N·cm时初期养护结束。

二、微表处

微表处作为一种预防性养护手段，可以有效防止路表水的下渗，提高路面的抗磨耗性能和抗滑性能并同时完成对车辙的修复。微表处施工后可在1～2h内开放交通，最大限度地减少施工对交通地影响。改性乳化沥青稀浆封层在国外亦称为聚合物改性稀浆精细表面处治，简称PSM，在法国和美国的工程中应用广泛。我国有时也称为微表处封层，它是在乳化沥青稀浆封层的基础上发展起来的，由慢裂快凝的高分子聚合物改性乳化沥青、100%破碎的集料、矿粉、水和添加剂组成的稀浆混合物。微表处封层的厚度可达10～15mm，抗滑阻力和抗耐久性也比普通的稀浆封层要好并具有某些修复性功能，可用于修补车辙、轻度松散、泛油等病害的校正等。

在国外，微表处被定义为一种预防性的养护方法，即在路基路面结构强度充足，仅仅出现了表面功能衰减，轻微车辙和不平整时，为恢复路面服务功能而采取的一种养护方法。被认为是修复道路车辙及其他多种病害的最有效、最经济的手段之一，在欧美和澳大利亚已经普及。我国从2000年开始进行微表处技术研究和推广应用,已经在京沪高速公路、沪嘉高速公路上海段、沪宁高速公路等 10 多条高速公路的路面养护中得到应用。据不完全统计,从 2000 年我国首次使用微表处技术以来,截止到 2005 年底全国微表处累计摊铺面积超过 4000 万平方米。

1. 微表处的主要优点

(1)可在常温下施工,施工速度快、可迅速开放交通、对交通的影响小,污染小。

(2)可以提高路面宏观构造深度和摩擦系数,具有良好抗滑性能,可改善路面裂缝的状况,延长路面使用寿命。

(3)空隙率小、不透水,可有效防止路表水下渗,可对路面细小的渗水裂缝进行有效处治,延缓道路大中修时间。

(4)可填补修复轻度车辙及其他轻微病害,改善路面外观和平整度。

(5)它所含的聚合物使乳化沥青增加了黏结力,同时采用质量较高的集料,使得微表处比普通稀浆封层有着更强的黏合力,因而可适合重载交通路面、繁忙交通公路等。

(6)可做成很薄的层面,适宜于桥面上和市政道路上使用,既不过多增加重量和厚度,又不会影响道路的排水系统。

(7)养护成本低,据有关施工测算,微表处成本是热拌和沥青罩面的 1/4 ~ 1/3。

2. 微表处采用的材料

(1)改性乳化沥青。改性乳化沥青是微表处的黏结材料,其质量好坏对封层质量的影响最直接、最明显。改性乳化沥青的特性主要与乳化剂和改性剂的种类有关。改性乳化沥青配方的选择:①根据气候条件、应用场合、使用要求、材料供应情况选择基质沥青品牌与标号、乳化剂种类以及改性剂的种类与剂量;②测定乳化沥青各项技术指标,并满足微表处的相关要求。

(2)集料。微表处应选择轧制而成的硬质石料,而且应尽量选择砂当量高的集料,以保证提供经久耐磨的抗滑表面。所用矿料选用较硬的玄武岩和石灰岩石屑搭配,玄武岩作为粗料部分可提供较好的耐磨耗性能,石灰岩石屑作为细料部分可以降低工程成本。调整粗料和细料相对比例,经研究认为在粗料:细料比例为 30:70 时级配曲线接近中值,对应混合料有较大的构造深度,同时封水效果也较好

(3)填料。填料主要作用是调节乳化沥青的破乳速率,拌和用填料作为集料级配和化学成分的重要组成部分,其用量经混合料设计试验确定。

(4)水。试验用水为自来水。微表处用水应洁净,且不含有害的可溶性盐类或者能引起化学反应的物质和其他污染物。如果对水的来源和性能没有把握时,一定要做试验进行验证。

3. 微表处配合比设计

微表处配合比设计试验项目主要为：

（1）拌和试验。评价乳化沥青与石料的相容性，根据要求的拌和时间确定固体或液体添加材料的添加比例。对于微表处混合料要求的可拌和时间是不少于2min。

（2）湿剥落试验。将完全固化的混合料放入沸水中煮3min，观察石料表面沥青膜的裹覆状况，要求裹覆面积大于90% 。

（3）湿轮磨耗试验。用于控制微表处混合料的最小沥青用量，也可评价其抗水损坏能力。

（4）负荷车辙试验。通过承载车轮试验模拟交通压实来测试微表处沥青面层的压实度和变形特性，并控制最大沥青用量。

4. 微表处施工技术

（1）微表处施工前应先对路面进行清理，清除原路面上的松散材料、泥土、各种杂物等。如果使用水冲洗路面，则要使所有的路面裂缝完全干燥后，才能进行微表处施工。

（2）摊铺前应进行画线放样，摊铺时全程控制调节集料、填料、水、乳液的配合比，搅拌形成的混合料应具有良好的施工和易性，保证混合料在摊铺箱中分布均匀。

（3）摊铺施工时要控制稀浆封层铺筑机匀速前进，确保铺筑厚度均匀。对起终点及纵向接缝在摊铺后应立即进行人工整平，纵向接缝应尽可能设置在车道标线上。

（4）混合料在拌和及摊铺中应保持浆状均匀，不得含有多余水分和乳液，不能出现乳液、细集料与粗集料离析的现象。

（5）施工时应保证车道分隔线处的微表处摊铺成一条直线，且不得有松散现象，并用适当材料及方法对摊铺末端进行处理，以保持直线端口。

（6）施工结束后，必须将现场多余材料清除掉，并将场地清理干净。

（7）稀浆封层铺筑后需进行早期养护，待乳液破乳、水分蒸发、干燥成型后开放交通自然碾压。禁止路面固化成型前车辆和行人进入。

（8）纵、横接缝的处理

①横缝的处理。上一车摊铺结束时，摊铺的厚度会逐渐变薄，且粗颗粒增多，细颗粒变少，故表观有明显的变化。下车摊铺开始之前，用软铁皮覆盖在尾部的正常厚度摊铺面上（约距离最末端1m 左右），其前端与表观变化处对齐，控制施工厚度，由薄逐渐变厚至上车的施工边缘为正常厚度。若有不平处，由施工人员进行人工找平。然后施工人员将软铁皮连同上面的微表处混合料取走，把料倒人废料车

中，清洗软铁皮，以备下次再用。

②纵缝的处理。微表处的纵向接缝亦应做成搭接接缝。为了保证接缝的平整和节省混合料，搭接宽度不宜过大，国际稀浆封层协会微表处技术指南规定纵向接缝搭接宽度不应超过76.2mm，施工时控制为80mm。微表处纵向接缝的位置直接影响路表的美观，因此，如果能够将纵向接缝放在车道线上，会最大限度地减少接缝对路表美观的影响。但是这将对车道线的画线带来一定困难，特别是接缝处的不平整和粗糙表面会造成走向不直和画线材料用量明显增加，因此施工中设计微表处路面宽度自行车道外边缘线中心向外延宽15cm。这样既不会显著影响路表的美观，又不至于造成画线困难和画线成本增高。

5. 微表处施工中注意的问题

（1）油石比的控制。施工中采取严格措施控制微表处摊铺车计量的精确性，每一车摊铺后，监理人员确认摊铺车各材料的料门开度、泵设定和各材料用量的读数，然后即可精确计算出混合料的实际油石比。如果实际油石比与设计油石比的差值在允许误差范围内，可以继续摊铺，如果超出了误差范围，则重新检查摊铺车的计量等对油石比有影响的因素。

（2）稠度的控制。在微表处施工时，根据试验室提供的配合比，控制油量及用水量并试铺，试铺后取一定的样品再做稠度试验测定稀浆混合料加水量，如不符合规定，适当调整出水量重新试铺直到满足要求，从而确定最佳用水量。拌和机内适宜控制加水量，保证混合料的稠度，这是稀浆混合料摊铺均匀，并与原路面牢固结合的前提。

（3）摊铺厚度的控制。第一次摊铺前，首先进行稀浆混合料的试铺，检查混合料的稠度是否合适，粗略调整稀浆混合料的厚度。将稀浆封层车驾驶到施工起点，使封层车前的导向链条对准走向控制线，将车后的箱形摊铺槽调整到要求的宽度和厚度，使摊铺槽与车尾部位保持平行，摊铺槽四周的橡胶刮板安装准确牢固，保证槽内混合料按要求摊铺不发生外漏。集料、沥青、水等同时按比例进入拌和机，使混合料均匀流入摊铺槽内，此时仔细观察稀浆混合稠度。调节拌和机内给水管的供水量，使混合料达到所要求的稠度。

（4）集料级配的控制。施工中严格按照配合比进行配料，对混合料拌和3～4遍，使集料充分均匀拌和。在微表处混合料摊铺过程中，用容器在摊铺车集料输出口接出一定量的集料进行级配筛分检验，如果此时的实际级配不符合设计配合比，应立即停止摊铺，重新进行配料。

（5）表观效果的控制。因为微表处不能起到结构补强的作用，如果路基路面的结构强度不足，微表处就会很快被破坏。所以在施工前应检查路基路面的结构强度，如果不满足应进行铣刨、补强处理，如果有裂缝、坑槽、松散、翻浆、波浪、软弱等病害，应在封层施工前修补完毕。摊铺方向一定要顺直，保证和路缘石或路边平行。合理布置摊铺宽度，尽量使接缝做在分道线上。控制拌和稳定性，不让材料在摊铺箱中过早分离；混合料在摊铺过程中必须均匀，水量适中，装料时进行筛分，把超大颗粒筛除，摊铺中剔除超大颗粒，及时抹平，使表观一致。

6. 微表处应用中应注意的问题

(1)从国内一些高速公路微表处养护工程实践来看，发现微表处的使用效果受原路面状况影响较大。由于微表处结构层厚度薄，在路面结构体系中，只能作为表面保护层和磨耗层，而不起承重性的结构作用，对于结构性的破坏和严重的坑槽、壅包等病害必须进行有效的预处理后才能加铺封层。因此，微表处技术应定位于高速公路的预防性养护，从而真正发挥其优势。故微表处技术在我国高速公路的推广应用应侧重于防止路面地表水渗入、车辙发展及恢复路面服务功能等预防性养护上。

(2)微表处的设计、施工应严格按照相关的技术规程进行，同时应根据周围的气候(气温、湿度、风力)和施工设备等外部条件的变化对各材料的用量进行适当微量调整，以保证微表处的成功实施。实践证明，成功的微表处来自于优质的原料、科学的设计、先进的技术规范和有经验的施工技术人员以及优良的专用设备。

(3)由于乳化沥青质量和石料质量的不理想，再加上我国地域辽阔，高速公路路面结构、气候、交通、材料等差异，使得微表处施工质量也存在差距。因此具体实施中，只能根据当地实际情况制订出相应的技术指标、施工指南，以进一步提高微表处技术的应用水平，更好地满足当地高速公路路面维修养护的要求。

第四节　同步碎石封层技术

同步碎石封层技术作为一种路面养护新技术，已在欧美各国被广泛采用。该技术 20 世纪 80 年代起源于法国，90 年代传播到整个欧洲各国及美国。所谓同步碎石封层，就是用专用设备即同步碎石封层车将碎石及黏结材料(改性沥青或改性乳化沥青)同步铺洒在路面上，通过自然行车碾压形成单层沥青碎石磨耗层，主要作为路面表处层使用。同步碎石封层技术的最大优点是同步铺洒黏结材料和石料，将黏结剂的喷洒和集料撒布两道工序集中在一台车辆上同步进行，使喷洒到路面上的高温黏结料在不降温的条件下即时与碎石结合。这样做的好处是促使碎石颗粒立即与刚喷洒的黏结剂相接触，由于热沥青或乳化沥青的流动性较好而使石屑能更深地埋入黏结剂内，并更好地渗入到路面的裂缝中。对于热沥青来说，在温度尚未下降之前黏度较低，而对于乳化沥青来说则在尚未破乳前，喷洒的黏层油具有更厚的铺层，这些都有利于增加石屑埋入的深度和由于毛细管作用而增高石屑颗粒间黏结剂吸附的高度。同时,较好的流动性也有助于黏结剂更好地渗入到原路面的裂缝中而改善它的封水性能。

同步碎石封层技术最主要的特点是:同步碎石封层实质是靠一定厚度的沥青膜黏结的超薄沥青碎石表面处治层,能增加路面抗裂性能、治愈路面龟网裂、减少路面反射裂缝、提高路面防渗水性能,用于道路养护可延长路面使用寿命;同步碎石封层可以大大提高原路面的摩擦系数,即增加路面防滑性能,并使路面平整度得到一定程度的恢复;同步碎石封层技术缩短了黏结剂喷洒与集料撒布之间的间隔,增加了集料颗粒与黏结剂的裹覆面积,更易保证它们之间的稳定的比例关系,提高了作业效率,减少了设备配置,降低了施工成本,可以应用于各种等级的沥青路面上。沥青路面经过同步碎石封层处理后,使路面具有良好的抗滑性能和防渗水性能,能有效治愈路面松散、轻微网裂、车辙、沉陷等病害,主要用于道路的预防性养护和修复性养护中。据记载,在美国同步碎石封层可延长路面使用寿命 10 年以上,澳大利亚有关机构研究表明,同步碎石封层技术能使损坏比较严重的道路寿命增加 10 ~ 15 年。

一、同步碎石封层的主要优点

由于同步碎石封层将黏结剂喷洒与碎石撒布两道工序集中在一台车上同时完成,可以使碎石颗粒立即与刚喷洒的流动性好的 120 ~ 140℃ 的热沥青或乳化沥青相接触,并较深地埋入黏结剂内,因此同步碎石封层技术具有以下几个特点。

(1)良好的防水性。同步碎石封层整体力学特征是柔性的,能增加路面抗裂性能、治愈路面龟网裂、减少路面反射裂缝,因此提高了路面防渗水性能。若使用聚合物改性沥青则效果更佳。

(2)良好的附着性和防滑性。同步碎石封层中被沥青黏结到路面上的集料仍直接与轮胎接触,其粗糙度高,增大了与橡胶轮胎之间的摩擦系数,因此可显著提高路面的附着性和防滑性并降低能耗。

(3)良好的耐磨性和耐久性。同步洒铺的碎石和沥青形成沥青结合料,其碎石颗粒以 2/3 的高度陷入沥青,增大了两者的接触面积,并且由于沥青结合料的毛细吸引力可以形成一个凹面,该凹面与碎石紧密结合,防止碎石流失。因此使同步碎石封层具有良好的耐磨性和耐久性,这也是沥青路面采用同步碎石封层技术进行预防性养护或修复性养护、使使用寿命得以延长的重要因素之一。

(4)良好的经济性。同步碎石封层只需要较低的能耗,据测算每 m^2 沥青路面使用 1.5kg 沥青、8 ~ 12kg 碎石即可,其成本只是 3cm 热沥青混合料罩面的 50% 左右,而质量要好于罩面。

(5)同步碎石封层可作为低等级公路的过渡型路面,以缓和公路建设资金暂时不足的问题。

(6)同步碎石封层施工工序简单、施工速度快,可及时限速开放交通,1 小时后可完全开放交通。

(7)无论用于道路养护还是作为过渡型路面,同步碎石封层的性能(使用年限)价格比明显优于其他表面处治方法,可以大大降低道路的维修养护成本。

二、同步碎石封层采用的材料

同步碎石封层所用原材料主要包括黏结料和碎石两类,其选择需要考虑公路等级、路面类型、交通流量、气候和材料供应能力等各种因素。原材料的选择是实现同步碎石封层优良性能的关键和重要保证,它在很大程度上决定了同步碎石封层设计质量的好坏。因而原材料的选择和检测工作十分重要。

1. 沥青

使用同步碎石封层技术,原则上对沥青的选择和使用无特殊要求。在保证沥青合适的洒布温度、洒布量的前提下,使用普通沥青、重交沥青、乳化沥青、改性沥青都可以获得很好的效果。应注意的是施工中沥青用量是决定封层质量好坏的一个十分重要的因素。沥青过少时封层路面有可能出现严重的碎石脱粒;沥青过多时,则会出现泛油现象。因此沥青用量要根据交通量、路面状况、施工季节等进行调整,如大交通量的道路沥青用量宜减少 5% ~10% ,秋季施工用量比夏季应增加 5% 左右。

2. 石料

石料是同步碎石封层的重要组成部分之一,它主要承受车辆的荷载作用,并为行车提供抗滑作用,因而应选用材质优良的石料。同步碎石封层一般要求使用经过反击破碎(或锤击破碎)所得到的碎石,针片状含量应严格限制在 15% 以下,而且几何尺寸要好,不含杂质和石粉,压碎值不大于 14% ,并严格经过水洗风干。对石料酸碱性无特殊的要求。

三、同步碎石封层施工技术要求

沥青路面的预防性养护和修复性养护一般采用二次封层:第一次用 6 ~10mm、10 ~14mm 粗碎石形成骨架;第二次用 2 ~4mm 细碎石嵌缝。两次封层后用轮胎压路机碾压,也可通过自然行车碾压。沥青路面若有 10cm 以上的车辙、沉陷等病害时,可采用多次封层不同粒径碎石的施工方法。施工前首先对待施工路段的路面状况、交通量等进行实地勘察,根据检测数据,认真分析并做试验,确定施工方案,其内容包括:施工结构选择,沥青和碎石的选用,对车辙、坑槽等病害的预处理等,做好配套机具的调配、组织等工作。

同步碎石封层施工技术要点如下:

(1)选用技术性能先进的同步碎石封层机并保持其良好的技术状态是保证沥青路面同步碎石封层质量和效率的前提和基础,其中包括:结构合理的沥青喷洒装置,保证对沥青喷洒量及均匀性进行精确调节与控制;先进合理的沥青控制系统;精确调节和控制碎石的撒布量及均匀性;沥青喷洒与碎石撒布要保持高度一致。

(2)喷嘴高度不同时喷洒后形成的沥青膜厚度不同(各个喷嘴喷出的扇形雾状沥青的重叠情况不同),因此要通过调整喷嘴高度使沥青膜厚度适宜。

(3)使用改性沥青作为黏结剂时,为保证雾状喷洒形成均匀、等厚度的沥青膜,必须保持沥青在160~170℃的温度范围内。

(4)同步碎石封层机应以适宜的作业速度匀速行驶,在此条件下碎石和沥青的撒布率必须匹配。

(5)根据路面平整度和抗滑性能要求,应严格控制所用石料的粒径范围,但考虑到石料的破碎及筛分有一定困难,针片状石料要限制在15%以内,不含杂质和石粉,压碎值小于14%,要经过水洗、风干。

(6)作为沥青路面表面处理层或磨耗层的同步碎石封层,其平整度和强度必须满足要求。

(7)一般沥青路面预防性养护进行一次同步碎石封层即可。若旧沥青路面平整度较差时可选用适宜粒径的粗碎石作为下封层找平,然后再用细碎石做上封层。低等级公路采用同步碎石封层时需两层或三层,各层碎石粒径应互相搭配,方能产生嵌挤作用,一般遵循下粗上细的原则。

(8)封层作业前要对原路面进行认真清扫,以免尘土影响沥青的黏结剂作用。

(9)封层作业过程中要保证足够数量的轮胎压路机,以便在热沥青温度降低之前或乳化沥青破乳后能及时完成碾压定位工序。

四、同步碎石封层施工应注意的问题

为了获得满意的同步碎石封层施工效果,需要注意以下几个问题。

(1)沥青路面损伤的类型与程度的准确判断及正确选择同步碎石封层施工工艺。

(2)根据交通量、气候和供应条件,合理选择沥青和碎石,并使沥青品质(润湿性、黏结性和内聚性等)与碎石品质(粒度、耐磨性、抗压性和持久性等)之间有良好的相容性。

(3)保持同步碎石封层机和配套机具良好的技术状态,以保证封层施工质量和生产率。

(4)在施工工艺及技术规范所允许的范围内正确调整和操作同步碎石封层机及其他机具。

(5)必须进行试封层,并依此对选择的技术参数作必要的修正。

(6)聘用训练有素的人员。

第五节 雾封层及沥再生技术

一、雾封层

雾封层就是利用专用雾封层洒布车在沥青面层上喷洒一层薄薄的、高渗透性乳化沥青或改性乳化沥青,以形成一层严密的防水层将路面封闭,起到隔水、防渗、保护路面功能的作用,能够最大限度地减少路面的水损坏,加大沥青路面集料间的黏结力,由此达到延长路面使用寿命和节约养护资金的目的。雾封层为一超薄喷洒层,采用沥青撒布车一次性施工,要求喷洒层与下面层接触紧密、均匀,并具有良好的抗磨耗能力。雾封层一般用于轻度到中度细料损失或松散的道路,对于开级配混合料出现松散时,雾封层可有效解决,无论低交通量道路还是高交通量道路均可使用雾封层。

当沥青路面正常使用几年后,路面开始出现轻微疲劳龟裂、损失细集料的现象,并且其渗水性大大提高,路面水会经过裂缝或细集料损伤处(露骨处)进入到沥青混合料中,这进一步加速了路面的损坏。在这一时期,路面处于基本完好时期,如果不进行及时处理,会导致网裂、龟裂、坑洞等路面破坏。这一阶段,最有效的方法是"雾封层技术"即"FOG SEAL",且它的费用非常的低廉。雾封层由于所用材料流动性比较大,可渗入到集料缝中去,可流入裂缝中去,对路面"输血",从而恢复路表沥青黏附力,填补微小裂缝和空隙,更新和保护旧氧化沥青路面,防止路表水下渗,使低温下的路面免受损害,加深沥青路面的颜色,加大沥青路面与标线的对比度,防止开级配路面松散,将路面性能维持2~3年时间,推迟造价更高的养护工程,提高了道路的经济效益。雾封层所使用的材料一般为乳化沥青和水,有时可以添加一定比例的添加剂。其中,乳化沥青可以是阳离子和阴离子型(常用的乳化沥青类型为CSS-1h和SS-1h),技术要求应符合《乳化沥青路面施工及验收规程》(CJJ 42-91)的有关规定。雾封层乳化沥青应经过特殊配方和特殊加工生产处理而成,雾封层乳化沥青的沥青颗粒更小、更均匀,工作温度更宽,能够在不同气候环境下保持性能;目前市场上已经出现了雾封层专用外加剂,使得雾封层的渗透性得到了有效的提高。

雾封层技术主要用来处理沥青路面的渗水问题。沥青路面的绝大多数病害都是由于水的原因造成的,有效地预防路面进水是非常必要的,而路面雾封层技术是一种很直接、有效和经济的预防性养护措施。当沥青路面产生较密集的细微裂纹时,可选用 G21 型或 G22 型乳液喷洒,使乳液填充裂纹缝隙,以增强路面的防水性。

1. 雾封层的适用范围

(1)更新和保护旧氧化沥青路面;

(2)填补小型裂缝和表面空隙;

(3)使低温下的路面免受损害;

(4)防止石屑封层的松散;

(5)加深新石屑封层的颜色;

(6)防止开级配路面的松散;

(7)保持和维护重交通道路的路肩。

2. 雾封层施工技术要点

(1)雾封层采用沥青洒布车一次性施工,在路面表面形成一超薄喷洒层,要求喷洒层与下面层接触紧密、均匀,并具有良好的抗磨耗能力。

(2)将已经按要求在施工前 24h 内稀释的乳化沥青装进沥青洒布机的储存罐内。

(3)保持洒布车辆的匀速行驶,开动开关,喷洒乳化沥青。喷洒中控制洒布量,雾封层的一般喷洒量为 0.23 ~0.45L/m^2。

(4)若标线使用状况良好,应尽量保护,减少污染。

雾封层刚刚喷洒后路面呈现咖啡色,随着乳化沥青破乳,路面开始变黑,说明雾封层已经进入硬化阶段,待完全硬化后,路面是黝黑的犹如新铺的路面一样。

二、沥再生

沥再生(RejuvaSeal)是由美国首先研究开发应用的,最初用在军用机场后来军用转民用,并逐步推广到加拿大、巴西等国家。

沥再生具有轻微挥发性气味,为黑色油状液体,是一种用于沥青路面的三合一维护剂,其主要成分为 35% ~50% 的煤焦油、32% ~42% 的石油蒸馏液和 15% ~40% 的三合一煤焦油再生剂(人造树脂石油乳剂、经提炼的煤焦油和主要由煤焦、煤焦油、石油溶剂合成的渗透剂)。

沥再生作为一种预防性的沥青路面维护产品,在路面未出现病害时即对路面进行一定的保养,彻底改变了以往路面养护维修的老观念,使沥青路面长期处于较佳的使用状态,保持柔性路面所特有的良好的弹性及柔韧性,是我们一直所追求的养护目的和养护效果,是路面养护工作的一大突破。

1. 沥再生的特点

沥再生是一种极其高效的具有渗透性的沥青再生密封剂。其特点主要有:

(1)具有抵抗汽油、防水、防化学品侵蚀和抵抗其他损害性杂质影响的特性。它能在沥青路表面形成密封层,抵御水、阳光、化学物品等对沥青路面的侵蚀。

(2)具有不改变沥青表面结构就能起到密封和再生作用的特性。将其涂刷于路面表层后,路面被黝黑的沥再生覆盖,一个月后沥再生的渗透深度可达1.5cm以上,与原沥青结构层融为一体,补充沥青所需的极性物质,恢复老化沥青活性,起到再生作用,从而缓解了路面的硬化脆裂程度,恢复了路面的弹性和柔韧性和黏结力。

(3)沥再生具有较强的温度适用性和抗腐蚀能力、耐久性,且基本上不影响路面的抗滑性能,是一种充满活性的、能渗透沥青表层并将沥青激活的结合剂,使路面长期处于较佳的工作状态。沥再生能渗透到沥青表层,变成沥青层整体的一部分,与之共同收缩和膨胀,不像普通表面密封剂那样易于剥落、开裂和脱层,因而具有较强的温度适应性,十分耐久。它可使沥青路面表层约15mm厚的沥青的硬化程度和脆性显著降低,从而可增强路面的柔韧性和弹性。

2. 沥再生的使用范围

沥青路面在其寿命周期内可分为三个阶段:(1)建成投入使用开始,沥青逐渐被老化、损耗,这一阶段为病害萌芽期;(2)沥青里面出现微小裂缝、小坑槽或蜕皮现象,这一阶段为病害前期;(3)路面出现较大面积的裂缝,并贯通形成龟裂,最终出现结构问题,也就是病害后期。沥再生是一种预防性的沥青路面维护产品,它应该在沥青路面裂缝<5mm时使用,能达到预期效果;当沥青路面裂缝≥5mm时需对裂缝采用填补剂处理后再使用沥再生,即应在沥青路面处于病害前期或更前时使用为最佳时期。沥再生改变了以往等沥青路面出现病害,影响使用功能后再进行养护维修的观念,而在路面未出现病害或刚出现轻微病害时即对路面进行保养,使其恢复新路面的弹性和柔韧性,使路面长期处于较佳的使用状态。

3. 沥再生施工技术要点

(1)施工前的准备。必须在2天前将道路表面的尘土和其他杂质清洗干净,并将其吹干。

(2)气候条件。沥再生必须在路面保持干燥和表面温度为10℃以上时施工,换言之,在雨天或雨后不宜对沥青路面涂涮沥再生。

(3)使用沥再生的操作要点。沥再生包装如罐装油漆,因运输或存放时间长,会出现部分沉淀。使用前需用搅拌棒将其搅拌均匀,然后如涂油漆般将沥再生均匀涂涮在沥青路面上即可。在大范围施用沥再生时可使用专门的喷洒设备,设备的喷嘴采用电脑控制流量以保证均匀喷涂。

第六节 薄层罩面技术

薄层罩面作为一项预防性养护技术，给原沥青路面提供一个崭新的表面，使原沥青路面的平整度大大增加，减小了行车的振动，减少了行车对路面的激振破坏并增加了行车的舒适性；恢复了表面粗糙度，提高了抗滑能力，增加了行车的安全性；使路面原有的许多表面破坏，如坑洞、裂缝、辙槽等都得到了一定程度的治理，并延长了路面使用寿命。

薄层沥青混凝土面层被定义为，用摊铺机摊铺和用压路机碾压的单层沥青混合料。可以认为薄面层是"薄磨耗层"与"厚表面处治"之间的一种交叉。薄层罩面在国外发达国家早已进行了研究与应用，法国是国际上采用薄层沥青混凝土路面的代表性国家。在法国，薄沥青混凝土面层(BBM)的定义为：用纯沥青或改性沥青、集料及可能的添加剂(矿质的或有机的)制成的混合料，摊铺厚度在30~40mm。在美国，一般认为薄层沥青混凝土的厚度应为15~30mm。在我国养护规范中，薄层罩面适用于路面平整度较差、辙槽深度小于10mm、路面无结构性破坏，为提高路面表面层服务功能的养护维修措施，也适用于新建公路的磨耗层。薄层罩面的代表厚度是15~30mm，一般为20mm左右，在局部面积上可以铺得较厚。混合料宜选用间断级配、改性沥青或其他添加剂，以提高罩面层的水稳性。罩面层的厚度应根据路面的等级、交通量的大小、道路等级、道路的功能要求等综合确定，用于重点解决路面的轻微网裂、透水时可选用较薄的罩面层；对路面破损、平整度、抗滑三项性能需要改善时，应采用较厚的罩面层；各类型的罩面厚度不应小于最小施工结构层厚度，主要解决高等级公路抗滑问题时的罩面层不得小于2.5cm。

薄层罩面用于沥青路面的预防性养护，主要优点是：(1)服务寿命延长；(2)能承受重载交通和高剪应力；(3)表面平整性能好；(4)可被铺成需要的厚度、纵坡度和横坡度；(5)中断交通时间短。

薄层罩面按照实施方法的不同可分为冷薄层罩面和热薄层罩面两类。冷薄层罩面就是在常温下就可以实现施工，不需要对材料进行加热，具有施工方便、快捷、中断交通时间短等优点。目前应用较多的冷薄层罩面工艺的技术主要是乳化沥青或乳化改性沥青混合料。热薄层罩面相对于冷薄层罩面而言需要对材料进行加热，方可施工。热薄层罩面按照级配类型不同可以分为开级配、密级配、间断级配；按照实施的材料不同又可分为普通沥青混凝土薄层罩面(AC系列)、SMA罩面、SAC罩面、超薄橡胶粉改性沥青罩面等。热薄层罩面可以防止路面品质下降、恢复路面的抗滑阻力、修复路面的缺陷和轮廓，用于处治综合病害，这种养护的成本一般较高。

一、冷薄层罩面

冷薄层罩面就是将乳化沥青或者改性乳化沥青和砂石材料在常温下拌和均匀、摊铺、压实的一种工艺。它具有以下优点：

(1)节约能量。由于混合料拌和时砂石料不需要加热,因而可以节省大量的燃料,虽然生产乳化沥青也需要将沥青和水加热,但所消耗的热能与加热混合料的消耗的能源相比差异明显。

(2)延长施工季节。在潮湿的雨季和阴冷的秋冬季节,沥青路面常易出现病害,可以在发现病害后及时处理,不必等到夏季高温季节再进行处置,从而争取了施工时间,带来了长远收益。

(3)节省沥青用量。阳离子乳化沥青与石料有良好的黏附性,沥青用量可以减少10% ~20%。

(4)减少污染,保护环境。乳化沥青混合料拌和、生产在常温下进行,因而没有烟气和粉尘排放,对环境不会造成危害。

二、热薄层罩面

热薄层罩面是一种很早采用的传统预防性养护方法,它是在原有路面上加铺一层厚度不超过2.5cm的热拌沥青混合料。热薄层罩面可以有效地防止品质正在下降的路面继续恶化,改善路面平整度、恢复路表面的抗滑阻力、校正路面的轮廓、对路面也有一定的补强作用。按热薄沥青混凝土面层的厚度,可将其分为三种,即薄沥青混凝土面层(25 ~30mm),很薄沥青混凝土面层(20 ~25mm),超薄沥青混凝土面层(15 ~20mm)。在施工工艺方面,薄层罩面施工中最大的困难是由于层面较薄容易冷却又不宜使用振动压路机, 因而不易达到较高的密实度。为了适应薄层路面快速压实的需要,近些年来出现了某些专为压实薄层路面而设计的高频振动压路机,此类振动压路机的振幅极低,只有0.2mm左右,但频率高达70Hz左右,可以说是施工机械上的改观;在材料方面,采用改性沥青作为黏结剂铺筑的薄层罩面在耐久性和抗滑性能方面都优于普通沥青。因此,正确设计混合料、控制温度以及碾压工艺和选择压路机显得尤为重要。

热薄层罩面具有以下几个特点：

(1)服务寿命长。

(2)使用性能好,能承受重载交通。

(3)具有平整的、抗滑性能好的表面。

(4)铺筑厚度、纵坡和横坡可以根据需要随时调整并压实成平整、耐久的表面层。

(5)改善了原路面的外观。

热薄层沥青混凝土罩面技术是一种经济适用的沥青路面修补技术，同时也可用于新建的沥青路面表面的抗滑磨耗层，广泛应用在沥青路面的预防性养护或者中修养护中。目前，热薄层罩面技术中主要是热拌密实型沥青混合料 AC 加铺层、沥青玛蹄脂碎石结合料 SMA、多碎石沥青混凝土 SAC、橡胶沥青混合料罩面等。在进行材料选择时，沥青混合料的热稳定性和不透水性成为薄层罩面选型考虑的焦点。比较各种沥青混合料的技术性能、各自特点及适用性确定混合料类型，设计时要注意对级配进行必要的调整，以保证将来的施工质量。石料的选材可根据混合料类型来确定，如果是 SMA 应采用玄武岩，如果采用其他混合料类型也可以使用优质石灰岩。

（一）设计中对罩面结构的主要技术性能要求

1. 表面抗滑性

特征指标是构造深度，可以从集料的选择和级配组成设计入手，严格要求石料的磨光值、针片状含量、压碎值、磨耗值等指标，以提高面层抗滑性能，达到高速公路的技术要求。

2. 高温稳定性

要求采用优质改性沥青和优质矿料拌制的高性能沥青混凝土，其特征指标为动稳定度和永久变形能力。

3. 抗水损害能力

评价罩面层混合料水稳定性的特征指标有：黏附性、浸水马歇尔强度比（残留稳定度）等，必要时采取一定的抗剥落措施。

4. 防止泛油

沥青路面的泛油，将影响路面的使用性能，降低抗滑能力，并引起其他路面病害的产生，在设计和施工中应严格控制用油量。

5. 方案易于实施

所制订的方案应尽量减少对交通的影响。

（二）热薄层罩面的类型

1. 热拌密实型沥青混合料 AC 罩面

密级配沥青混凝土 AC 属于典型的悬浮—密实结构，这种结构中细集料胶浆含量多且致密，反映在力学性能上即为马歇尔稳定度较高，同时密水性好、工程造价相对较低、施工工艺比较成熟，是罩面工程中经常采用的措施，常见的级配有 AC－13、AC－16。但是这种材料抵抗早期损坏和高温车辙的能力相当弱，且表面较为光滑，高速行车下易使汽车发生漂滑现象，对交通安全危害大，特别是在超重载路段上表现为：

(1)表面抗滑能力较差;

(2)在高温条件下稳定性较差,抗车辙能力不足;

(3)路面低温抗裂性能差,反射裂缝、疲劳裂缝严重;

(4)路面使用寿命较短,造成频繁罩面,从而增加总体投资。

对于有特殊要求的路段,不宜采用 AC 罩面,应该按照使用功能要求分段设计。以松散、坑槽等水损病害为主,应选择密级配 AC-16 型沥青混合料。

2. 沥青玛蹄脂碎石结合料 SMA 薄层罩面

沥青玛蹄脂碎石混合料(Stone Mastic Asphalt)简称 SMA,是一种由沥青、纤维稳定剂、矿粉及少量的细集料组成的沥青玛蹄脂填充间断级配的粗集料骨架间隙而形成的沥青混合料,它是最适合于罩面工程的材料。在高温情况下,占 70% 以上的粗集料骨架承受交通荷载,粗颗粒之间相互良好的嵌挤作用使得沥青混合料产生非常好的抗荷载变形的能力,即使玛蹄脂的黏度降低,也不会影响骨架承载能力,因而抗车辙能力非常显著。在低温下,抗裂性能只要由结合料的拉伸性能决定,SMA 中填充空隙的玛蹄脂有较好的黏结作用,尤其是使用改性的沥青材料,玛蹄脂的韧性和柔性会更加明显,从而使混合料具有良好的低温抗变形能力。此外,SMA 罩面还具有表面构造深度大、抗滑性能好、耐磨耗、良好的水稳定性、耐久性等特点。SMA 中的沥青用量较多,施工中不易离析,易于压实, 减少了施工难度。在等级高、交通量大、重载车辆多且使用条件恶劣的公路中通常采用 SMA 进行罩面,以延缓路面的使用寿命,改善路面的使用性能。若使用改性沥青作为胶结料,则 SMA 改性沥青混合料适用于病害种类很多, 但是其造价较高,通常应用于病害较严重的地段。

采用公称最大粒径 9.5mm 或 19mm 的集料设计 SMA,将具有更薄的厚度,按照摊铺厚度和公称最大粒径 3 : 1 的规则摊铺,公称最大粒径为 7.45mm 的 SMA 可以摊铺小于 19mm 的厚度,公称最大粒径为 9.5mm 的 SMA 可以摊铺小于 32mm 的厚度,经过这样设计的 SMA,能够适用于薄层罩面的厚度要求。

3. 多碎石沥青混凝土 SAC 罩面

为使路表面具有良好的高温稳定性和表面构造深度,在密级配沥青混合料的矿料组成中增加碎石(粗集料)含量,减少细集料含量,为控制空隙率过大同时增加填料含量,这样的间断级配的结构就是多碎石沥青混凝土 SAC。在 SAC 结构中由于粗集料含量多,因而多碎石沥青混凝土在水稳定性、高温稳定性、摩擦系数和构造深度等方面表现出较好的性能。

多碎石沥青混凝土 SAC 作为高等级公路沥青路面的上面层,它既要具备良好的密实性以防水,又要有一定的构造深度以防滑。采用 SAC 结构铺筑高等级公路抗滑表层比较经济适用,其特点是属于间断密实级配,设计空隙率 3% ~4% ,表面构造深度为0.18～1.12mm，对原材料技术指标的要求低于SMA结构，可以在满足路用性能的基础上同时达到降低工程造价的目的。SAC－10是一种小粒径、多碎石、粗集料断级配密实型沥青混合料，一般的摊铺厚度为15～25mm，用于沥青路面表面功能的恢复，主要是抗滑性能的恢复，具有构造深度大，抗滑性能好，行车噪声低，同时由于厚度较薄，造价低；解决以磨光、泛油等影响路面抗滑性能的病害为主，则罩面沥青混合料应选择多碎石SAC－16型；以车辙、波浪壅包等变形类病害为主，应选择改良的多碎石SAC－16型。

4. 橡胶粉改性沥青混合料罩面

在沥青中掺加橡胶粉，形成橡胶粉沥青材料，用于铺筑沥青路面，在国外已有多年历史。由于橡胶粉沥青具有高温稳定性好、水稳定性强、低温抗裂性明显改善等优点，可以大大提高沥青路面的使用性能，延长路面使用寿命。

在进行橡胶粉沥青罩面时关键的是选择适用于沥青改性的橡胶粉，主要考虑：

(1)橡胶粉的粒度。橡胶粉的颗粒愈细，愈能增强其与沥青的和易性，达到分散均匀一致，增大与沥青的接触面积，促使沥青与橡胶粉相互渗透、融为一体的目的。但同时要考虑经济性，颗粒愈细，价格愈高，应结合两方面的因素选择，一般适用于沥青改性的粒度在30目左右。

(2)橡胶粉的性质。橡胶粉按照处理方法不同可分为普通胶粉和脱硫活化胶粉两种，脱硫活化胶粉能够明显改善材料的动态疲劳性，提高拉伸强度，所以首选脱硫活化胶粉。

(3)橡胶粉的品种。橡胶粉主要来源于胎面胶粉、鞋底胶粉、杂品胶粉。不同品种橡胶粉的橡胶含量不同，橡胶含量越高越好。各种橡胶中以SBR、EPDM(乙丙橡胶)性能较好。还要做与沥青掺混后的技术性能对比试验，以确定最佳的橡胶粉的品种。

橡胶粉沥青混合料罩面施工工艺基本上与普通沥青相同，但侧重解决以下问题：

(1)正确确定橡胶粉的掺量。掺量过多将会增大沥青的黏度，造成沥青泵输送困难，掺量过少，将会影响改性效果，一般不要超过沥青总量的20%。

(2)正确设计沥青用量。用橡胶粉沥青拌制混合料，其沥青用量要比普通沥青混合料大一些，具体可按下式确定：

$$Q = q(1 + K) + (0.1 \sim 0.4) \tag{3-1}$$

式中：Q——每吨橡胶粉沥青混合料的沥青用量(kg)；

q——每吨基质沥青混合料的沥青用量(kg)；

K——橡胶粉掺量(%)；

0.1～0.4——额外增加的沥青用量(kg)，视橡胶粉掺量及沥青的稠度而定，橡胶粉剂量大、沥青稠时取上限,反之取中限或下限。

(3)严格控制施工温度。橡胶粉沥青混合料施工中,各项控制温度的指标要比现行的《公路沥青路面施工技术规范》规定的温度高5~10℃。

5. 高黏薄层

高黏薄层沥青混合料是由普通石油沥青、粗细集料和适量矿粉及专用混合料改性剂所组成的一种新型复合材料,该复合材料在沥青混合料拌和设备中加热拌和而成,并在热态下采用改性沥青路面摊铺和碾压机械设备进行摊铺和柔压成型,路面铺筑厚度为2.0~3.0cm。该技术由陕西长大博源公司自主研发的高黏薄层沥青混合料改性剂和自主设计的XAC-10型矿料级配,是我国高速公路养护维修的一项新技术,具有厚度薄、粗集料多、矿粉多、沥青多、细集料少、模量高、黏度大等特点。通过在沥青混合料拌和过程中添加一定比例的高黏薄层沥青混合料改性剂直接对沥青混合料的路用性能进行改性,能够有效提高沥青路面抗车辙性能和耐久性能,同时具有良好的抗滑、抗磨耗、降噪等路面使用性能。2010年成功应用修复车辙试验路段,并取得了良好的路用效果,填补了我国目前双层微表处修复车辙与路面车辙铣刨重铺大修之间的技术空白。该技术还可用于桥面铺装、隧道路面、薄层罩面等领域,路用性能好,工程需求大,发展和推广前景广阔。

本章思考题

1. 预防性养护核心思想是什么?目前有哪些可行的技术措施?

2. 根据不同的气候和交通情况,您认为哪些预防性养护技术措施切实适合当地公路养护需求?

3. 认真分析各地区公路养护现状,试制定一套科学的预防性养护体系。

4. 薄层技术发展趋势及前景分析。

第四章

高速公路沥青路面典型病害处治技术

第一节　沥青路面使用品质变化及调查

一、沥青路面养护的要求

对沥青路面养护、修理及改善有以下基本要求：

(1)保持和改善路面结构的功能，以确保路面应有的耐久性。

(2)保持和改善路面行车的安全舒适性，以确保路面的行驶性能。

(3)采取预防性措施和适时进行养护修理，防止路面某些破损的发生和发展。

(4)防治因路面的损坏和养护操作污染沿线环境。

因此，要达到这些要求，首先应重视沥青路面品质的变化。

二、沥青路面使用品质的变化

沥青路面经受着交通荷载和各种自然因素的长期作用，路面使用品质经历着由优变劣，直至最后破坏的演变过程。沥青路面使用初期，由于车轮荷载的反复揉搓、挤压作用，使之得到进一步压实。尤其在气温较高的情况下，沥青混合料变得较为柔软，行车的反复揉搓和挤压，使矿质集料和沥青黏结料发生位移而进行重新分布，从而使混合料空隙减小，密实度增大，路面强度提高。

沥青路面在荷载作用下，产生压缩、弯曲和剪切变形，长期反复作用的结果，致使沥青面层逐渐产生疲劳开裂。这种开裂出现的迟早与多少，与交通类型、沥青混合料的品质以及路基路面的结构强度有关。路基路面强度不足，路面在车轮荷载作用下产生的弯沉值过大；交通量急剧增加，重型车辆增多，都会大大加速沥青路面的疲劳破坏。

沥青路面长期暴露在大气中，受到各种自然因素如氧气、温度、光照、水等的作用，使沥青混合料产生许多复杂的物理、化学变化而导致沥青路面逐渐趋于老化；沥青混合料中所含的沥青结合料黏度增大，沥青面层呈脆硬状，其可塑性和变形能力降低。

沥青路面所用沥青的黏度比较高，随着使用年限的增加，其黏度过分提高，又带来了不利的影响。例如沥青混合料变得过分脆硬，失去应有柔软性，这种沥青混合料尽管强度很高，但由于过分脆硬，在行车荷载作用下，路面会出现龟裂。温度的变化，引起沥青路面的膨胀和收缩，极大地影响着沥青路面的变形性。气温的急剧降低，使沥青路面产生收缩，在沥青面层内出现收缩拉应力，当超过路面材料极限抗拉强度时，路面就被拉裂破坏。

设计和施工方面的缺陷，亦常常是沥青路面过早破坏的原因。如交通量猛增，超出预料，路面设计强度不足，是引起沥青路面迅速破坏最常见的现象。混合料设计不合理，如用油过少，造成路面空隙过大，路表干枯、麻面、松散，进而出现坑洞等破坏；反之，如用油过多，则路面又会形成滑溜，引起泛油、推挤和壅包等病害。沥青路面施工质量不好，如配料不准确，拌和不均匀，压实不充分，都会影响沥青路面的耐久性。

沥青路面在车轮荷载的冲击、振动、挤压作用下，矿质颗粒接触点处产生的挤压应力和剪切应力，有时可以超过砂石材料的极限强度，而使矿质颗粒发生碎裂而破坏。同时，矿质颗粒之间的摩擦也会引起粒料表面的磨损，使沥青混合料的粉料增加；沥青混合料级配组成的改变，使沥青混合料内摩阻力降低，抗剪强度下降；由于集料的破碎面上未涂覆有沥青，使颗粒之间的黏结强度降低，导致沥青路面强度的衰降；位于路面表面的颗粒，则会因破碎而引起脱粒，进而造成路面坑洞。

矿质集料的破碎程度与沥青混合料结构、集料颗粒本身的强度以及交通类型有关。空隙大的开级配混合料，其矿质颗粒就容易产生位移，引起棱角的破碎；风化的软质石料，或呈片状、针状的矿质颗粒都极易被压碎。由此可见，沥青路面在车轮作用下，由于集料的破碎，细料尤其是粉料的大大增加，改变了集料的级配组成，引起沥青混合料强度降低，也是影响沥青路面耐久性的重要原因。

三、沥青路面使用品质的调查

日本学者提出评价路面应考虑三个条件：(1)耐久性好；(2)行驶性好；(3)与周围环境较协调。反映沥青路面耐久性的项目主要是裂缝、车辙深度和弯沉值等，并认为裂缝是最直接反映路面的破坏状态，因此用“裂缝率”表示。对于交通量大的道路，当沥青路面的裂缝率超过30% ~40%时，则需要进行维修。有的国家用耐用性指标来评价路面的质量，即是根据路用者的意见、路面不平整度（采用平整度仪或纵断面仪测定）、裂缝、修补面积和车辙等来确定。美国各州公路工作者协会，通过对道路试验回归分析，得出的耐用性方程（柔性路面）为：

$$PCI = 5.03 - 1.91\lg(1 + \overline{SV}) - 0.01\sqrt{C + P} - 0.21\overline{RD}^2 \quad (4\text{-}1)$$

式中：PCI——现有耐用性指数：

$\overline{SV}$——斜率变数；

C——每 $1000m^2$路面中较大裂缝长度(cm)；

P——每 1000 m^2路面中的修补量：

$\overline{RD}$——平均车辙深度(cm)。

美国的该协会根据 PSI 指数将路面划分为五个等级，如表 4-1 所示。

PSI 分级标准 表 4-1

PSI	5 ~ 4	4 ~ 3	3 ~ 2	2 ~ 1	1 ~ 0
路面类型	优	良	可	次	坏

法国和波兰公路学者们采用弯沉指标值评价。法国学者们根据视察的路面裂缝及变形、弯沉值或曲率半径决定。若容许弯沉值为 L_0(由此值决定交通量分类)，实测平均弯沉值为 L_c、均方差数为 δ，根据三者关系规定：

$L_c + 2\delta < L_R$　　道路不需要维修；

$L_c + 2\delta = L_R$　　应重视道路路况：

$L_c + 2\delta > L_R$　　道路需要维修。

由于路面经常受交通荷载、气象条件等外界因素作用，造成路面的性质(材料性质的变化)和路面结构发生变化，而要掌握这些情况的变化，不是靠一次观察、一次测定所能解决的。因此必须作经常性、长期性的观察和测定，这样才能掌握路况的历史情况，从而对路面性能作恰当的评价，在这个基础上制订道路的养护维修计划。除此而外，还可为完善路面设计理论而提供控制路面条件(车辙、裂缝和修补标准)的设计参数。由此可见，对已有路面使用品质的评定应给予足够的关注。

沥青路面直接承受交通荷载和车轮磨耗，遭受气候、水文和日光等自然因素的影响，路面材料也随使用时间延长而逐步老化、变脆，因此，必须采取预防性养护和经常性的养护措施，提高路面维修质量，以保持路面完好，排水通畅，行车舒适和安全。在使用过程中，为了掌握路面状态需进行定期调查。在需要维修时，为了决定维修工艺而要调查评价路面力学性能。路面性能调查，是为了掌握现有路面的状况，并不是直接检验出路面结构所处的何种状况。为了解路面结构的力学强性，实际使用的方法有两种，一种是挖孔对材料的力学性能做试验，另一种是通过路面上加载得出其弯沉值来推算。

使用中的道路路面的调查可分为三类，调查中考虑的因素如表 4-2 所示。

路面调查的种类　　表 4-2

调查分类	评价因素
路面性状调查	平整度、裂纹、车辙、滑溜
力学性能调查	弯沉、应力、应变
环境调查	噪音、振动

路面使用以后进行的调查，是为了在养护维修时获取确定施工方案和维护计划需要的基础资料而进行的工作。调查工作最好是定期并经常地进行。图 4-1 为每个调查因素随路面使用年限变化的规律曲线，从中可以整理提出各因素最佳调查时间。

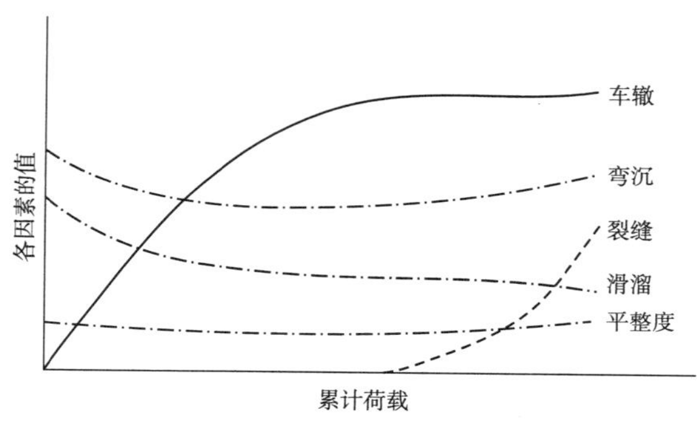

图 4-1　各因素的变化经过

（1）沥青路面使用几年后即出现裂缝，裂缝一旦发生即会迅速发展。对裂缝开始较少时，只要进行目测就够了。裂缝发展增多，就需要采用一些比较机动的调查方法，初次调查时，应从发生裂缝时起定期进行。裂缝的测定是对区间整个面积的测定，其基本方法有两种，即草图法和路面摄影车法。

①草图法用卷尺实地测量裂缝面积，计算裂缝率：

$$裂缝率 = \frac{裂缝面积之和(m^2) + 修补面积之和(m^2)}{调查路段面积(m^2)} \times 100\% \tag{4-2}$$

②路面连续摄影车行驶速度与摄影胶卷的运转速度及照明装置相互协调，一起动作，对路面进行连续摄影。摄影时可将路面洒水，这样很细的裂纹都可以拍摄下来，利用投影机、网格法求出裂纹率。

（2）沥青路面的车辙，一是重型车辆在同一轨迹上重复行驶，二是因路面温度升高，使沥青面层强度降低，同时在重车联合作用下产生车辙。在路面较高温度的夏季，车辙变化最大。在路面使用过程中，车辙的变化曲线是初期发展较快，以后渐渐发展得缓慢了。车辙的测定，在开始阶段，为了掌握其发展过程，测定次数要多些,以后 1 ~2 年定期测定一次即可。

(3)在施工时,技术管理的好坏对平整度(纵向凹凸)的影响很大。也可以说,竣工时的平整度测定值决定了以后的路面平整度,在路面使用期中的变化相对其他因素要小些。因此,平整度的调查也可以从裂缝和车辙显著时开始。

(4)路面抗滑值与路面集料的级配、微观构造和集料的耐磨性关系很大。使用期内抗滑值的变化,也可以说成是沥青路面材料性质的变化,同时,也和路面所处环境因素有关。从安全的角度出发,路面抗滑问题在国内外都极受关注。特别是对一些特殊路段,如弯道、交叉口、陡坡路段和多雨地区等要采取特别的防滑措施。

(5)在路面使用初期,弯沉一般较大,这是因为路面本身还不够稳定,以后就几乎没有变化。但是,随着含水量、温度等自然环境的变化,一年中也有较大变动。特别是当路面结构为厚层沥青混凝土时,弯沉的变化曲线与路面温度变化曲线类似。此外,弯沉值还与路基强度密切相关。

养护维修时间的确定及修补方法的选择,应根据各种仪器测得的客观指标来决定。现代化交通的发展,对路面质量要求愈来愈高。以往主要把发生结构破坏(开裂破坏)时作为路面好坏的界限,现在则考虑了开裂和车辙凹槽这两个要素,采取的对策和施工的方法也是考虑这两个要素的平衡问题。今后要采用裂缝、车辙、滑溜、振动、噪声等多因素进行综合判断的标准。目前则着重于评价裂缝和车辙,注意裂缝和车辙测定装置的自动化和高速化。路面的现状调查是制订维修计划的重要资料,决定修补的时期及工艺,还要从经济性及地区的要求等来判断、决定。

第二节　车辙处治技术

根据车辙类型的不同,可以采取局部铣刨、局部填补或整体改造措施。常用的维修措施有:稀浆封层、微表处、石屑封层、罩面或改建等。

(1)因表层磨损过度出现的车辙,可先行铣刨,喷洒黏层沥青后,铺筑沥青混合料。

(2)属于路面横向推挤形成的横向波形车辙,且已稳定者,可按上述方法修补;如因不稳定夹层引起,则应清除该夹层,重铺面层。属于局部下沉造成的车辙,可按路面沉陷的处理方法进行修补。

(3)行车道里因车辆行驶推移而产生的车辙,应将出现车辙的面层切削或铣刨清除,然后重铺沥青面层。在高速公路及一级公路上可采用 SMA 混合料或改性沥青混合料修补车辙。

(4)路面受横向推挤形成的横向波形车辙,如果已经稳定,可将凸出的部分铣刨,在波谷部分喷洒或涂刷黏结沥青并填补沥青混合料并找平、压实。

(5)因面层与基层间有不稳定的夹层而形成的车辙,应将面层挖除,清除夹层后,重做面层。

(6)由于基层强度不足、水稳性不好,使基层局部下沉而造成的车辙,应先处治基层。

一、传统车辙处治方法

路面上发生车辙后,为避免积水和扩大损坏范围,应采用与原路面相同的材料,按破坏面积大小及深浅程度采取不同方法及时修补。

(1)对于连续长度不超过30m、辙槽深度小于8mm、行车有较小摆动感觉的,可先将车辙内及其周围的尘土杂物清除,洒水润湿,然后通过对路面烘烤、耙松,添加适当的与原路面相同的新料拌和填补并碾压密实即可。

(2)如车辙、推移的连续长度超过30m、辙槽深度在8~30mm之间,有行车摆动且跳动感明显的或严重颠簸的,应采取铣刨路面上面层或中上面层甚至全部面层,用与原路面相同的适当新料重新摊铺面层的方法。对于因基层施工质量差引起的车辙、推移,在重新摊铺面层前应先行处理好损坏基层。

(3)车辙的面积较大、深度较深(大于3cm)时,应按以下方法进行挖槽修理:

①先将修补或车辙的地方画出规则(方形)的轮廓,做到圆洞方补,所画轮廓要比损坏的略大,并清除尘土杂物。

②沿着轮廓垂直挖槽(必要时先洒水),挖槽的深度不小于原坑槽最大深度,做到浅洞深补。

③对挖出的材料进行筛选,选出可以利用的材料。

④挖槽时,对下层材料应尽量避免振动,有松动应一并挖出。

⑤路面车辙较多,车辙之间的距离又近,为便于修补并使修补部分平整,可以将邻近的车辙划为一片,按片挖槽进行修补。

⑥新铺部分压实系数采用1.3,以便碾压密实后与原路面齐平。如坑槽、车辙深度较大时,应按路面结构层次分层修补。

以上的方法均属于传统的修复方法,必须铣刨面层后再重铺面层。下面介绍一个车辙修复的实例,主要强调了车辙处治的关键施工技术,为类似工程提供参考和借鉴。

工程实例一:

1. 车辙情况

某高速公路经过两年通车运营,由于夏季持续长时间高温天气影响及过多超载车辆的行走,主车道出现严重的车辙和坑槽等病害。

2. 处治方案

(1)只处治主车道,上面层处治宽度为4.05m,中面层为3.75m;

(2)按阶梯开挖,中面层及上面层与原路面的接缝尽量避免在车轮迹上;

(3)能确保超车道通车;

(4)主车道处治后能满足排水的要求;

(5)处治后的上面层采用4cm的改性沥青AK-16A,而中面层采用6cm的改性沥青FAC-20,改性剂采用SBS改性剂;

(6)中面层沥青混凝土采用FAC,FAC系按体积法设计的新型沥青路面面层材料,具有较强的抗车辙性能,并能保证不渗水。

3. 车辙处治关键施工技术

(1)路面开挖和清扫。测量放样,定位开挖(先切缝后铣刨开挖路面),开挖后路面清扫(高压风机清扫)。为保证中下面层的黏结性,在清扫这道工序上,采用钢丝刷把少量黏层及砂粒刷松,再用压风机吹1遍。钢丝刷6个成排安装上手柄,操作方便,提高路面清扫效率。

(2)浇洒黏层油。采用快裂的洒布型阳离子乳化沥青,其技术指标符合现行规范要求。特别注意浇洒沥青油时防止对超车道和硬路肩的污染。

(3)沥青混合料运输。沥青混合料的运输须严格按沥青路面施工规范要求。

(4)沥青混合料摊铺

a. 摊铺机宽度:该路段维修工程中面层宽3.75m,上面层宽4.05m,由于其宽度不一样,进行摊铺机宽度3.75m和4.00m拆卸安装的试验调整,总结分析采用宽为3.75m的摊铺机施工中、上面层,同样能满足4.00m以上面层施工。

b. 摊铺机就位:采且1台ABG摊铺机,用悬浮基准梁自动找平装置(雪橇)控制摊铺厚度和平整度。使雪橇行走于铝合金条上,消除原旧路面局部平整度差的状况,保证新铺路面平整度。

c. 摊铺机受料:摊铺过程中,工人指挥运输车在摊铺机前10~30cm处停住,不得撞击摊铺机,更不得偏撞。卸料中运料车挂空挡,靠摊铺机推动前进,工人指挥分多次起斗卸料方式给摊铺机卸料,保证摊铺机受载均匀,摊铺稳定。

d. 摊铺机摊铺:摊铺机在摊铺过程中必须缓慢、均匀、连续不间断地工作。摊铺速度采用2.5~3m/min(规范要求2~6m/min)。在高压实度改性沥青路面表层施工中,如摊铺速度过快,压路机碾压跟不上摊铺机的行走速度,容易导致压实度大面积不合格。

(5)沥青混合料碾压。碾压要遵循“紧跟、慢压、高频、低幅”原则。在实际施工过程中最好采用数字式温度计测量摊铺层内温度,一旦发现偏低,及时将25t重型胶轮压路机提前碾压。要求每天记录初压温度,当发现路面钻芯取样的压实度偏高或偏低时,及时调整温度参数。采用10t双钢轮振动压路机与25t重型胶轮压路机相结合。

(6)接缝处理

a. 横向接缝:摊铺临近结束,摊铺机在离终点约1m处提起熨平板驶离现场,人工摊平后,再碾压,然后用3m直尺检查平整度。用切缝机切除端部厚度不足部分,形成垂直接缝。平接缝的接缝面在下次施工前应先行清洁、干燥及涂刷黏层沥青等处理。

b. 纵向接缝:由于只处治主车道,故两侧均有纵向接缝。沥青混合料摊铺采用1.15的松铺系数,人工找补细料,填补纵向接缝,小型压路机压实,保证密接缝处密实、不渗水。为保证纵缝黏结性及平整度,施工完毕后于纵向缝涂刷1~2mm的薄层热沥青,可防渗水。

(7)路面检测。采取现场跟踪检测,一旦发现施工中存在的问题,如压实度不足、级配不良、平整度较差、碾压不到边等,就及时解决问题。设专人手持3m直尺,终压后测量各断面平整度,发现有较差的,采用双钢轮压路机及时纠正。

最后作最终检查,对施工质量进行定量检查,各项指标均要测定,针对存在的问题提出好的解决方法,及时改进。

二、掺入添加剂的车辙处治方法

近年来,为了提高沥青路面抗车辙性能,国内外先后开发了抗车辙外加剂新型材料,如法国的PR. PLAST. S、德国的Duroflex、美国的SEAM及国内研发的重载交通抗车辙剂XaR、Rad Spunrie车辙王等得到推广应用,并取得了较好的使用效果。

掺加抗车辙剂的沥青混合料,其高温稳定性、低温抗裂性和水稳定性均得到了改善,具有SBS改性沥青混合料的优点。特别在沥青混合料的高温抗车辙性能方面,改善尤其明显,其动稳定度比SBS改性沥青提高很多。因此,抗车辙剂适合铺筑在大交通量、重载较多的路段以及夏季气温较高地区的高速公路。

工程实例二:

(1)施工地点:河南某高速公路K14+050~K14+350上行半幅车辙严重地段。

(2)添加剂:XaR添加剂。

由于SBS添加剂自身的局限性,并考虑到该公路的上面层原本采用SBS改性沥青混合料铺筑,3年使用效果观察,路面的防渗性能提高,但车辙病害依然严重,从而选择XaR添加剂。

XaR 添加剂依靠其在沥青混合料中的嵌挤、胶结作用来提高沥青混合料的路用性能。其具有 4 个优点：①无需相容性沥青；②无需专门的生产设施；③没有胶结料的储存问题；④可准确掌握用量，避免了聚合物和改性沥青的浪费。

(3)现场应用：该路段采用 A 级 90 号散装沥青作为主要材料，通过马歇尔试验确定的沥青混合料最佳沥青含量为 4.4%，密度为 2.430g/cm^3。

施工过程中，将路段内 15cm 厚沥青混凝土面层全部铣刨干净，并在段落接头处均挖成阶梯状分层铺筑，以保证接缝平顺密实。

施工完成后，每间隔 30 天，对该路段的 30 个检测点进行横向平整度观测，车辙病害的试验性修复达到了预期效果。

XaR 改性沥青混合料的生产成本介于普通沥青混合料与 SBS 改性沥青混合料之间，使用后路用性能提高，与 SBS 改性沥青相比还能降低养护成本。并且其施工工艺简单，无需增设专用设备。

因此，XaR 沥青改性技术是高速公路养护过程中，在处理车辙病害问题上比较好的治理方案，值得推广。

三、微表处修复车辙技术

微表处技术是聚合物改性乳化沥青稀浆封层的一种形式，目前已广泛应用于道路养护工程中，主要用于路面的超薄抗滑表层和车辙的填补。微表处修复车辙技术代替传统的铣刨回铺工艺能较大节省养护成本。

工程实例三：

(1)施工地点：石安高速公路。

石安高速公路是国道主干线京—珠高速公路的一部分，自石家庄至冀豫交界。随着交通量的增加和超重车辆的作用，使部分路面不同程度地产生了车辙，至 2001 年一些段落的车辙深度达到了 2 ~ 4cm。2001 ~ 2002 年，应用微表处技术对 60 多公里的车辙路段进行了维修处理。

(2)微表处处治车辙技术

①微表处处理车辙的材料。采用聚合物改性的乳化沥青作为黏结料，混合料主要由沥青、改性剂、乳化剂、添加剂、水和矿料组成。

a. 沥青：改性乳化沥青是微表处的黏结材料，其质量的好坏对实际工程的好坏有直接影响。改性乳化沥青的特性主要与乳化剂和改性剂有关，为了达到快速开放交通的要求，乳化剂必须是慢裂快凝的阳离子乳化剂，且所用的乳化剂不能对沥青性能造成影响。石安高速公路采用的是丁苯胶乳(SBR)，沥青为壳牌 AH - 70 重交沥青。

b. 改性剂：此次选用天然胶乳 PC - 1468 作为改性剂，施工时在现场外添加

3.5%的丁苯胶乳。此方法易于计量，加入方便，具有良好的均匀性和路用性。

c. 乳化剂：选用维什维克公司的MQK－1M型乳化剂。此种乳化剂纯度高、乳化效果好、拌和时间长、易于施工，正常气温下40～60min的黏结力可以达到2N·m以上，缩短了开放交通的时间。

d. 矿料：用于微表处的集料，必须坚硬、耐磨，不含泥土杂质，其砂当量大于65%并且其级配组成必须符合一定的级配标准。高速公路由于对抗滑性能要求较高，应采用玄武岩等硬质岩作为主骨料。

②施工。目前路面的车辙不完全是车轮磨耗形成的，其中大部分车辙是在超重车辆的作用下路面变形造成的，表现为W形即轮迹处下凹，轮迹两侧凸起，局部产生推移和壅包。因此进行施工前必须对路面进行预先处理，采取的方法是，先用大型铣刨机对路面油包等高出部位进行铣刨找平，具体见图4-2。

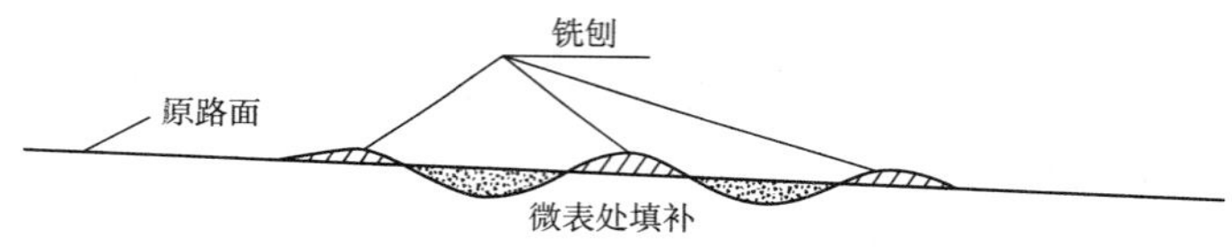

图4-2　微表处填补车辙示意图

施工前应将准备工作做充分，除将路面清扫、铣刨等工作做好外，还应将材料、机械设备、交通管制、现场隔离等安排好。施工温度宜控制在不小于10℃；雨后路面积水未干之前不能施工；养护成型期可能降雨，不可施工；落实交通管理并有专人负责。填补车辙时为了保证黏结牢固，施工时温度不宜低于15℃。由于车辙往往较窄，因此施工时应使用特制的窄幅摊铺箱进行摊铺，车辙较深（大于20mm）时，可分层摊铺。为了保证质量，摊铺后要及时采用胶轮压路机进行碾压。通过石安高速公路的施工体验，微表处填补车辙的深度不宜大于30mm，否则容易产生变形。

③质量控制。微表处不同于热拌混合料，由于其黏结力主要靠乳化沥青产生，因此对矿料的级配和沥青的用量要求很高，对施工温度和天气情况也要求严格，因此必须经常检查，确保施工时的混合料符合设计要求。要对稀浆混合料的性能进行抽样检查。

微表处的外观质量要求表面平整、顺直、密实坚固、无松散、无划痕、无裂缝和局部过多过少等现象，混合料无流失污染，表面粗糙，无光滑现象，纵向、横向接缝要求平顺，颜色均匀一致。

通过石安高速公路的实际应用可知，微表处在高速公路的车辙填补中具有施工速度快、施工费用低、节约能源等优点，是一种安全可靠的养护方法。

第三节 坑槽处治技术

一、坑槽的处治方法

1. 填料式坑槽修补技术

填料式坑槽修补是一种临时性坑槽修补方法，它是在对坑槽内散料、杂物进行简单清理后（紧急时也不清理），直接填放沥青混合料，碾压成型的方式。该方法维修时间短，维修设备简单，适合于雨季、冬季等不利季节的坑槽修补以及出现大量坑槽时的养护抢修。具体工艺流程：清理坑槽→填放新料→碾压成型→开放交通。

2. 挖补式坑槽修补技术

挖补式坑槽修补是最常见的一类路面坑槽修补方法，它是将不规则的沥青混凝土路面坑槽切割成矩形，同时将坑槽底面下挖到完好部分（或将底面病害处理彻底），从而为添加的新料提供坚实可靠的支撑，进而大大延长维修路面的寿命。由于该工艺对病害处理彻底，维修后路面使用寿命长（可达到2～5年），可维持到路面罩面或中修，因此也称为永久性修补。具体工艺流程：划定维修面→处理坑槽→洒布黏层油→回填、碾压沥青混合料→封缝防水→开放交通。

3. 红外线热烘式坑槽修补技术

热烘式坑槽修补技术是利用沥青混凝土路面热养护修补车自带的加热设备——红外线加热板（目前美的威特公司已研制出自带微波加热板的养护车）对出现坑槽的沥青混凝土面层进行加热，再视情况添加再生剂及新料，最后碾压成型，其本质就是一种小范围的沥青混凝土面层现场热再生技术。与其他坑槽修补技术相比，热烘式修补最根本的区别在于再生利用了原沥青混凝土，并将修补面与原沥青混凝土接缝由传统的冷接缝变成热接缝，克服了由于冷接缝造成弱接缝的弊病。具体工艺流程为：清理坑槽→热烘路面→表面耙松→添加新料→碾压密实→撒布石粉→开放交通。

由于红外线不能透层加热，对于多层沥青混凝土面层不能一次同时加热，必须加热一层，挖开一层沥青混合料，裸露下一层，再加热，这样热烘式坑槽修补方法对多层损坏路面不适宜，修补效果也不佳。另外红外线加热的适宜深度为6～8cm，因此热烘式坑槽修补适合于沥青混凝土路面表层浅坑槽的维修。红外线加热的缺点有望通过微波加热技术的运用得到改善。

4. 喷射式坑槽修补技术

喷射式坑槽修补技术是利用自动坑槽修补车进行路面坑槽机械化修补的新工

艺,目前已在美国得到广泛应用,并在 SHAP 中被验证是一种快速、高效、成本效益比优越的坑槽修补工艺。它是利用自动坑槽修补车自带的鼓风机喷出的高强空气流实现对坑槽内部的清洁,利用喷管喷射的沥青混合料直接填补坑槽,节省了大量人力和时间,提高了维修效率。具体工艺流程:清洁坑槽→喷洒黏层油→喷射沥青混合料→喷撒石屑→开放交通。

目前,自动坑槽修补车根据结构不同分为拖车型、货车型和自驱动型 3 类。前 2 类喷射沥青混合料的装置均安装在车厢后部,这样需要 2 人进行施工操作(1 人在驾驶室控制车辆,1 人在车后手持喷管喷射混合料),而自驱动型坑槽修补车的喷射装置安装在驾驶室前方,维修人员坐在驾驶室内就能直接进行操作,这样维修人员只需 1 人,且安全性大为增强。

自动坑槽修补车喷射的沥青混合料是在喷射过程中通过喷管中高强空气强制拌和,修补车上装备 2 个容器,1 个装沥青黏结料,采用循环水进行加热保温,1 个装集料,采用发动机排气系统进行加热保温,这样确保冬季也能及时用热沥青混合料进行坑槽修补。试验表明,在 -30℃ 的低温下自动坑槽修补车仍能正常工作,且能取得较满意的维修效果。

二、修补坑槽的材料

修补坑槽时,除了应该考虑路面条件、预期使用寿命外,还应考虑使用高质量修补材料。常用修补材料有热拌沥青混合料、冷铺沥青混合料、乳化沥青混合料等。

1. 热拌沥青混合料

用热拌沥青混合料修补路面坑槽,是在热态下施工操作,适用于路面坑槽面积较大,又相对比较集中的情况。采用热拌沥青混合料修补的路面,使用效果好,能够承受重载交通。在公共汽车停车站等容易出现车辙的路段,最适宜采用热拌沥青混合料进行修补。用热拌沥青混合料修补坑槽,其成本最低,所以在气候和保温条件许可的情况下,应尽可能采用热拌沥青混合料。

热拌沥青混合料修补坑槽的工作一般应在夏季和气温较高的春秋季节(最低气温在 10℃ 以上)进行。一般宜采用密级配混合料,如 AC-13 型,如果面层较薄,则宜采用砂粒式混合料,如 AC-5 型。

大面积修补时,热拌沥青混合料可用小型摊铺机摊铺,松铺系数为 1.2。小面积修补时,则采用人工摊铺,松铺系数为 1.3~1.4。摊铺温度宜达到 120~140℃。摊铺后尽快组织压路机碾压,可用三轮压路机碾压 2~4 遍。对于小面积(如小于 $0.5m^2$)坑洞的修补,同样应采取圆洞方补,混合料摊铺后由人工用铁夯夯实。修补完工待冷却后,即可开放交通。

2. 储存式冷铺沥青混合料

储存式冷铺沥青混合料是矿质集料与乳化沥青或稀释沥青及外加剂的混合物,适用于无法采用热拌沥青混合料修补,或临时性坑槽修补。由于在常温下修补施工,使用简单工具即可进行坑洞修补操作,不一定要使用压路机等大型机械设备。

(1)乳化沥青冷铺混合料。用乳化沥青配制的冷铺沥青混合料不适宜长期储存,大多随拌随用。同时乳化沥青混合料需要较长时间才能成型,所修补的坑洞容易松散,一般只适合于轻交通道路使用。

(2)溶剂型冷铺沥青混合料。现在应用较为广泛的冷铺材料是用稀释沥青拌制的,这种混合料的适用性较强,可以铺成2~3cm的薄层,也可适合5~10cm较深坑槽的修补,可用于高等级道路路面坑槽修补,也可以用于一般道路养护使用。此外,所修补的路面在行车作用下会进一步压密,强度逐渐提高。经过压实成型的修补路面具有与热铺沥青路面基本一样的使用性能,且冷铺路面一般不会出现温度收缩裂缝。

①冷铺材料的规格。冷铺沥青混合料按照使用季节的不同,一般分为夏秋用和冬春用两种规格。但也有的国家,如美国,它分成夏季用、春秋用和冬季用三种规格。在气温较高季节用的冷铺料,其所用稀释沥青黏度高一些,而低温季节用的冷铺料所用稀释沥青黏度则较低。

冷铺沥青混合料按其公称最大粒径,可以分为砂粒式和细粒式两种,很少有中粒式和粗粒式。这是因为所修补的坑洞都是在上面层,不会采用很粗的混合料,同时冷铺料初期黏结性能较差,大颗粒容易脱落而产生坑洞,所以不用中粒式和粗粒式冷铺料。路面上的坑洞有深有浅,虽然理论上来说,深的坑洞可以采用细粒式混合料,浅的坑洞采用砂粒式混合料,但实际施工时不可能细分,而砂粒式既适用于深的坑洞,又适合于浅的坑洞,因而有更大的适应性,所以砂粒式冷铺料应用较多。

②冷铺材料的使用方法。使用冷铺材料修补坑洞,应事先准备所需小型施工机械和工具,待对坑槽进行整型与清扫后再将冷铺材料从袋中倒出,混合料呈团块状,用铁锹拍散,铲入坑洞中,用刮板整平,松铺系数可取1.5。如坑槽较深,则分层填筑。由于冷铺材料难以一次压实成型,故初次压实后宜比原路面略高0.5cm,这在添加混合料时就应考虑到,如果修补时与原路面齐平,则经行车压实后表面将会下陷。

三、坑槽的修整与摊铺

1. 坑槽的修整

(1)局部挖补。局部挖补适用于坑槽范围结构失稳损坏,可采用人工挖凿、人工摊铺。

首先沿坑槽损坏部分扩大10cm画线,线框呈矩形且与路中心平行或垂直。切割机沿画线位置进行切割,深度约为3cm。人工凿除画线内的面层损坏部分,深度至坚实稳定的底面。槽壁要垂直,槽底要平整。清除坑槽内碎粒和尘土。

(2)机械铣刨。当路面出现大面积坑槽病害时,应采用铣刨机铣刨路面,重新铺筑面层。铣刨机铣刨操作程序为:根据路面铣刨的范围,呈矩形画线,且尽可能与路面中心平行。铣刨的宽度一般采用铣刨机铣刨宽度的倍数,长度不宜小于3m。铣刨深度以3cm为宜,铣刨面应平整。铣刨后,凡底面已松动的原沥青粒块应予挖除,底面如为光滑的表面(如旧路面)则应予凿毛,局部低洼处用沥青混合料填平、夯实。铣刨时,应边铣刨边清扫路渣,便于铣刨机行走、找平。铣刨后,横向边口往往不整齐,可用切割机沿边线切割后,人工凿齐,扫除尘土和积水,晾干。

由于基层原因而出现的坑槽或沉陷,坑槽的修整还包括对强度或稳定性不足的下卧层或基层进行修整。

2. 摊铺与压实

在修整好的槽壁四周切割面上仔细涂上黏层油,然后摊入热拌沥青混凝土或冷铺沥青混合料铺平。混合料应首先摊入槽壁四周,由边向中摊铺,并避免混合料离析。

面积小的修补面可用夯锤先四周后中间均匀夯实,面积大的宜用压路机碾压。挖补部分与原路面一样平后,用烙铁熨平修补面的四周,使新旧路面接合良好。

四、坑槽修补的步骤

路面坑槽类损坏大多出现在雨后,这主要是由于水降低了沥青的黏附性并阻断与石料的相互黏结所致。路面坑槽修补的习惯做法是把坑槽四周修成垂直面,然后用集中拌和好的热沥青混凝土填充碾平。在施工方法上,也可把坑槽四周铲削成45°角,据资料介绍,这样的接缝效果会更好一些。在修补材料上应尝试袋装改性乳化沥青混合料或其他的冷铺混合料。为了提高沥青路面坑槽修补质量(指路面基层完好,路面层有坑槽),坑槽的修补应按以下7个基本步骤进行:

(1)测定路面损坏部分的深度和范围。画出开槽修补的作业轮廓线,其纵横边线应与路中线平行或垂直,沿标记线仅开凿已损坏的路面部分,这样可保证充填材料有良好的黏结面。

(2)切削或破碎坑槽。这是为了提供良好的黏结表面,保证压实过程中充填料的完全结合。坑槽的槽壁应该垂直切削或破碎,切削时连续作业达到未破损的面层或露出基层材料。如果进行路面材料再生利用,应该注意避免混入底层和路基的材料,以防止沥青混合料变质。

(3)清理坑槽。这一步作业,最好采用压缩空气装置。若坑槽到达底层或路基,必须进行压实,从而保证填充料今后不沉陷。如果坑槽内有水,应尽可能采用压缩空气、火焰、破布和扫帚弄干,以促进混合料的黏结。松散材料必须从坑槽周围清除。

(4)撒布沥青黏结层。适当的黏结层可以在坑槽新旧表面之间提供良好的结合条件。但黏结层过厚会导致车辙。热拌混合料、再生混合料或常温混合料可以作为黏结层。撒布黏结层应该薄一些,不宜使用扫帚或者浇注的方法。

(5)坑槽填料的摊铺。坑槽应用混合料填满,并充分压实,其压实遍数不少于2遍。用锹摊铺时应从修补的一侧到另一侧一层层地进行作业。为了防止分离,材料不得扔撒或刮耙。坑槽内填料经最后压实,允许其表面超高0.32mm,以待日后自然碾压,从而避免凹面。

(6)坑槽填料的压实。压实方法应与修补坑槽的大小相匹配,中小型振动板或静碾压路基可用于小坑槽的修补。压实机械操作人员,应该确保压实力直接作用在摊铺后的沥青混合料上,而不是围绕着坑槽碾压。

(7)密封坑槽边缘。密封坑槽边缘是为了防止路面和坑槽之间进水,只要不引起过多的沥青在坑槽填充料周围泛油,任何材料都能用于这种密封,然后撒一层细砂以吸去密封料。

坑槽修补主要操作步骤如图4-3所示。

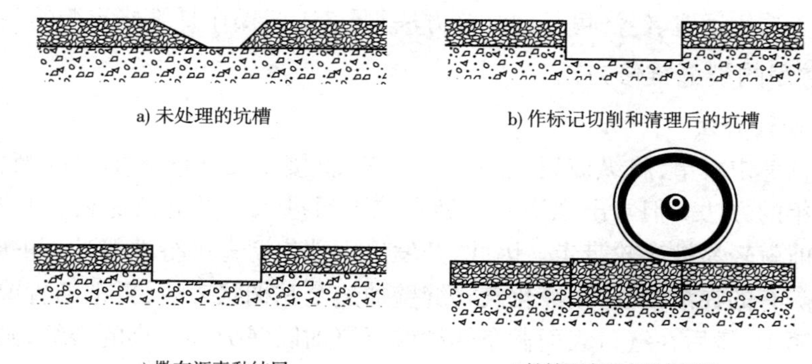

a) 未处理的坑槽

b) 作标记切削和清理后的坑槽

c) 撒布沥青黏结层

d) 摊铺沥青混合料并压实

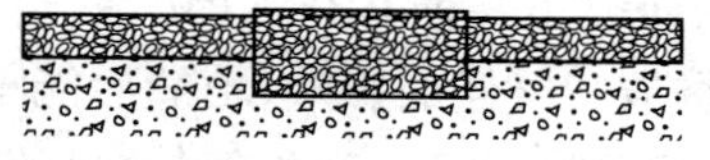

e) 压实后的坑槽表面略高于周围的路面

图4-3 坑槽修补主要操作步骤

第四节　裂缝处治技术

裂缝包括纵向裂缝、横向裂缝、网裂、龟裂、弯曲裂缝等，是沥青路面的主要损坏形式之一。沥青路面产生裂缝后，导致渗水，危害面层、基层。由于水分不断从裂缝进入基层，甚至路基，致使结构层软化导致路面承载力下降，使路面损坏程度逐渐加大，因此，应及时进行修补，防止裂缝进一步发展。

沥青路面在使用期内开裂，这是世界各国普遍存在的问题。路面裂缝的危害在于从裂缝中不断进入水使基层甚至路基软化，导致路面承载力下降，产生唧浆、台阶、网裂，加速路面破坏。因此，提高路面的抗裂性能也是沥青路面的重要课题。

从调查可知，由于路面设计不周或施工原因，结构层本身强度不足，不适应日益增长的交通量及轴载作用而产生的开裂，最初一般表现为纵向开裂，然后发展成为网裂。由荷载产生的这一类裂缝，在我国中低级道路及一些超载严重的高等级公路车行道中是常见现象。然而，对我国大多数高速公路来说，由于普遍采用半刚性基层，有足够的强度，这一类荷载型裂缝并不是主要的；相反，另一类裂缝，即非荷载型裂缝的普遍存在，却引起了极大的关注。尤其是横向裂缝，是与沥青及沥青混合料的性质密切相关的。因此，使用改性沥青以减少裂缝成了不少单位努力的目标。

沥青路面裂缝产生后，及时进行维修，控制裂缝的进一步发展，可以防止路面早期破坏。选用适宜、经济可行的维修方法，严格工艺操作是维修裂缝的关键。

一、常用的裂缝维修方法

1. 灌油修补法

在深秋冬末季节，将纵横裂缝处清扫干净，直接用油壶灌入加热的沥青，是一种使用多年的方法。但常出现浇灌的沥青晾干后进入不到缝纹深处，在与冷的旧油面黏结前就轻易被车轮带走。因此，开发出用乳化沥青进行灌缝处理的技术，效果较理想。有的在灌油前，用液化气将缝壁加热至黏稠状态后，再把沥青或沥青砂浆喷抹到缝中，最后在缝口表面撒布热砂或石屑加以保护。细小的裂缝，则要用盘式铣刀进行扩宽，再作处理。

1995 年，美国公路部门研究出一种 CRF－PM 聚合物改性乳液，具有很好的弹性、流动性和黏结力，不受季节和气候的影响，填缝后能牢牢地黏附在沟、缝壁上和路面连接成一体。施工时，只要将 CRF－PM 聚合物改性乳液放到一个专用壶中，由人工浇入裂缝中，再铺砂子，即可开放交通。国外最近研制一种合成橡胶填缝材料，可在高于 40℃ 的温度下使用，施工时，只需用瓶子盛装，将填缝料灌入裂缝，

30min 内即可恢复交通。

2. 乳化沥青稀浆封层

把沥青、水和化学物质(乳化剂,分为阴、阳离子两大类)的混合物,在强力机械剪力作用下,形成悬浮液,即用胶体磨使其变成黑色流体,形成乳化沥青,其中沥青的含量为 50% ~70%(乳化沥青可直接用来灌油缝,刷油边等),用 50% 石屑、30% 粗砂、20% 细砂混合成符合级配要求的骨料,按油石比 8% ~12% 掺入乳化沥青,2% 普通水泥作填充料,形成稀浆,由专用的封层机铺在旧油路上,厚度为 0.5 ~0.6cm。在铺筑过程中,乳化沥青将渗入裂缝中,待其破乳水分蒸发,达到修补裂缝的目的,还可使路面平整。使用沥青混合料进行封层时,一般厚度在 1.5cm 以内,可采用层铺法或者拌和法施工。

3. 沥青混合料罩面法

这是一种根据路面裂缝严重情况,结合路段使用间隔年限,交通量大小,选用的一种方法。常用标准的中粒式、细粒式沥青混凝土作罩面材料,一般厚度在 1.5 ~4.0cm,施铺前于原路喷洒黏层沥青。目前已开始应用土工布、土工格栅和喷洒橡胶沥青作为应力吸收层,以提高防裂效果。

用于表面处治层的沥青材料,还有一种是冷拌掺纤维的断级配沥青混合料。添加纤维的比例可降至 0.1% ~0.2%,骨料是断级配的细料或砂砾组成,这种混合料具有良好的流动性和均匀性且施工费用少。因掺入了纤维,防裂效果明显。

沥青路面相隔大约 10m 就出现横裂,英国对此进行研究试验,他们的维修工艺是:首先标出裂缝和大面积损坏处,使用破碎机将大面积损坏处挖出,用切削机将裂缝处切割成 V 形截面槽,上宽最小 60cm,深 30cm(包括沥青层和部分基层),清洗后均用密级配沥青混凝土填平、压实,完成裂缝的处置后,在表面铺一层黏结层,然后摊铺 30mm 厚的密级配沥青碎石作为平整层,再铺一层 45 ~50mm 厚的热压沥青碎石,以 13.5kg/m^2 的用量撒铺规格为 20mm 的热拌沥青石屑,并将石屑压入热沥青层中,两年后观察效果很好。

二、现场再生维修方法

封层、罩面法虽可利用机械化施工,但对开裂处的沥青混合料未能触动,性能得不到改善,加之覆盖层的厚度有限,裂缝在封层、罩面后常会在表层复现。对此,可采用沥青路面再生利用的原理,即现场再生维修法。

1. 裂缝处的再生

沥青路面再生利用技术,目前已普遍应用。就现场再生利用来讲,首先是用再生系列设备将旧油面加热至混凝土融化松散,加入再生剂、一定数量的沥青集料,就地拌和成新的沥青混合料,经摊铺碾压成性能较好的路面。裂缝的再生维修是先用已研制成的轻便型路面加热器，在裂缝处宽5～10cm范围内加热数分钟后，约1m长的裂缝处混凝土便可变软，缝深则加热时间长。此时，用油壶倒入适量热沥青，掺入少量砂或石屑，人工就地热拌，使裂缝处自上到下左右两边形成含油量较大的新混合料，找平撒砂养护，这样处理过后的裂缝含油量大而且柔，可吸收各种因素引起的应力。试验证明，这种方法仅人工操作，无需大型设备，可消除裂缝，是代替传统灌油缝的好方法。

2. 大面积裂缝油面的再生

对于裂缝多的路段，用加热车对旧油面实施两次加热，使表面裂缝深处全部融化变软，喷洒一定数量的再生剂和稀沥青后与掺入的适量集料实施就地拌和，或再生机或用铣刨机或用人工，然后再进行碾压成型。有的是将松散裂缝的旧油面趁夏季高温刨出，堆成小堆，或加热融化或人工破碎或利用溶化剂粉碎，重新加沥青、集料拌和后，就近摊铺碾压，由于改变了裂缝处的沥青混凝土性能，从而达到消除裂缝的目的。

三、规范建议的裂缝修补方法

1. 纵横向裂缝

由于路面基层温缩、干缩等引起的纵向、横向裂缝，缝宽在5mm以内的，宜将缝隙刷干净，并用压缩空气吹去尘土后，采用热沥青或乳化沥青（潮湿时）灌缝撒料法封堵，灌入2/3的缝深，填入干净石屑或粗砂并捣实，将溢出缝外的沥青及石屑、砂清除。缝宽在5mm以上的，应剔除缝内杂物和松动的缝隙边缘，或沿裂缝开槽后用压缩空气吹净，采用砂粒式热拌沥青混合料填充、捣实，并用烙铁封口，随即撒砂、扫均；潮湿时也可采用乳化沥青混合料填缝。

2. 轻微裂缝

在高温季节全部或大部分可愈合的轻微裂缝，可不加处理。对高温季节不能愈合的裂缝，可于高温季节将有裂缝的路段清扫干净并匀洒少量沥青（在低温、潮湿季节宜采用乳化沥青），再匀撒一层2～5mm的干燥洁净石屑或粗砂，最后用轻型压路机将矿料碾压。

3. 土基、路面基层的病害或强度不足引起的裂缝

对该类裂缝破损首先应处理土基或基层，然后修复路面。

4. 因路面沥青性能不好或路龄较长、油层老化产生较大面积的裂缝（包括网裂）

若强度尚好时，通过技术经济比较，可选用下列修理方法：

（1）乳化沥青稀浆封层，封层厚度宜为3～6mm。

（2）加铺沥青混合料上封层，或先铺设土工布后，再在其上加铺沥青混合料上封层。

(3)改性沥青薄层罩面。

(4)单层沥青表处。

四、灌缝和填缝

开裂后的路面的养护措施取决于裂缝的密度与开裂程度。如果裂缝已经钝化或裂缝边缘已损坏,甚至达到了高度损坏,这类路面则最好采用诸如石屑封层、稀浆封层等措施。如果裂缝处于低度至中度损坏状态,开始向边缘损坏发展,裂缝宜采用修补的方法。表 4-3 给出了裂缝养护措施推荐表。

养护措施推荐表 表 4-3

裂缝密度	裂缝边缘损坏程度(占裂缝长度的%)		
	低(0~25)	中(26~50)	高(51~100)
低	不处治	不处治或仅处治裂缝	裂缝修复
中	裂缝处治	裂缝处治	裂缝修复
高	处治面层	处治面层	大修

如果裂缝处伴有其他形式的损坏,如沉陷、边缘损坏、错台等更易引发路面的损坏,或在荷载作用下弯沉显著增大,维修措施可以采取修补或铣刨。但如果弯沉很大或损坏非常严重,为了临时服务交通,可仅对裂缝进行临时性处治。

1. 灌缝与填缝

(1)灌缝与填缝的目的。尽管裂缝宽度是选择灌缝或填缝的关键因素,但特定类型裂缝的年横向位移量是最主要的决策依据。通常,工作裂缝边缘损坏之前应采取填缝措施,而非工作裂缝中等边缘损坏到无边缘损坏范围内应采用灌缝措施。

裂缝属于工作还是非工作裂缝,可根据其类型判定。工作裂缝常为横向,但是某些纵向和斜向裂缝也可能满足 3mm 位移量的指标。填充工作裂缝的材料必须能黏结裂缝的两侧壁并能随裂缝的开与合而伸缩。在低温、低应力下具有一定延伸能力的橡胶改性类材料一般适用于处治工作裂缝。

非工作裂缝包含斜向裂缝、大多数纵向裂缝和某些网状裂缝。由于裂缝间距小,裂缝宽度变化较小。较小变化允许使用价廉和特殊要求较少的灌缝材料。有经验的技术人员一般可根据经验确定工作裂缝和非工作裂缝,表 4-4 给出判别工作裂缝与非工作裂缝的建议标准。

(2)灌缝与填缝的时间。填缝是一种预防性养护。理想地讲,当工作裂缝发展到一定程度后就应进行填缝处理,填缝的时间最好安排在天气偏凉的季节(温度在 7~18℃),如安排在春季和秋季。

裂缝类别判定指标　　表4-4

裂缝特征	裂缝处治措施建议	
	填　缝	灌　缝
宽度(mm)	5~19	5~25
边缘损坏情况（特别碎落、碎裂）	最小—无（边缘损坏程度≤25%的裂缝长度）	中—无（边缘损坏长度≤50%的裂缝长度）
横向位移(mm)	≥3	<3
裂缝类型	横向温度裂缝、横向反射裂缝、纵向反射裂缝、纵向冷接缝裂缝	纵向反射裂缝、纵向冷接缝裂缝、纵向边缘裂缝、间距较大的网状裂缝

选择在有点凉的季节填缝出于两方面的考虑，第一，此时裂缝已开始张开（或尚未闭合），可以填充足够的材料；第二，裂缝张开正好在年平均宽度左右，便于选择填缝材料，因为填缝材料能承受的胀缩总是有限的。

多数情况下一年之内任何时间都可以进行灌缝，但比较好的灌缝季节是偏凉的季节（20~13℃），在这个温度范围内，裂缝基本上已全部张开，可以灌足够的材料。灌缝措施可以是预防性的也可是日常养护，这取决于公路管理机构处治裂缝的方法。像填缝一样，非工作裂缝发展到中等程度就应该进行预防性的灌缝处治。灌缝应使用耐久性好的灌缝材料，以减少灌缝次数。裂缝完全形成之后马上灌缝，可以延缓其进一步的增长。

2. 设计

（1）选择灌缝和填缝处治措施应考虑下列因素：

①气候条件，包括处治时的气候和一般的气候条件；

②公路类型与等级；

③交通量与货车比例；

④裂缝特征与密度；

⑤材料；

⑥填缝、灌缝方式；

⑦养护工艺和机具；

⑧安全。

设计应重点考虑公路现状及发展趋势，选择适当的材料和填缝、灌缝方式，确定养护工艺和机具。特定路段位置和养护时间的气候条件对选择材料和工艺有较大的影响。例如，如果养护时湿度大温度低，使用加热喷枪能加速灌缝速度。

在选择材料和养护工艺时，也应考虑公路所在地区整年的气候条件，气温偏高的地区，所选择的材料不应在温度高时显著软化和流动；相反，非常冷的地区需要材料在低温下有一定韧性。裂缝特征，比如宽度、张开位移、边缘损坏情况等都对选择材料和工艺有影响。

（2）选择填缝与灌缝材料。目前市场上有多种牌号的灌缝与填缝材料，每一种都有其明显的技术特点，根据灌缝与填缝材料的组成与生产工艺，可分成两大类和不同的小类。

①冷操作的热塑性沥青材料

a. 液体沥青（乳化）；

b. 聚合物改性液体沥青。

②热操作热塑性沥青材料

a. 沥青；

b. 纤维沥青；

c. 沥青橡胶；

d. 橡胶改性沥青；

e. 低模量橡胶改性沥青；

f. 化学处理的热融性材料，如自平式硅树脂。

除以上两大类以外，其他材料还有裂化沥青、矿粉（石粉、石灰、粉煤灰）沥青和砂沥青混合料。从环境方面考虑，裂化沥青如今用得已经很少，矿粉沥青用了以后证明技术经济效益低，砂沥青混合料通常用作裂缝修补材料。

热塑性沥青材料中，沥青和液体沥青韧性较小，温度敏感性高，因此，用于非工作裂缝的灌缝受到限制；类似地，因为纤维不能增加沥青的弹性，不能显著改进其温度敏感性，所以纤维沥青多数适宜于做灌缝材料。在液体沥青或加热沥青中添加胶类聚合物一般能增加沥青的韧性，改善沥青的野外性能。韧性改善的程度取决于沥青的类型和性质、硫化橡胶的掺量以及橡胶与沥青的混合工艺。其他类的聚合物也常单独或与橡胶一起与沥青混合使用。如聚合物改性液体沥青、沥青橡胶、橡胶改性沥青、低模量橡胶改性沥青等，均可改善沥青的性能。

化学处理热融性材料是把一种或两种材料通过化学反应使其从液态变为固态。这类材料在近几年的沥青路面中得到了应用。如自平式硅树脂是一种单组分、冷态可用的填缝料，不需要加工。

③材料选择的第一步就是确定材料应该具备的性能，以适应特定的要求。用于填缝与灌缝的材料，应考虑以下几方面的性能是否合适。

a. 准备工作时间；

b. 工作和易性；

c. 养生时间；

d. 黏附性；

e. 黏结性；

f. 抗软化与流动能力；

g. 韧性；

h. 弹性；

i. 抗老化与气候作用；

j. 抗磨损。

3. 选择填缝/灌缝构造

填缝与灌缝材料填灌入缝的构造形式较多，常见匀填、灌入构造如图 4-4 所示。

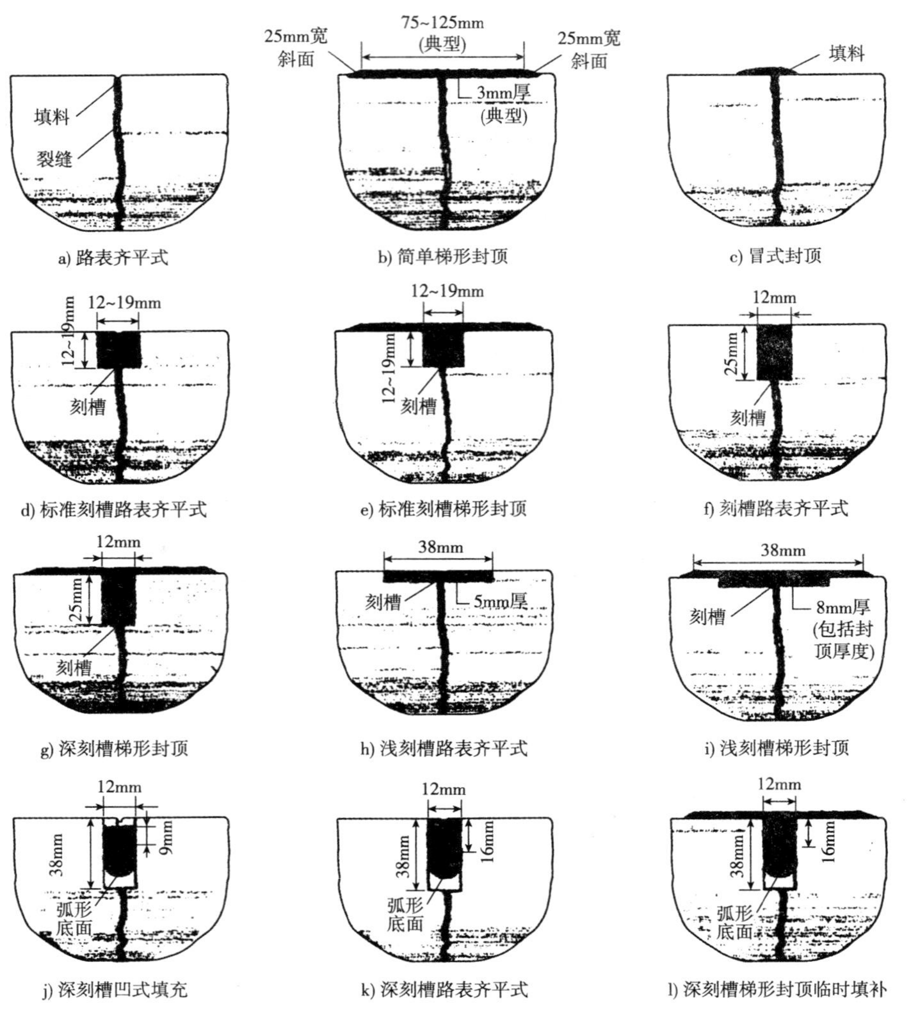

图 4-4 裂缝填、灌处治的典型构造示意图

(1)齐平。在齐平构造中,材料仅简单地注入既有的不经处理的裂缝中,裂缝外面的材料应铲除,如图4-4a)所示。

(2)刻槽构造。将裂缝切齐,称裂缝刻槽,材料仅放入切齐的裂缝内。材料要么与缝顶面齐平,要么略低于路面表面。如图4-4d)、f)、h)、j)、k)所示。

(3)梯形封顶式。材料置入未经切齐的裂缝内。如果材料超出了裂缝口,应用橡胶滚轴将超出的材料滚压成条带。简单的条带构造如图4-4b)所示。如果超出裂缝的材料不使其形成条带形,则形成图4-4c)所示的帽形。

(4)刻槽梯形封顶。材料置入切齐的裂缝,然后用橡胶滚轴使超出裂缝的材料滚压成条带,形成的条带应与裂缝对称,如图4-4e)、g)、i)、l)所示。几乎所有的填、灌缝工艺都是直接把材料放入裂缝缝道内,如图4-4中模式a)~i)。但有时在填缝之前,将嵌缝条材(如聚乙烯泡沫条)放在工作裂缝刻槽的底部。泡沫条的作用是防止填或灌缝材料进入切割的刻槽下的裂缝,并且不会与刻槽的侧面黏结在一起。这样,可以加强填缝料的潜在性能。

填缝料的形状,特别是对于刻槽模式,也影响其性能。在最初的设计时就应考虑其形状,通常用形状参数表示。形状参数定义为宽和深度的比。形状参数仅受切割的裂缝槽的尺寸控制。当采用嵌缝条时,形状参数受嵌缝条和切割槽尺寸的影响。

无论是否使用嵌缝条,橡胶改性沥青填缝料的形状参数建议为图4-4。通常,填缝形状参数越小,越易损失黏附性,相反,则可增加抵抗黏附性损失的能力。

只有在下列两种情况下,才考虑使用嵌缝条:

①使用嵌缝条具有技术经济效益;

②工作裂缝比较直(比如反射裂缝),并且边缘损坏非常轻。

热施工的橡胶改性填缝料多数直接填入缝内,但使用嵌缝条也不会增加太多的费用。硅树脂作填缝料时,应使用嵌缝条。

4. 裂缝的处治步骤

裂缝的封闭处治方法通常由以下五个步骤组成:

(1)裂缝的整修。采用裂缝刻槽机或金刚锯对裂缝刻槽,刻槽断面应具有均匀的垂直边缘。刻槽机上一般装有调节刻槽深度的装置。有些裂缝形状不规则,很难准确地在裂缝上进行刻槽,未刻到的部分与刻槽形成相邻的两道缝(槽),此时还应对余缝进行刻槽。

(2)缝槽的清洁和干燥。需要采用吹风器、空气压缩机、钢毛刷等对刻缝槽进行清洁,并采用热气枪进行干燥。

(3)封面材料的准备和填充。封面主要仪具有:沥青锅 、沥青分配器、垫条安放工具、输料器等。当路面潮湿或气温低于5℃时,不得进行封面。封面料不应在输料管中停留，灌入时材料的温度应由供货商提供。

一般裂缝修补时，是直接将修补材料填入缝槽中，但有时也将隔离黏附作用的材料，如聚乙烯泡沫垫条放在刻槽底部，再填入封面料，见图4-4。放垫条的缝槽应刻得深一点，垫条的宽度比缝（槽）宽25%，使垫条能固定在刻槽中。

（4）整料。根据需要，采用橡皮棍将填缝材料修整为凹形、齐平、帽形和梯形封顶等形式。梯形封顶尺寸一般为宽度76～127mm，厚度3.2～4.8mm。简易梯形封顶可以省去刻槽工序，快捷方便。刻槽梯形封顶的作用相当于磨耗层。帽形封顶施工时可较梯形封顶施工少用一名工人，但处治效果降低，帽形封顶材料容易发生扩散性流动而变平，材料温度降低较快，与刻槽的黏附不够充分。

（5）吸油。用砂或卫生纸罩在刚修整的材料上，防止刚施工完毕的封面材料在车轮作用下受磨损而脱落。

第五节　其他病害维修技术

一、麻面、集料外露、松散和磨光

1. 麻面与集料外露

对于数量较小的轻微的麻面和集料外露路段，可薄刷一层沥青，撒石屑或粗砂扫平压实。当沥青面层不贫油时，可在高温季节撒适当的细料，并用扫帚扫匀，使集料填充到路面的空隙中。大面积麻面应喷洒稠度较高的沥青，并撒适当粒径的石屑或粗砂，应使麻面部分中部的集料稍厚，周围与原路面接口处稍薄，定型要整齐，并碾压成型。

数量较大的麻面和集料外露严重或有松散路段，可在气温10℃以上时清扫干净，重做沥青封层，其沥青洒布量为0.8～0.9kg/m^2，然后撒布3～8mm石屑或粗砂5～8m^3/1000m^2，扫匀后碾压成型。也可铺筑10～15mm的沥青砂罩面。如在低温季节，也可用稀浆封层。

2. 松散

因沥青用量偏少或因施工气温较低造成的沥青面层松散，处治方法为：先将路面上已松动了的矿料收集起来，待气温升至15℃以上时，按0.8～1.0kg/m^{2}的用量喷洒沥青，再均匀撒上3～6mm的石屑或粗砂（5～8m^3/1000m^2），用轻型压路机压实。

对于因油温过高，沥青老化失去黏结性而造成的松散，应将松散部分全部挖除后，重做面层。

因沥青与酸性石料间的黏附性不良而造成路面松散，应将松散部分全部挖除后，重做面层。重做面层的矿料不应使用酸性石料。在缺乏碱性石料的地区，应在沥青中掺入抗剥落剂、增黏剂或使用干燥的生石灰、消石灰、水泥等表面活性物质作为填料的一部分，或采用石灰浆处理粗集料等抗剥落措施，以提高沥青与矿料的黏附力，并增加混合料的水稳性。

由于基层或土基软化变形而造成的路面松散，应先处理好基层后，再重做面层。

3. 磨光的维修

高速公路、一级公路路表抗滑能力降低且已磨光的沥青面层，可用路面铣刨机直接恢复其表面的粗糙度。

路面石料棱角被磨掉，路面光滑，抗滑性能低于要求值时，应加铺抗滑层。加铺前，应先处治好原路面上的各种病害，若原路表有沥青含量过多的薄层，应将其刮除后洒黏层油。罩面形式可以采用拌和法或层铺法施工的单层表面处治，也可以采用乳化沥青稀浆封层。

二、泛油、油包、壅包、波浪、搓板

1. 泛油

(1)处治方法。在轻微泛油的路段，可撒上 3 ~ 5mm 粒径的石屑或粗砂，并用压路机或控制行车碾压；在泛油较重的路段，可先撒上粒径 5 ~ 10mm 的碎石，用压路机碾压。待稳定后，再撒粒径 3 ~ 5mm 的石屑或粗砂，并用压路机或控制行车碾压。

面层混合料中沥青含量过高，且已形成软层的严重泛油路段，可视情况采用下述方法之一。

①先撒一层粒径 10 ~ 15mm(或更大的)的碎石，用压路机将其强行压入路面，待基本稳定后，再分次撒上粒径 5 ~ 10mm 的碎石，并碾压成型。

②将沥青含量过高的软层铣刨清除后，重做面层。

(2)处治施工要点。泛油处治时间应选择在泛油路段已出现全面泛油的高温季节，并在当日气温最高时进行。应顺行车方向撒料，先粗后细，做到少撒、薄撒、匀撒、无堆积、无空白。禁止使用含有粉粒的细料。采用压路机或引导行车碾压，使所撒石料均匀压入路面。如采用行车碾压，应及时将飞散的粒料扫回。

2. 油包

对于较小的油包、油垄或轻微的“搓板”，在气温较高时(或用加热器烘烤)铲除，也可用机械铣刨，铲除后找补平顺，再用热烙铁烙平。因基层强度不足或稳定性差而引起的严重壅包或波浪(搓板)者，应对基层作补强处理后，再铺面层。因面层与基层间有不稳定层，应清除不稳定层，再铺筑面层。

3. 壅包

属于施工时操作不慎将沥青漏洒在路面上形成的壅包,将壅包除去即可。

已趋于稳定的轻微壅包,应将壅包用机械刨削或人工挖除。如果除去壅包后,路表不够平整,应予以处治。

因基层沥青用量过多或细料集中而产生较严重壅包,或路面连续多次出现壅包且面积较大,但路面基层仍属稳定,则应用机械或人工将壅包全部除去,并低于路表面约 10mm,扫尽碎屑、杂物及粉尘后用热沥青混合料重做面层。

因基层局部含水量过大,使面层与基层间结合不良而被推移变形造成的壅包,应把壅包连同面层挖除,用水稳定性较好的材料更换已变形的基层,再重做面层。

由于基层局部强度不足或水稳定性不好,使基层松软而导致的壅包,应将面层和基层完全挖除。如土基中含有淤泥,还应将淤泥彻底挖除,换填新料并夯实。在地下水位较高的潮湿路段,应采取措施引出地下水并在基层下面加铺一层水稳定性较好的材料,最后重做面层。

三、啃边、脱皮

1. 啃边

(1)啃边的处治。因路面边缘沥青面层破损而形成的啃边应将破损的沥青面层挖除,在接茬处涂刷适量的黏结沥青,用沥青混合料进行填补,再整平压实。修补啃边后的路面边缘应与原路面边缘齐顺。

因基层松软、沉陷而形成的啃边,应先对路面边缘基层局部加强后再恢复面层。

应加强路肩的养护工作,保持路肩稳定;随时注意填补路肩上的车辙、坑洼或沟槽,经常保持路肩与路面衔接平顺,并保持路肩应有的横坡,以利排水。

(2)路面啃边的防治

①用砂石、碎砖(瓦)、工业废渣等改善、加固路肩或设硬路肩,使路肩平整、坚实。

②可在路面边缘增设路缘石,或将路面基层加宽到其面层宽度外 20 ~ 25cm 处。

③在平交道口或曲线半径较小的路面内侧,可适当加宽路面。

2. 脱皮

因沥青面层与封层没有黏结好,初期养护不良引起的脱皮,应清除已脱落和已松动的部分,再重新做上封层。所做封层的沥青用量及矿料粒径规格应视封层的厚度而定。

如沥青面层层间产生脱皮,应将脱落及松动的部分清除,在下层沥青面上涂刷黏结沥青,并重做沥青层。

面层与基层之间因黏结不良而产生的脱皮,应先清除掉脱落、松动的面层,分析黏结不良原因。若面层与基层间所含水分较多,应晾晒或烘干;若面层与基层之间夹有泥层,则应将泥砂清除干净,喷洒透层沥青后,重做面层。

本章思考题

1. 沥青路面使用品质的变化有哪些主要影响因素？其调查种类和方法有哪些？

2. 近年来,车辙已成为沥青路面早期损坏的首要问题,目前有哪些有效的处治方法？各自的使用范围和技术特点有哪些？

3. 坑槽的修补应注意哪些因素？目前所使用的修补材料存在哪些问题？

4. 裂缝的修补应注意哪些因素？

第五章

乳化沥青及其应用技术

第一节　乳化沥青简介

一、乳化沥青概念

沥青材料在常温下一般是一种半固体黏稠状物质，要在公路工程中应用，就必须使它成为液态，才能用于喷洒或与矿料拌和。目前，有三种方法可使其成为液态：加热法（130～180℃）、稀释法（汽油、煤油、柴油等溶剂将石油沥青稀释成液体沥青）、沥青乳化。

所谓沥青乳化，就是将沥青热融，经过机械的作用，以细小的微状态分散于含有乳化剂的水溶液之中，形成水包油状的沥青乳液。这种乳状液在常温下呈液状。使用这种沥青乳液修路时，不得加热，可以在常温状态进行喷洒、贯入或拌和摊铺，铺筑各种结构路面的面层及基层，也可用作透层油、黏层油以及用于各种稳定基层的养护。

稀释沥青需要大量的溶剂，而汽油、煤油、柴油等溶剂都是宝贵的能源，并且已稀释沥青铺到路上后要让这些溶剂挥发掉才能成型，这会污染环境，同时稀释沥青使用时也不安全。因此，现在公路工程中很少使用稀释沥青。目前广泛使用的是热沥青，但热沥青施工需要大量的热能，特别是大宗的砂石料需要烘烤，操作人员作业环境差，劳动强度大。使用乳化沥青施工时，不需加热，可以在常温下进行喷洒或拌和摊铺，可以铺筑各种结构的路面。更为重要的是，乳化沥青在常温下可以自由流动，并且可以根据需要做成不同浓度的乳化沥青，容易达到贯入式或透层所要求的沥青膜厚度。这是热沥青不可能达到的。乳化沥青发展至今天，其使用范围非常广泛，见表5-1。

乳化沥青使用范围　　表5-1

表面处治	沥青再生	其他
雾状封层； 砂封层； 稀浆封层； 微表处； 开普敦封层	现场冷拌和； 现场热拌和； 全厚度再生； 场拌	土基稳定；　透层； 基层稳定；　裂缝填补； 填坑；　保护层； 黏层；　贯入式； 防尘剂

二、乳化沥青的发展

乳化沥青的发展始于20世纪初，最早被用于喷洒以减少灰尘，20世纪20年代在道路建筑中普遍使用。起初乳化沥青的发展速度相对较慢，受制于可利用的乳化剂和人们对如何使用乳化沥青缺乏足够的知识。20世纪30年代至50年代中期，乳化沥青的使用数量在缓慢但稳定地增长。第二次世界大战后，随着交通量加大，道路设计者们开始限制乳化沥青的使用。从1953年起，沥青黏结料的使用量迅速增加，乳化沥青的使用数量也在稳定地上升。

促进乳化沥青大量使用的主要因素有：

(1)20世纪70年代的能源危机，美国联邦能源署对中东石油禁运迅速采取的保护措施。乳化沥青不需要用石油溶解为液体，乳化沥青还可以在不需要特别加热的情况下用于许多地方，这两点因素都有助于能量的储蓄。

(2)可以减少环境污染。从乳化沥青中游离出的碳氢化合物的数量几乎为零。

(3)一些型号的乳化沥青能够包裹在潮湿的石料表面，这就可以减少因加热和风干石料所需要的燃料。

(4)乳化沥青多种型号的可利用性；乳化沥青改良后可以满足计划和所需要的条件。

(5)在偏远地区能够用冷材料施工。

(6)乳化沥青的适用性使其用于对现有道路细微缺陷的预防性保养可以达到延长使用寿命的作用。

三、乳化沥青的特点及社会经济效益

1. 提高道路质量

热沥青的可操作温度为130～180℃，当用做黏层时，由于原路面为常温，喷洒的热沥青迅速凝固，不再具有流动性，因此很难保证洒布的均匀性。并且由于黏层所需的沥青用量很少，热沥青洒布机很难达到这一精度要求，沥青过多，将可能带来泛油，沥青过少，则不均匀，黏结效果将打折扣。而乳化沥青的沥青含量可以任意调整，最高可达67%，最低可以10%以下。因此可以根据洒布量和洒布机的具体情况，实现要求的目标。再如贯入式路面，用热沥青的贯入深度有限，而且一般只限集料的上半表面，如用乳化沥青，则可贯入到底，并可使集料的3/4表面附着沥青，因此路面的质量将会得到较大提高。总之，乳化沥青常温下的可流动性、水溶性等将对路面带来质量的提高。

2. 扩大沥青使用范围

自从乳化沥青使用以来，随着技术的不断发展，已有许多热沥青不可能做到的，用乳化沥青都能够实现。例如对出现轻度老化性龟裂的路面，用雾状黏层这种方法，可迅速填裂，并让表面沥青再生，封闭路面雨水，延长路面寿命。再如土壤稳定，用乳化沥青可与土壤拌和均匀，并使沥青均匀地分散在土壤中，形成土壤中的黏结力，使土基达到一定的强度要求，从而实现柔性基层的目的。近几年，我国大量使用的稀浆封层技术，就是一个很好的例证。用乳化沥青稀浆封层可以做成3～15mm不同厚度的路面，封闭路面水，保护原路面不使其继续老化、硬化，延长路面寿命。

3. 节约能源

采用热沥青修路时，一般需要消耗大量能源为沥青材料和矿料加热。如将1t沥青从18℃升温到180℃时，按理论计算需用柴油20kg，或用普通煤20kg。但是，各地公路部门调查资料表明，加热1t沥青实际消耗的燃料远远超过理论计算所需量，实际燃料消耗量高达理论计算需用量的十余倍。采用热沥青筑路之所以要消耗这么多燃料，主要是在施工过程中，为了时刻保持沥青应有的温度，常常对沥青要进行重复加温与持续加温。在沥青的运输和使用过程中，沥青每倒运一次就要加热一次。如果施工中出现机械故障，或因气候、材料、人员等各种意外情况造成停工时，运到现场的沥青必须持续不断地进行保温，这样就需消耗大量的燃料，并且也容易引起沥青材料的老化。

采用乳化沥青筑养路时，只需在沥青乳化时一次加热，而且沥青加热温度只需达120～140℃，仅此就比热沥青降低50℃左右。尽管在生产沥青乳液时，在其他方面还要消耗一些能源，如制备乳化剂水溶液需要加热、乳化机械需要消耗电能等。但据统计计算，用乳化沥青筑养路比用热沥青可节约热能在50%以上。

4. 节省材料

乳化沥青与矿料表面具有良好的工作度和黏附性，可以在矿料表面形成均匀的沥青膜，容易准确地控制沥青用量，保证矿料之间能有足够的结构沥青，使混合料中的自由沥青降低到适宜程度，因而提高了路面的稳定性、防水性与耐磨性。对已铺的乳化沥青路面的观察，高温季节较少出现油包、推移、波浪，低温季节较少见到开裂，显示出其特有的优越性。这是由于在施工过程中，沥青的加热温度低，加热次数少，沥青的热老化损失小，因而增强了路面的稳定性与耐久性。

5. 延长施工季节

阴雨与低温季节是热沥青施工的不利季节，也是沥青路面发生病害较多的季节。特别在我国多雨的南方，阴雨季节沥青路面路况急速下降，出现了病害无法用热沥青及时修补，在行车的不断碾压与冲击下，更使病害迅速蔓延与扩大，致使运输效率降低，油耗与轮胎磨损增加，交通事故增多。而采用乳化沥青筑养路，可以少受阴湿和低温影响，发现路面病害可以及时修补。从而能及时改善路况，提高好路率和运输效率。同时乳化沥青可以在下雨后立即施工,可减少雨后的停工费用和机械的停机台班费,并能提前完成施工任务。

延长施工季节的重要意义在于加速公路建设,并有利于沥青路面的及时养护,制止病害的加剧与扩大。关于用乳化沥青施工可延长施工的时间,随各地区气候条件而有所不同,一般可延长施工时间一个月左右。

6. 减少环境污染,改善施工条件

乳化沥青在生产过程中的环境污染得到明显改善,严重危害工人健康的致癌物苯并吡的含量明显下降,酚和总烃含量也大大降低。

四、乳化沥青的未来发展

1. 乳化沥青技术优势

从国内外的发展与现状来看,乳化沥青的技术优势有:

(1)修建新路的需要。

(2)旧路养护与升级。

(3)质量意识的提高。

(4)技术优势。

(5)经济可靠。

(6)使用方便。

(7)应用灵活。

(8)安全环保。

2. 乳化沥青未来的发展

(1)使用量将越来越大。随着路网的逐渐形成与完善,低等级道路的升级,环保意识的增强和能源的逐渐紧张,乳化沥青用量占沥青总用量的比例也将越来越高。

(2)使用范围将越来越广。乳化沥青的使用,除了新建道路外,更重要的应用领域是预防性养护和矫正性养护。

(3)质量将越来越高。随着乳化技术、胶体磨技术(生产与控制系统)、配方技术的不断发展,乳化沥青更趋于专用化,这有利于施工工艺和路面质量的提高。

资料显示,欧洲乳化沥青发展新趋向有以下几个方面:

(1)可以控制破乳时间的乳化沥青。

(2)掺聚合物的乳化沥青。

(3)高浓度乳化沥青,浓度达到65% ~69%。

(4)精制乳化沥青。一般乳化沥青微粒直径的中间值为3 ~5μm,而精制乳化沥青可达1 ~2μm。

第二节　乳化沥青原理及分类

一、沥青乳化原理

1. 表面张力

乳化沥青是沥青以很小的颗粒分散在水中所形成的低黏度、能满足不同施工要求的乳状液。这种乳液不是溶液。溶液是以一种或多种物质的分子均匀地分散在另一种物质中，没有明显的界面；乳状液是一种物质以多个分子形成的集合体（颗粒）分散在另一种物质中，两种物质之间有明显的界面。这种分散与物质的表面性质有密切的关系。

对于乳化沥青来说，如不采取其他措施而直接将沥青分散到水中则要克服巨大的界面张力的作用，即使施加很大的能量也不易做到。且沥青分散成很小的颗粒时其比表面积增加很大，这样就使得产生的乳化沥青体系具有很高的能量状态，所产生的乳液也不会稳定，因此在生产乳化沥青时降低水的表面张力是必需的。能较大地降低水的表面张力的助剂叫做表面活性剂，用于生产乳化沥青的表面活性剂叫沥青乳化剂。也就是说，增加沥青乳化剂可以极大地降低水与沥青的界面张力，可以降低乳液的能量状态，增加乳液的稳定性。

生产乳化沥青必须使用沥青乳化剂。

2. 表面活性剂及 HLB 值

表面活性剂是具有亲水基和憎水基的两亲分子，能吸附于油水相排斥的界面上，从而降低它们之间的界面张力（图 5-1）。

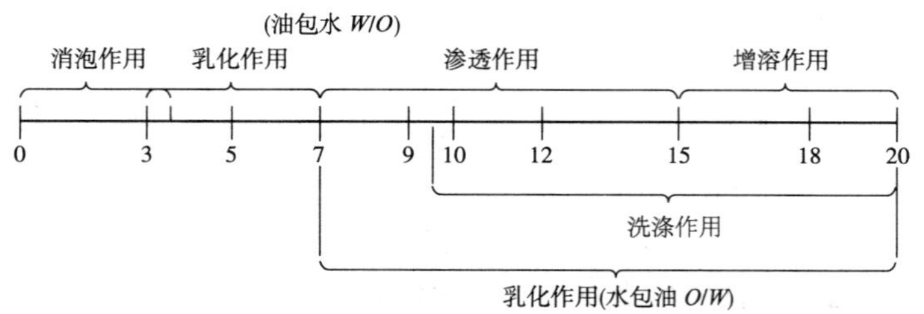

图 5-1　表面活性剂的 HLB 值和其作用关系

3. 沥青乳化的必要条件

乳化沥青由沥青、水、乳化剂三种主要物质组成。除了具有符合要求的这三种原料外，在生产过程中，良好的乳化设备、乳化温度及添加剂，以及有经验的操作工等都是不可缺少的条件。

(1)沥青。沥青是乳化沥青的主要原料,也是用于筑路等方面的最终胶结料。生产乳化沥青用沥青,除了满足最终应用的要求外,还必须满足乳化要求。石油沥青是大分子的饱和烃、芳香烃、胶质、沥青质等组成的复杂混合物,其化学组成、沥青的胶体结构类型随原油不同、加工工艺不同而有很大差别,因此乳化的难易程度就不同。所以对沥青进行必要的选择是调制优质乳化沥青的前提。

随着交通量的不断增长,改性沥青用于乳化的需求也随之出现。由于改性沥青的黏度大幅度增大,且改性剂大部分是高分子聚合物,其可乳化性非常局限,因此在选择改性沥青和改性剂时应充分试验。

(2)水。水只是沥青分散的介质,并不是沥青乳液的重要成分。但水的硬度及离子性对乳化沥青生产有较大的影响,有有利的一面,也有不利的一面。镁离子和钙离子的存在对生产阳离子乳化沥青来说是有利的。如有时为制备更稳定的乳液,在生产过程中加入 $CaCl_2$ 作为稳定剂。生产阴离子乳化沥青时,镁、钙离子的存在又成为不利的因素。这是因为阴离子乳化剂大都是以可溶性的钠或钾盐的形式存在,当有大量的镁和钙离子存在时会形成不溶于水的物质,从而影响乳化效力,甚至会导致乳化失败。碳酸离子、碳酸氢离子的存在对于形成稳定的阳离子类乳剂是不利的。这是因为这些离子常常与作为阳离子类乳化剂所常用的水溶性氨基盐酸盐进行反应,生成不溶性盐。但对于阴离子类乳液,碳酸离子、碳酸氢离子具有缓冲作用,是有利的。此外,水中存在粒状物质时,一般带负电荷物质居多,对阳离子乳化剂有吸附作用,所以对阳离子类乳液的生产是不利的。因此,根据乳化沥青的离子类型,选择符合水质要求的水源会对沥青的乳化起到很好的作用。

(3)乳化剂。乳化剂在乳化沥青中所占的比例较小,但其对乳化沥青的生产、储存及施工均有较大的影响。所以,根据生产乳液的用途、乳化效果来精心地选择乳化剂是非常必要的。

(4)乳化温度的控制。生产乳化沥青要求将沥青加热到流动性很好的状态,温度一般在 120 ~ 150℃之间,沥青标号高时温度较低,标号低时温度较高。由于乳化混合时沥青放热,致使乳化剂水沸腾、发泡,造成乳化不良。

实际上乳化液的沸腾、发泡是局部现象,所以,乳化温度必须比计算值低很多,一般的经验,沥青温度 + 水的温度不大于 200℃。对于低标号的沥青,由于加热到流动状态所需的温度较高,所以乳化时水的温度也可以适当降低,以保证不会发生沸腾现象。

(5)添加剂。使用添加剂是调制稳定乳化沥青的一种常用方法。有时添加剂的存在是必不可少的,添加剂的加入也是降低乳化沥青成本的好办法。对于氨型阳离子乳化剂,由于不能直接溶解于水,需要用盐酸调到 $pH \approx 2$ 或用醋酸调节到 $pH \approx 4$ 方能使用。如果用酸过量,则乳化性或储存稳定性不好,必须注意。对于氨基盐阳离子乳化剂，添加 $CaCl_2$ 则可以降低乳化剂的用量。另外高分子聚乙烯醇、甲基纤维素等物质可以增加水的黏度，从而有利于沥青乳液的稳定，也是常见的添加剂。

二、沥青乳化剂的分类

按离子的类型分类，是指沥青乳化剂在溶液中能电离生成离子或离子胶束的称为离子型乳化剂，凡不能电离生成离子或离子胶束的称为非离子型乳化剂（图 5-2）。

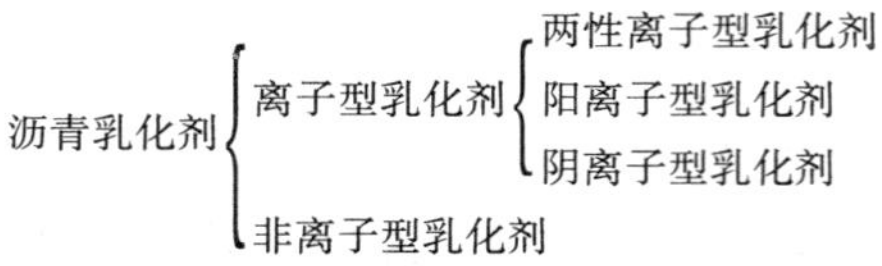

图 5-2　沥青乳化剂的分类

根据不同的用途开发不同的乳化剂，从而达到最佳的使用效果。例如，用于表处乳化沥青的乳化剂，要求破乳快，强度形成早；而用于深层乳化沥青的乳化剂，则要求破乳慢，具有一定的渗透能力；用于冷拌混合料乳化沥青的乳化剂，则要求破乳可调性强，与石料的裹覆能力强。因此乳化剂的开发与应用是密不可分的，任何一种乳化剂都有它的优点和不足之处，关键是如何选择。

在前 40 余年的发展过程中，主要发展的是阴离子乳化沥青。这种乳化沥青虽然有节省能源、使用方便、乳化剂来源广且价格便宜等优点，但是，这种乳液与矿料的黏附性不太好，特别是与酸性矿料的黏附性更不好。这是因为阴离子乳化沥青中沥青的微粒表面带有阴离子电荷，当乳液与矿料表面接触时，由于湿润矿料表面普遍也带有阴离子电荷，同性相斥的原因，使沥青微粒不能尽快地黏附到矿料表面上。若要使沥青微粒裹覆到矿料表面，必须待乳液中水分蒸发后才能进行，两者在有水膜的情况下难以相互结合（图 5-3）。

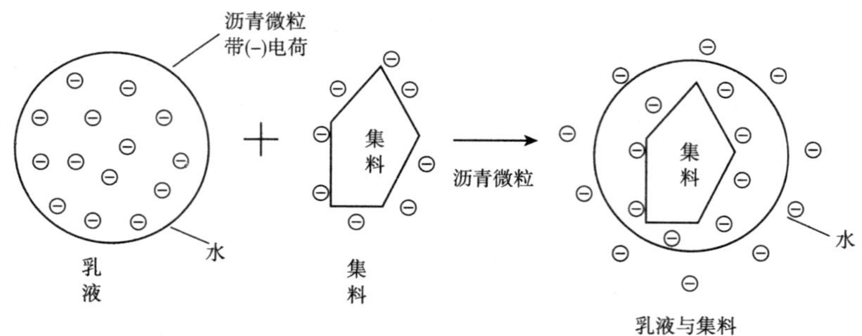

图 5-3　阴离子乳化沥青与矿料表面的黏附

阴离子乳化沥青与矿料的裹覆只是单纯的黏附,沥青与矿料之间的黏附力低。若在施工中遇上阴湿或低温季节,乳液的水分蒸发缓慢,沥青裹覆矿料的时间拖长,这样就影响路面的早期成型,延迟开放交通时间。另外,因石蜡基与混合基原油的沥青增多,当时的阴离子乳化剂对于这些沥青难以进行乳化,因而,在这一时期中,乳化沥青虽然在发展着,但是发展的速度并不快。

随着近代界面化学和胶体化学的发展,近30年来,阳离子乳化沥青发展速度很快。阳离子乳化沥青中的沥青微粒上带有阳离子电荷,当与矿料表面接触时,由于异性相吸的作用,使沥青微粒很快地吸附在矿料的表面上(图5-4)。

由图5-4可见,乳液中沥青微粒带正电荷,湿矿料表面带负电荷,两者在有水膜的情况下仍可以吸附结合。因此,即使在阴湿或低温季节(5℃以上),阳离子乳化沥青仍可照常施工。阳离子乳化沥青可以增强与矿料表面的黏附力,提高路面的早期强度,铺后可以较快地开放交通,同时它对酸性矿料和碱性矿料都有很好的黏结能力,因而,阳离子乳化沥青既发挥了阴离子乳化沥青的优点,同时又弥补了阴离子乳化沥青的缺点,这样,就使乳化沥青的发展进入了一个新的阶段。

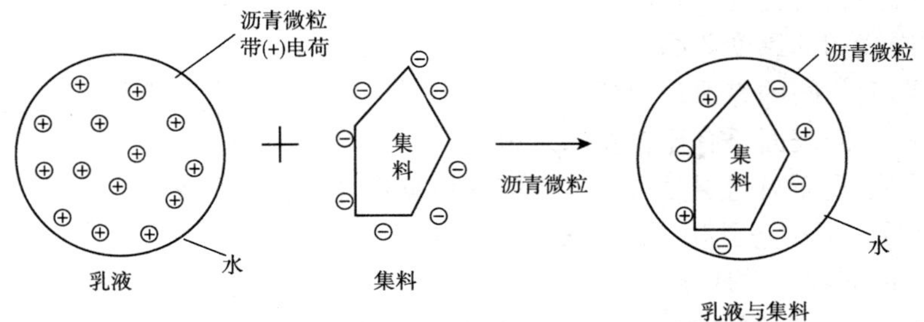

图5-4 阳离子乳化沥青与矿料表面的黏附

三、乳化剂对乳化沥青性能的影响

乳化剂在乳化沥青中所占的比例是很小的,一般在0.1%~2%之间,最常见的是0.3%~1.0%。但乳化剂对乳化沥青的性能的影响又是巨大的,有些性质直接取决于乳化剂。如电性,乳液颗粒带电状态完全取决于乳化剂的种类,所以用什么样的乳化剂,乳化沥青的带电状态就是什么样。乳化沥青的其他性能也在很大程度上取决于乳化剂的性能。

1. 乳化沥青的起泡性

乳化沥青泡沫产生原因如下:首先应是空气进入乳液中,此时瞬间生成的疏水基伸向气泡内部,亲水基向着液相的吸附膜,由于吸附膜的存在,可使泡沫稳定存在。形成的气泡由于溶液的浮力而上升,冲向乳液的表面。泡沫产生多少除了与操作过程引入空气量有关外,与所用乳化剂的种类有直接关系。乳化沥青在运输及施工中常常会有发泡现象。这种现象的产生是与表面活性剂的特性有直接关系的。泡沫的产生有不利的一面,也有有利的一面。在生产和运输过程中所产生的泡沫是不利的,会直接影响生产效率。而在施工中,有时又是有利的,如进行稀浆封层施工中,有泡沫的存在会明显改善混合料的和易性。对于防止乳化沥青泡沫产生,最常用的还是通过机械的方法来减少空气的引入,如运输或生产时输送乳液是从罐的下部引入,从而防止由于冲击产生的泡沫。对于特别严重的泡沫,也可以用化学手段来消除,如添加合适的消泡剂。消泡剂一般是 HLB 值在 1 ~4 范围内的表面活性剂,如长链醇类、动植物油、烷基聚硅氧烷等。为消除已产生的泡沫,加入酒精、异丙醇等物质也是较好办法。但由于这些化学方法会引起成本的上升,所以对乳化沥青来说一船以机械方法防止泡沫产生。

2. 储存稳定性

一般来说,影响乳化沥青储存稳定性的因素是较多的,但是乳化剂是主要的影响因素之一。乳液的破坏大致是两个过程,即分散粒子的融合和两液相分离,所以为了使乳液稳定,要尽可能防止发生这些过程。其防止条件如下:

(1)两液相的密度差要小。

(2)连续相的黏度要高。

(3)两液相间的界面张力要小。

(4)粒子的表面要有比较宽的双电层。

(5)粒子表面吸附层要有一定程度的机械韧性。

以上后 3 项均与乳化剂的性质有直接关系。

3. 乳化剂对沥青性能的影响

乳化沥青技术是将热沥青施工技术变为常温化的一种手段。由于其在常温操作,节省能源,特别是对保护环境具有好处。自从人们开发了乳化沥青材料以来,其总用量一直在增加。但是乳化沥青只是使用过程中一种暂存形式,其最终表现的性能仍是沥青的基本性能。由于在加工过程中添加的乳化剂仍存留在沥青材料中,所以其对沥青材料性能的影响也是人们关注的一个问题。国内有人从沥青材料延度和乳化沥青材料蒸发残留物试验结果对比分析入手,研究了乳化剂对沥青材料性能的影响。

乳化剂种类、乳化剂质量优劣、乳化剂的用量都对沥青材料的性能有影响;此外沥青乳化时的各种添加剂、乳化工艺条件等都会与乳化剂起协同效应,对沥青材料的性能造成一定的影响。所以,实际应用中要考虑乳化剂对沥青性能的影响。

乳化剂对乳化沥青施工的影响也是巨大的。首先是乳化剂直接影响着乳化沥青与石料接触时的破乳方式和破乳速度,所以就有快裂乳化剂、中裂乳化剂和慢裂乳化剂之称。而破乳方式和破乳速度是影响施工的重要因素。

第三节 乳化沥青性能要求及评价指标

一、乳化沥青性能要求

尽管各国对乳化沥青的质量要求并不统一，但总体上可归纳为如下几项：

(1)沥青含量应满足规定要求。沥青乳液中沥青含量一般为50%～65%，且浇洒用乳液的沥青含量要高于拌和用的沥青乳液。

(2)沥青粒子要尽可能分散均匀。沥青乳液外观为棕褐色，无沥青沉降和凝聚现象，在显微镜下观察颗粒大小均匀、无明显团块。

(3)运输和保存中，对机械和热作用有足够的稳定性。沥青乳液经过运输和储存仍能保持沥青粒子均匀分散，无沉降现象或虽有沉降现象但经搅动后仍能恢复均匀分散。

(4)寒性。沥青乳液能在气温5～10℃下使用。经过－5℃耐冻稳定性试验应无粗颗粒或团块。

(5)使用中不存在可逆性，无再乳化的可能。即沥青乳液使用后遇雨水不再形成乳液。

根据上述的总体要求，其主要的检验项目有：外观、黏度、筛分试验、黏附性试验、分类拌和稳定度试验、反乳化试验、储存稳定性以及蒸发残留物含量和性质试验等。

二、评价指标

1. 筛上剩余量

筛上剩余量试验是为了检验乳液中沥青微粒的均匀程度。在乳化完成后，如果乳化质量不高，含有大量的粗颗粒及结块，就会使乳液产生结皮或沉淀，影响到乳液中的沥青含量。另外，在用乳液施工时，容易造成喷洒设备的堵塞，或与集料拌和不匀影响施工质量。因此，此项指标检验是确定乳化剂或乳化机械性能好坏的重要指标，也是乳液质量的重要指标。

此项试验是待乳化完的乳液完全冷却或基本消泡后(一般在乳化后，将乳液封存24h)，通过0.8mm筛孔筛子，求出筛上残留物占乳液重量的百分比，以此来确定乳液的质量。此项检验的标准是，所测乳液的筛上剩余量小于0.3%为合格。实践证明，1.2mm筛孔过大，选用0.8mm更为适宜。过去的1.2mm筛孔太大，离析的改性颗粒可从筛孔流失，因此，筛孔直径有待改进。

2. 蒸发残留物含量

乳液的蒸发残留物含量是检验乳液中实际沥青的含量。沥青含量过高，就会使乳液黏度过大，储存稳定性不好，不利于施工和储存；而沥青含量过低，就会使乳液黏度变小，施工时容易流失，不能保证一定的油石比，同时也增加了乳液的运输费用，从而得不到理想的经济效益。因此，保持适当的沥青含量是很重要的。

试验方法：将一定量的乳液经过加热脱水后，求出其蒸发残留物占乳液的百分比。如需快速得到乳液的蒸发残留物含量，可用少量的凝聚剂——酒精来离析出水，以缩短加热脱水的时间。

根据沥青乳液的不同用途，蒸发残留物的含量有不同的规定和要求。G－1 型乳液蒸发残留物含量为 60% ±1%，G－2、G－3 型乳液为 50% ±1%，B－1、B－2 型乳液为 55% ±1%。

3. 乳液黏度

对于不同的施工方法、施工季节和路面结构，都有不同的黏度要求。由于乳液的黏度不适当造成路面过早破坏的教训是不少的，因此对于乳液的黏度要求越来越高。

国外测定乳液黏度普遍是以恩氏黏度计测定结果为标准。它是在 25℃ 条件下，让乳液从 2.9mm 流孔中流出 50mL 或 100mL 所需的秒数与同样温度下流出同量蒸馏水所需的秒数的比值。我国的公路部门目前普遍采用的是道路标准黏度计测定沥青或渣油的黏度。由于乳液的黏度低，完全采用上述方法是不适宜的。经过反复的对比试验，确定以测定温度 25℃，流孔直径为 3mm，流出 50mL 所需秒数为乳液的黏度。这样的测定条件与恩氏黏度测定条件比较接近。为找出它们之间的换算关系，曾用各种不同黏度的稀释沥青进行了标准黏度与恩氏黏度的对比试验，从中找出两种试验方法测出的黏度值的关系式：

$$C_{25.3} = 5.9 + 2.47E_t \tag{5-1}$$

式中：$C_{25.3}$——道路标准黏度，在 25℃ 条件下 3mm 流孔流出 50mL 乳液的秒数；

E_t——恩氏黏度，在 25℃ 条件下，2.9mm 流孔中流出 50mL 乳液的秒数与流出同体积蒸馏水秒数的比值。

恩格拉与赛波尔特黏度换算公式：

$$E_v(\text{恩}) = 0.280 \times V_S(\text{赛}) \tag{5-2}$$

式中：E_v——测定温度条件下的恩格拉黏度；

V_S——赛波尔特黏度。

根据不同用途，沥青乳液黏度的要求为：G－1 型为 12～40s；G－2、G－3 型为 8～20s；B－1、B－2 型为 12～100s（均为道路标准黏度）。

4. 黏附性试验

此项试验是检验阳离子沥青乳液与各种集料表面的黏附性，是针对阳离子沥青乳液与湿润集料表面具有黏附特点进行的。阴离子沥青乳液无此项试验规定。

此项试验的做法是:先将干净的集料放在水中浸泡1min,然后再放入乳液中浸泡1min,取出于空气中存放20min,再于水中摆洗3min。摆洗后观测乳液与集料表面的黏附情况。但从试验中得知,这项试验受试验环境的温度、湿度、风力等因素的影响。因此,要求试验时的室温与水温应控制在25℃,湿度为45%~50%,周围无风的条件下进行测试,否则,试验结果常常出现反常现象。

如果试验时没有条件控制周围的温度与湿度,可以采用热水浸泡的方法来检验黏附效果。即将乳液中浸泡1min后的集料在室温中存放24h,再放于60℃水中浸泡5min,然后观测乳液与集料表面的黏附情况。

此项检验的标准是:摆洗或热水浸泡后的集料用肉眼观察,如集料上乳液黏附的面积大于2/3即为合格。一般用石灰石、花岗石和石英石这三种集料做检验。

在美国ASTM标准中,是以优、良、差来评价黏附试验的。"优"即乳液把集料表面完全裹覆;"良"就是黏附的面积大于脱落的面积;"差"就是脱落的面积大于黏附面积。

5. 拌和稳定性试验

此项试验是为了检验分解乳液与集料拌和时的均匀性,测定乳液与集料拌和时的分解破乳速度,以确定乳液的破乳类型,同时也可检验乳液用于拌和施工的适用性。在确定乳液破乳速度的试验中,同样受到周围环境温度及湿度的影响,因此也应控制温度在25℃左右、湿度为45%~50%的条件下进行。

拌和试验方法为将一定量的级配集料与一定量的乳液拌和,然后观察拌和效果,按表5-2来确定乳液为快裂、中裂、慢裂。

乳化沥青拌和稳定性能表 表5-2

规定骨料与乳化沥青的拌和状态	乳化沥青种类
混合料呈松散状态,沥青裹覆不均, 有时集料没有黏附沥青,有些粒料聚结成块	快裂
混合料呈松散状态,集料上沥青裹覆均匀,拌完时乳液已经破乳	中裂
乳化沥青分布均匀,拌完混合料呈糊状物,乳化沥青尚未完全破乳	慢裂

影响乳液破乳速度的因素很多,大致有以下几种:

(1)乳化剂的种类及用量的影响。乳化剂品种对乳液的破乳速度起到决定作用,同时乳化剂用量增加后也可延缓乳液的破乳速度。

(2)气候的影响。气温低、湿度大、破乳慢;气温高、风速大、湿度小,破乳快。

(3)集料的影响。集料表面的纹理粗糙、孔隙多,含水量小时,与乳液拌和,乳液中的水分很快被集料吸收,这就会缩短乳液的破乳时间;相反,集料表面密实,含水量大时,与乳液拌和即可延长破乳时间。

(4)集料颗粒级配的影响。由于细集料和填充料的比表面积大,因此细集料比例大时就具有快裂倾向。

(5)集料表面电性质的影响。集料表面如加强阳电荷时,就可延缓破乳时间。例如集料在拌和前先用 $CaCl_2$溶液预先处理,就可延缓破乳时间。

(6)外部荷载压力的影响。如在压路机或车辆的压力影响下,可以加快乳液的破乳速度。

试验方法中的粗级配拌和试验和密级配拌和试验是针对工地能用何种集料作拌和法施工的。由于乳液的破乳速度受集料和气候的影响较大,因此,根据施工使用何种级配的集料,而对应地用粗或密级配集料做拌和试验。如能通过此项试验,就说明该种乳液是适用于此工程的。如拌和效果不佳,可根据工地具体条件来选择以下几种施工措施中的一种,以便达到理想的拌和效果。这些措施包括慢裂型乳化剂、加快拌和速度、增加集料含水量、集料事先经过处理、调整集料级配等。

6. 储存稳定性试验

此项试验是检验乳液的存放稳定性。将试样存放在室温中一定时间后,观察乳液是否产生絮凝、沉淀和分离现象,从而判断乳液的允许存放时间。

此项检验是以乳液静置所需天数之后,求出上下层乳液所含沥青百分数之差来表示乳液的稳定性。储存稳定性的影响因素很多,主要是乳化剂的性能、沥青微粒尺寸、乳液中沥青含量及外界气温、湿度等。

检验标准是:乳液在特制的量筒中静置 5 天以后,上下层蒸发残留物含量之差小于 5% 为合格。

在美国 ASTM 标准中,储存稳定度是乳液在量筒中静置 24h 以后,上下层沥青含量之差小于 1% 为合格。

7. 沥青微粒的离子电荷试验

此项试验是检验乳化沥青微粒的离子电荷,以区别是阳离子乳液还是阴离子乳液。方法是在乳液中放入正负两块电极板(铜片),通入直流电,然后观察在哪个块极板上吸附有沥青微粒,从而确定乳液是阴离子型还是阳离子型。

8. 水泥拌和试验

当沥青乳液用于加固稳定砂石土底基层时,为了检验乳液与砂石土拌和的均匀性,就用普通硅酸盐水泥和乳液作水泥拌和试验。

此项试验是把乳液和水泥的混合物过 0.8mm 筛子,然后用蒸馏水反复冲洗,用筛上残留物占水泥和沥青总重的百分比来表示。由于拌和试验与温度和湿度有很大关系,因此试验要限定在温度 20 ~25℃、湿度 45% ~50% 条件下进行。

9. 低温储存稳定性试验

乳液如需在低温下储存就必须进行此项试验,以检验乳液由于低温而产生冻融现象时质量是否发生变化。此项试验是将乳液加温到25℃，然后放在-5℃环境下30min，再融化冷冻一次，然后过0.8mm筛，如果筛网上没有沥青结块等残留物，即为冻融稳定性合格。

如在夏季施工或南方不冻地区施工，乳液没有受冻的可能，就不必做此试验。

10. *蒸发残留物试验*

此项试验是检验沥青乳化之后和原沥青相比其性能有多大改变。一般在使用新乳化剂或稳定剂及其他外加剂时，都必须进行此项试验。

具体做法是：沥青乳化后，再将乳液脱水，然后按沥青试验方法对蒸发残留物进行针入度、延伸度、溶解度及软化指标检验，要求都不低于原沥青指标的90%。我国针入度与延伸度不低于80%。做此试验时，特别要注意控制脱水时的温度不能过高，否则会引起沥青老化，影响试验结果。一般认为沥青加热到基本脱水后（表面没有泡沫），再加热到160℃时，保持此温度1min，水就脱尽了。

第四节　聚合物改性乳化沥青

沥青，作为路面材料，在一定温度范围内呈现黏弹态。当温度降低时，弹性下降，脆性增加，逐渐变硬。温度下降至一定程度时，失去弹性，完全变成硬脆状态，呈现玻璃态。当温度上升时，逐渐软化，弹性下降。温度上升至一定程度时，完全软化以至流动，弹性丧失，呈现黏流态。沥青由黏弹态转变为黏流态的转变温度为沥青的软化点。沥青由黏弹态转变为玻璃态的转变温度为沥青的脆点。在路面材料中，只有在黏弹态区间内，沥青能保持正常使用性能。在脆点温度以下，软化点温度以上，沥青性能急骤变化，路面病害发生，导致路面不能正常使用。然而，沥青本身的黏弹态区间较小。改性的结果使沥青的脆点下降，软化点上升，则黏弹态区间扩大，有效使用范围扩大。除此之外，还有很重要的一点，就是延长了沥青的使用寿命，参见图5-5。

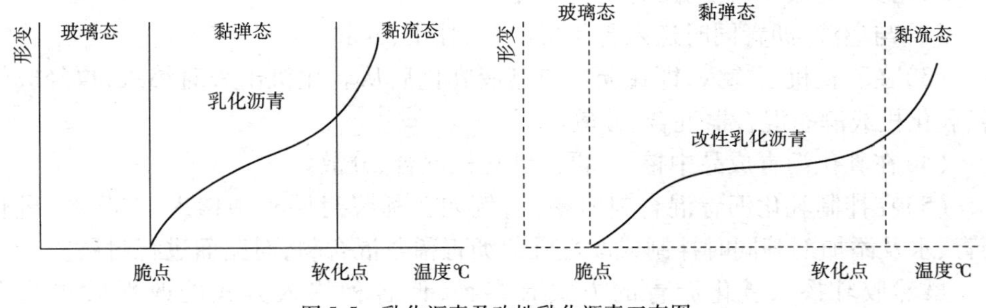

图5-5　乳化沥青及改性乳化沥青三态图

改性乳化沥青热稳定度提高，在高温下（60～70℃）不流淌。试验测定其软化点提高，并且回弹性、成膜性、黏附性均优于乳化沥青。改性乳化沥青的低温性能提高，试验测定其脆点下降，在比乳化沥青低得多的温度范围内，改性乳化沥青具有较好的抗裂性。

改性乳化沥青材料的耐久性明显提高，试验研究和工程实践都证明了这一点。

一、乳化沥青的改性方法

乳化沥青的改性方法可分为对乳化沥青改性和对改性沥青乳化两类。

对乳化沥青改性是以乳液状的高分子聚合物为改性剂，在乳化沥青生产或使用时掺入进去，成为改性乳化沥青。

对改性沥青进行乳化的方法是：先生产出改性沥青，然后再对改性沥青进行乳化。

对乳化沥青改性的方式生产的产品为水包油状的高分子聚合物沥青共存的多相分散体系，改性效果体现在乳液破乳成膜之后。对改性沥青乳化的方式生产的产品为水包油状的改性沥青的多相分散体系，高分子聚合物的改性作用在乳化前就已经存在。

二、改性乳化沥青工艺

乳液状高分子聚合物也常称为胶乳，如丁苯橡胶胶乳（SBRL）、氯丁橡胶胶乳（CRL）、乙烯－乙酸乙烯酯共聚物胶乳（EVAL）等是具有代表性的胶乳。胶乳是以水为分散介质，高分子聚合物为分散相的水包油状乳液。此外胶乳中还含有少量乳化剂、稳定剂、调节剂等助剂。根据胶乳中高聚物微粒离子所带电荷不同，胶乳有阴离子型、阳离子型、非离子型以及阳离子非离子复合型、阴离子非离子复合剂。

胶乳与乳化沥青的存在状态是相同的，在一定条件下，把两者掺配并用，就能实现对乳化沥青改性的目的。把胶乳掺入乳化沥青中的方法有多种：

（1）掺入皂液中，再与沥青进行乳化。

（2）与皂液、沥青同时送入乳化机混合、乳化、分散。

（3）在乳化机后掺入，即在沥青与皂液乳化后从乳化机出来时掺入，再经胶体磨、乳化机或静态混合器混合、分散。

（4）在乳化沥青成品中掺入，再经乳化机混合、分散。

（5）在拌制乳化沥青混合料时掺入，例如在稀浆封层机中掺入，与集料、乳化沥青、水及添加剂等同时拌制成改性乳化沥青稀浆混合料，对路面进行封层。

虽然胶乳掺入乳化沥青的方式有多种，但各种掺入方式的改性效果是有差别的，这主要取决于胶乳粒子在乳化沥青中分散的均匀程度及分散后的稳定性。

胶乳在乳化沥青中分散的均匀程度即分散度。上述五种掺入方法的分散度排序为:(1)>(2)>(3)>(4)>(5)。第一种掺入方法的分散度最好,第五种掺入方法的分散度最差。

前三种掺配方法实际上是在较高温度下进行的。第一种方法胶乳掺入时的温度实际是皂液的温度,在60~70℃,并保持该温度至乳化完。第二种方法胶乳掺入时的温度是皂液和热沥青混合的温度,在80~90℃甚至更高。第三种方法胶乳掺入时的温度与第二种基本相同。

这三种掺入方法中,第一种方法胶乳与皂液先混合,能均匀分散在皂液中,胶乳与皂液温度达到平衡一致;胶乳中乳化剂与皂液中的乳化剂相接触,打破了胶乳中原有的动态平衡,重新建立并与皂液中的乳化剂达到了一种新的平衡。当乳化时,即与沥青混合就能保持一种平衡状态,得到良好的乳化效果。

第二种方法中,由于进入乳化机时,胶乳是常温,比皂液、沥青的温度低得多,胶乳的分散、温度的平衡、乳化剂的平衡都要在乳化的同时进行。胶乳的进入会使皂液、热沥青的温度局部改变,对于乳化有不利影响;胶乳的进入会打破皂液中原有乳化剂的平衡,对于乳化有不利影响;乳化的分散均匀程度也难以得到保证。所以第二种方法不如第一种方法好。

第三种方法胶乳掺入时与乳化沥青之间有较大的温度差,一者是常温,另一者是高温80~90℃,较大的温差会使乳化沥青的温度迅速下降,温度的急骤变化会使乳化沥青的稳定性受到不良影响,严重时还可能引起破乳;胶乳和沥青乳液之间存在着乳化剂的重新平衡问题,如果新的平衡不能迅速建立,就会对乳液稳定性造成不良影响,严重时会引起破乳;乳化沥青和胶乳的黏度都较高,难以使胶乳均匀分散在乳化沥青中,为此必须增加一定的设备,如乳化机、搅拌机、静态混合器等才能达到此目的。

尽管前三种方法各有差别,但总的来说都是在较高温度下进行的,而后两种方法是在常温下进行的,由于乳液的黏度大,难以分散均匀,故效果不如前三种好。但在后两种方法中,第四种方法仍然较第五种方法效果好。第四种方法是先混合好再使用,使用时还经过拌和进一步搅拌分散,其胶乳的分散性要好,但需要增加设备和耗费一定时间,第五种则不需要。

三、乳化沥青改性剂的选择

对改性沥青乳化的方法,固体和各种液体高聚物都在改性剂的选择范围内。而对乳化沥青改性的方法可选择的改性剂只能是液体的高聚物。在液体高聚物中,本身为液态的高聚物分子量小,溶液状的高聚物含有溶剂,不适合于改性使用。

只有乳液状的高聚物胶乳是合适的改性剂。

1. 天然胶乳(NRL)

由于天然胶乳具有良好的综合性能,因此,将适量的天然胶乳和相应配合剂加入乳化沥青材料中,经过一定的工艺掺配混溶后所制备的天然橡胶胶乳改性乳化沥青材料与原乳化沥青材料相比,可降低感温性,增强弹性,尤其是可改善低温脆性,并提高低温抗裂性。天然胶乳的品种很多,但适用于乳化沥青材料改性用的天然胶乳品种并不多。可用于乳化沥青材料改性的天然胶乳主要有离心浓缩通用型天然胶乳和专用阳性天然胶乳两个品种,也可选用耐寒天然胶乳作为乳化沥青改性剂。通常离心浓缩天然胶乳可与阴离子乳化沥青或非离子乳化沥青材料掺配并用,经过一定的工艺制备成阴离子型或非离子型改性乳化沥青产品。但是,天然胶乳带负电荷,不能直接与阳离子乳化沥青材料掺配并用,若要采用天然胶乳对阳离子乳化沥青改性,建议选用特种阳性天然胶乳。

用天然胶乳对阳离子乳化沥青改性的另一个途径是:把天然胶乳加入皂液中,胶乳的负电荷被皂液中的阳离子乳化剂中和,使天然胶乳由负电荷转变为正电荷,就可以用天然胶乳改性阳离子乳化沥青。这种情况下,阳离子乳化剂的用量要大一些。

2. 丁苯胶乳(SBRL)

与乳化沥青掺配并用所制备的丁苯橡胶胶乳改性乳化沥青材料具有良好的热稳定性和耐久性。试验研究和工程实践证明,在乳化沥青材料中掺入4% ~6%的丁苯橡胶胶乳,能使乳化沥青材料的软化点提高,低温延性增加,脆点降低。由于丁苯胶乳与其他胶乳相比有良好的稀释稳定性,加之品种多、价格低,因而人们多选用丁苯胶乳作为乳化沥青材料的改性剂,以便提高乳化沥青材料的热稳定性和耐久性。SBR胶乳有阳离子型、阴离子型、非离子阴离子复合型等几种,使用时应根据需要进行选择。

3. 氯丁胶乳(CRL)

具有较好的综合性能和易于成膜以及与沥青材料混溶性好、耐老化性能优良特点,因此可以说最适合乳化沥青改性的胶乳应该是氯丁胶乳。氯丁胶乳与乳化沥青掺配并用能明显改善乳化沥青材料的黏附性和热稳定性及耐老化性、耐化学腐蚀等性能。一般可将阳离子氯丁胶乳和适量稳定剂直接掺入阳离子乳化沥青材料中,经过充分的搅拌或二次乳化制成阳离予氯丁橡胶胶乳改性乳化沥青产品。阳离子氯丁胶乳的价格比丁苯胶乳高,致使改性乳化沥青成本提高,加之氯丁胶乳的储存期短,所以实际使用并不普遍。

4. 丁腈胶乳(ABRL)

如若选用丁腈胶乳作为乳化沥青材料改性剂,则应该用低腈胶乳(20% ~

25%),尽量不用中腈胶乳,更不要采用高腈胶乳,这是因为耐油、耐热、耐溶剂性能较强的胶乳材料很难与沥青材料掺配混溶。若将低腈胶乳与乳化沥青掺配并用,则可以提高乳化沥青材料的弹性、黏附性和低温柔性以及耐老化性,同时也可以改善乳化沥青材料的耐热性,耐磨性。丁腈橡胶胶乳改性乳化沥青材料最适用于结构变形缝的填料和路面结构层的黏结材料。

5. 羧基胶乳(CRL)

由于羧基基团之间有较高的键合力和金属离子间的反应性能,因而具有成膜性能好和胶膜强度高等优点。同时由于它易渗透,结合力大,且稳定性好,能自然硫化,因此,将该胶乳与乳化沥青掺配并用制备的羧基胶乳改性乳化沥青材料比一般橡胶胶乳改性乳化沥青材料的性能更优越。羧基丁苯胶乳的性能比通用丁苯胶乳优越,并且有交联反应、易渗透、结合力大,并能自然硫化等特点,因此,在选用乳化沥青改性材料时,若选用通用型丁苯胶乳,不如选用竣基丁苯胶乳。

6. 丁基胶乳(IIRL)

若将适量的丁基胶乳与乳化沥青掺配并用,则可以改善乳化沥青材料的感温性,提高耐老化性能。由于丁基胶乳具有极佳的气密性、抗透水性以及优异的耐分解性,因此将丁基橡胶胶乳改性乳化沥青材料用于各种结构的防水层处理或作为结构封层的胶结材料更为适宜。

7. 再生橡胶

再生橡胶通常为细粉末状(脱硫后)或细颗粒状(未脱硫)。如果把再生橡胶胶粉直接加入乳化沥青中,则会引起乳液破乳。但可以在拌和乳化沥青混合料时加入。在乳化沥青混合料中加入再生橡胶胶粉,可以改善混合料的性能,如弹性增强,高温稳定性提高,低温稳定性好转。加入再生橡胶胶粉后,沥青的用量应相应提高,因为橡胶的吸油率非常高。

8. 乙烯—乙酸乙烯胶乳(EVA)

乙烯—乙酸乙烯胶乳(EVA)胶乳具有柔软、耐水、耐碱和耐光性等优点,尤其是黏结性特别好;但在普通溶剂中可溶解,耐化学性、耐老化性较差。所以 EVA 胶乳改性乳化沥青是良好的黏层油,也可用于下封层,但不适合于面层使用。

9. 热塑性丁苯橡胶胶乳(SBS)

SBS 人造胶乳适用于乳化沥青的改性。SBS 胶乳改性乳化沥青的蒸发残留物软化点提高,低温延度增长,黏韧性、韧性加大。某品牌 SBS 胶乳改性乳化沥青的性能如表 5-3。SBS 胶乳的使用方法:将 SBS 胶乳与乳化剂水溶液混合,搅拌均匀,调整皂液 pH 值至胶乳剂所要求的值,搅拌 10min 以上,升温至 60 ~ 70℃,与熔融的热沥青同时进入乳化机,制成改性乳化沥青。

SBS 改性乳化沥青蒸发残留物的性质 表 5-3

项目名称	基质乳化沥青蒸发残留物	SBS 改性乳化沥青蒸发残留物		
		SBS3%	SBS5%	SBS7%
针入度(25℃)(0.1mm)	130	107	97	74
软化点 (℃)	42	48	79	81
延度(5℃)(cm)	8	31	58	67
延度(7℃)(cm)	20	40	70	78
延度(15℃)(cm)	100 +	100 +	100 +	100 +
黏韧性 (N·m)	1.2	3.1	2.0	15.2
韧性 (N·m)	0.4	1.9	9.5	11.1

液体 SBS 是用于热沥青、乳化沥青的改性剂。它能够和沥青中的羧基、酚羟基进行反应,形成稳定的化学键,有效改善两者间的相溶性,从而形成稳定的液态体系。对热沥青改性时,液体 SBS 可以直接加入热沥青中,搅拌均匀即可,不需要胶体磨研磨,从而降低加工成本。对于乳化沥青改性时,液体 SBS 可以与乳化剂同时加入水中,配制成皂液,与熔融的热沥青同时进入乳化机,制成改性乳化沥青。液体 SBS 的最大特点是可以与阴离子、阳离子、非离子等各种乳化剂匹配,生产出多种 SBS 改性乳化沥青。

10. 纤维

纤维可作为沥青、乳化沥青混合料稳定剂使用。在沥青混凝土中使用增强纤维,已有 20 多年历史。早期在水库的沥青衬砌中掺加石棉纤维,曾经取得过良好的防止开裂渗水的效果。现在纤维的种类已经很多,主要有植物纤维、矿物纤维、合成纤维三大类,另外还有玻璃纤维。

生产沥青玛蹄脂碎石混合料时必须采用纤维稳定剂。在缺乏纤维的情况下,可使用改性沥青代替,但不能完全起到纤维的作用。最早在德国发现加了纤维以后可以有效地提高混合料的高温稳定性和抵抗埋钉轮胎的磨耗,后来纤维逐步成为 SMA 的必需成分。其原因与 SMA 使用较多的矿粉与沥青结合料有关。纤维有以下作用:

(1)加筋作用。在 SMA 混合料中掺加的纤维以一种三维的分散相存在,犹如农民盖土坯房时向抹墙的灰泥中掺加草筋一样,也像各种钢纤维混凝土、土工格栅、土工布等等加筋材料一样,可以起到加筋作用。

(2)分散作用。如果没有纤维,用量颇大的沥青矿粉很可能成为胶团,不能均匀地分散在集料之内，铺筑在路面上将清楚地看见“油斑”存在，纤维可以使胶团适当分散。

(3)吸附及吸收沥青的作用。在SMA混合料中加入纤维稳定剂的作用在于充分吸附(表面)及吸收(内部)沥青，从而使沥青用量增加，沥青油膜变厚，提高混合料的耐久性。

(4)稳定作用。纤维使沥青膜处于比较稳定的状态，尤其是在夏天高温季节，沥青受热膨胀时，纤维内部的空隙还将成为一种缓冲的余地，不致成为自由沥青而泛油，对高温稳定性也有好处。

(5)增黏作用，提高黏结力。纤维将增加沥青与矿料的黏附性，通过油膜的黏结，提高集料之间的黏结力。

11. *矿物纤维*

矿物纤维为惰性物质，不易与沥青油分产生化学变化，经表面处理后其吸附性极佳，有利胶结材料之固化。沥青混凝土添加矿物纤维后可增加沥青胶泥之黏滞度、增加其韧性且提高沥青混凝土之劲度；降低沥青胶泥之感温性，减少车辙及裂缝之发生；可以有效提高沥青油分含量而无垂流发生；沥青油膜可以有效增厚，增加沥青混凝土之使用寿龄，延缓沥青胶泥之老化。矿物纤维有效固化加劲沥青胶泥，提高结合性及剪力强度。在以上前提下可有效利用跳跃级配，促使铺面结构强化，有效提高承载及高承重道路之服务能力。

纤维添加物与传统拌和方式及拌和环境之工作界面并无改变，生产流程及品质亦易于控制。纤维之机械固合及物理特性，促使沥青混凝土除了维持原有之贴合性及工作性外，尚可因更好的品质特性，而有新的应用方式及全功能的服务。

12. *植物纤维*

植物纤维特点是比表面积高，具有更好的结合性，在沥青中形成三维网络，可阻碍沥青的流动。路用纤维具有与酸性集料、中性集料良好的吸附性，能很好地与沥青、矿粉、少量细集料组成沥青玛蹄脂结合料，包裹在粗集料的表面，使粗集料具有良好的嵌挤，在不需增加任何稳定剂的情况下就能达到抗低温变形及提高与矿料的黏结力，从而全面提高沥青路面的使用性能，如抗滑耐磨，抗疲劳，抗高温车辙；延长沥青路面使用寿命，减少养护费用；提高沥青路面的抗拉与结合强度；对集料的属性无限制；连续摊铺时，路面平整度高，接缝好。具有良好的排水性；降低噪声，符合环境要求。经静电处理，在拌和材料及胶结材料(沥青油分)中扩散性极佳，可均匀混合于材料中。

改性乳化沥青的生产工艺流程见图5-6。

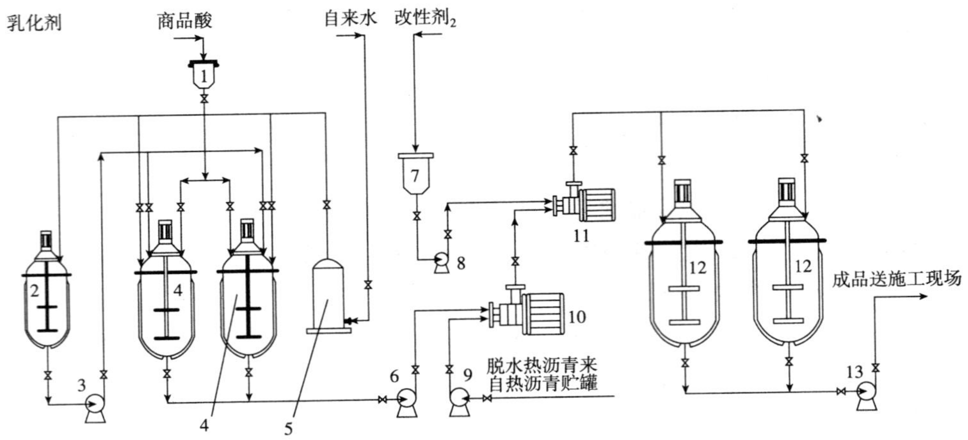

图 5-6　改性乳化沥青生产工艺流程图

1-酸液计量罐;2-乳化剂溶解罐;3-乳化剂溶液泵;4-皂液配制罐;5-热交换器;6-皂液泵;7-改性剂贮罐;8-改性剂泵;9-热沥青泵;10-胶体磨;11-乳化机;12-成品贮罐;13-成品输送泵

四、复合改性乳化沥青

由于一种胶乳改性乳化沥青往往不能达到理想的改性效果,采用两种胶乳复合改性乳化沥青就可以同时从两方面达到改性的目的,例如:丁苯橡胶乳 SBRL 改善沥青低温性能的效果好;热塑性丁苯橡胶 SBS 改善沥青低温、高温性能的效果好,但价格昂贵;聚乙烯乙酸乙烯酯 EVAL 的黏结性能好;氯丁胶乳 CRL 改善沥青高温性能的效果好;用 SBR 胶乳和 EVA 胶乳复合改性乳化沥青,可以在我国北方大部分地区用于黏层油;用 CR 胶乳和 EVA 胶乳复合改性乳化沥青,可以在我国南方大部分地区用于黏层油。

复合改性乳化沥青在材料特性、经济性和实用性等方面可以归纳为以下四点:

(1)复合改性乳化沥青对沥青混凝土和水泥混凝土材料都有良好的黏结力,并且具有良好的温度稳定性,因此适用于高速公路沥青路面施工的黏层或透层。

(2)由于复合改性乳化沥青中的改性成分相互交连成网状,大大限制了沥青成分中胶粒的自由度,当这种复合材料在道路表面成型后,不会与行驶中的工程车车轮发生粘连脱落,也不会引起摊铺机胶轮或履带打滑的麻烦,所以为交叉施工、加快工程进度以及保证施工最终质量创造了必要条件,这是普通黏结材料所不能相比的。

(3)复合改性乳化沥青的各种材料均为国内产品,因此造价合理,经济实用。

如果配以可移动式乳化沥青生产设备,可以大大减少这种水乳液体不必要的长距离运输所发生的费用,也可以满足工程尽可能大范围内的使用。

(4)施工中把二次污染降至最低点,深受操作工人和周边群众的欢迎。复合改性乳化沥青生产工艺主要是胶乳的选择和胶乳的加入方法,其他与改性乳化沥青生产工艺基本相同。

胶乳的加入方式应采取一种加入皂液中,另一种在胶体磨后加;一般不采取两种胶乳混合在一起然后加入的方式。因为两种胶乳混合后的稳定性往往不好,甚至引起破乳。如果先把一种加入皂液中,则由于皂液中沥青乳化剂会与胶乳中的乳化剂重新分布达到新的平衡,稳定性要好得多。

全自控复合改性乳化沥青的生产工艺流程见图5-7。

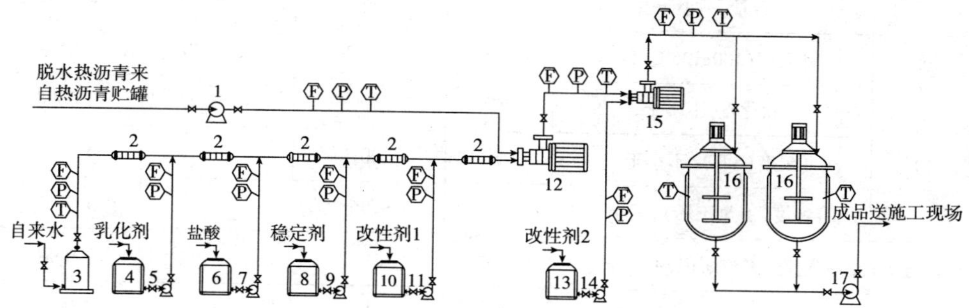

图5-7 全自控复合改性乳化沥青生产工艺流程

1-热沥青泵;2-静态混合器;3-热交换器;4-乳化剂贮罐;5-乳化剂泵;6-盐酸贮罐;7-盐酸泵;8-稳定剂贮罐;9-稳定剂泵;10-改性剂1贮罐;11-改性剂1泵;12-胶体磨;13-改性剂2贮罐 14-改性剂2泵;15-乳化机;16-成品贮罐;17-成品输送泵

五、改性乳化沥青技术标准

1. 我国改性乳化沥青技术标准

为了满足高等级公路建设和维修养护的需要,我国交通部制定了改性乳化沥青技术要求以及稀浆封层和微表处的技术规范,自2005年1月1日起实施。我国改性乳化沥青的品种及适用范围见表5-4,改性乳化沥青技术要求见表5-5。

改性乳化沥青的品种及适用范围 表5-4

品种		代号	适用范围
改性乳化沥青	喷洒用	PCR	黏层、封层、桥面防水黏结层用
	拌和用	BCR	改性稀浆封层和微表处用

改性乳化沥青技术要求 表5-5

试验项目		单位	品种及代号		试验方法
			PCR	BCR	
破乳速度		—	快裂或中裂	慢裂	T 0658
粒子电荷		—	阳离子(+)	阳离子(+)	T 0653
筛上剩余量(1.18 mm),不大于		%	0.1	0.1	T 0652
黏度	恩格拉黏度 E_{25}	—	1~10	3~30	T 0622
	沥青标准黏度 $C_{25,3}$	S	8~25	12~60	T 0621
蒸发残留物	含量,不小于	%	50	60	T 0651
	针入度(100g,25℃,5s)	0.1 mm	40~120	40~120	T 0604
	软化点,不小于	℃	50	53	T 0606
	延度(5℃),不小于	cm	20	20	T 0605
	溶解度(三氯乙烯),不小于	%	97.5	97.5	T 0607
与矿料的黏附性,裹覆面积,不小于		—	2/3	—	T 0654
储存稳定性	1d,不大于	%	1	1	T 0655
	5d,不大于	%	5	5	T 0655

注:(1)破乳速度与集料附性、拌和试验所使用的石料品种有关。工程施工质量检验时应采用实际的石料试验,仅进行产品质量评定时可不对这些指标提出要求。

(2)当用于填补车辙时,BCR蒸发残留物的软化点宜提高至不低于55℃。

(3)储存稳定性根据施工实际情况选择试验天数,通常采用5d,乳液生产后能在第二天使用完时也可选用1d,个别情况下改性乳化沥青5d的储存稳定性难以满足要求,如果经搅拌后能够达到均匀一致并不影响正常使用,此时要求改性乳化沥青运至工地后存放在附有搅拌装置的贮存罐内,并不断地进行搅拌,否则不准使用。

(4)当改性乳化沥青或特种改性乳化沥青需要在低温冰冻条件下储存或使用时,尚需按T0656进行-5℃低温储存稳定性试验,要求没有粗颗料、不结块。

2. 外国改性乳化沥青技术标准

美国各州微表处用改性乳化沥青技术标准如表5-6,各州的技术标准有所不同。日本乳化沥青协会JEAAS(Japan Emulsifier Asphalt Association Standard)1994年修订的改性乳化沥青的检验标准如表5-7。匈牙利的阳离子乳化沥青标准MSZ 3246-1996中明确规定了拌和法改性乳化沥青标准,如表5-8。

美国不同地区微表处用改性乳化沥青技术标准　　表 5-6

州　　名		阿拉巴马	伊利诺斯	堪萨斯	俄克拉荷马	宾西法尼亚	维吉尼亚	杯俄明
筛上剩余量 0.85mm(%)		<0.01	<0.10	<0.5	<0.1	<0.1	–	<0.1
储存稳定性	1d (%)			<1			–	<1
	5d (%)	<0.1	<0.1	<5	<1	<1		
赛波特黏度 (S)		20～15	15～100	10～60	20～100	<100	20～100	20～100
蒸馏方法		–	177℃ 15min	177℃ 20min	204℃ 15min	177℃ 15min	–	–
固含量 (%)		>60	>62	>57	>62	>62	>62	>62
蒸馏残留物性质	延度(15℃)(cm)	>40	>50	>80	>70	>40(15.5℃)	>40	>40
	溶解度 (%)	>97.5	>97.5	>97.5	>97	>96	>97.5	>97.5
	针入度(25℃)(0.1mm)	60～110	40～80	50～100	40～90	40～90	40～90	40～90
	软化点(℃)	–	>60	–	>57	>60	>60	>57
	动力黏度(60℃)(Pa·S)	–	>800	–	>800	>800	–	–
	测力延度比率	–	–	–	–	–	0.5	
聚合物用量(%)		–	–	>3	–	–	–	–

日本 JEAAS 改性乳化沥青技术标准　　表 5-7

试 验 项 目		单位	PKR－T		PKR－S		MK－C
			1	2	1	2	
恩格拉黏度(25℃)		–	1～10		3～30		–
筛上残留物(1.18mm)		%	<0.3		<0.3		<0.3
黏附性		–	>2/3		>2/3		–
电荷		–	阳(+)		阳(+)		阳(+)
蒸发残留物含量		%	>50		>57		>60
	针入度 (25℃)	0.1mm	60～100	100～150	100～200	200～300	>40
	软化点	℃	>48.0	>42.0	>42.0	>36.0	>50

续上表

试验项目			单位	PKR－T		PKR－S		MK－C
				1	2	1	2	
蒸发残留物性质	延度	7℃	cm	>100	－	－		>30
		5℃	cm	－	>100	>100		(15℃)
	黏韧性	25℃	N·m	>2.9	－	－		3.0
		15℃	N·m		>3.9	>3.9	>2.9	
	韧性	25℃	N·m	>1.5	－	－		2.5
		15℃	N·m		>2.0	>2.0	>1.5	－
	灰分		%	<1.0		<1.0		－
储存稳定性(24h)			%	<1		<1		<1
冰冻稳定性(－5℃)			－	－	无粗粒 无结块	－	无粗粒 无结块	－

匈牙利拌和法阳离子改性乳化沥青技术标准 表5-8

试验项目		单位	L－KFB60(PmB－A)	L－KFB65(PmB－A)	试验方法
沥青含量		%	>60	>65	MSZ 3245/1
筛分(0.63mm)		%	<0.5	<0.5	MSZ 3245/3
储存稳定性(7d)		%	<0.5	<0.5	MSZ 3245/4
pH 值			5.0	5.0	M1
对玄武岩硬化时间		min	>30	>30	MSZ 3245/5
对玄武岩黏附性 (测点)			>90	>90	M2
蒸发残留物	软化点	℃	>40	>40	MSZ 13162
	弹性恢复率(25℃)	%	>50	>50	Ut 2－3.502

从表5-6到表5-8可以看出，各国对乳化沥青残留物性能测定所要求的项目有所不同，除延度、溶解度、针入度、软化点外，美国还要求60℃动力黏度，日本还要求黏韧性和韧性，匈牙利还要求25℃弹性恢复率，我国只要求延度、溶解度、针入度、软化点。在残留物提取方面，美国采用蒸馏法，日本、匈牙利采用蒸发法，我国仍保留了蒸发法。

总体上，高聚物改性乳化沥青具有普通乳化沥青不可相比的优异性能，是当今快速发展的高等级公路建设和养护必不可少的材料，特别是在预防性养护中尤为重要。但是，高聚物改性乳化沥青应用技术是新材料、新工艺、新设备相结合的综合技术，较之普通乳化沥青应用技术而言，是难度更大的一门技术，必须经过一定的学习、实践,取得经验,才能完全掌握。同时也只有正确的使用,才能体现出高聚物改性乳化沥青的优越性。

乳化沥青在我国的发展已有近30年的历史,而高聚物改性乳化沥青在我国的发展也已有近20年的历史。近30年来我国在乳化沥青、高聚物改性乳化沥青技术方面的发展速度还是相当惊人的。相信在不远的将来,中国的乳化沥青技术将会全面走向世界领先的地位。

第五节 乳化沥青在道路工程中的应用

由于乳化沥青是一种含水的沥青材料,在常温下呈流动状态,因此可在常温下用潮湿的矿料筑路养路。乳化沥青在道路工程中应用很广,可以用于表面处治、贯入式路面及沥青碎石、沥青混凝土等路面结构,还可用作透层油、黏层油、封层油、稀浆封层等,也可用于旧沥青路面材料的冷再生及砂石路面的防尘处理。

乳化沥青的各种不同的用途,各有其不同的技术要求与施工方法,必须严格地按照规定的要求,方能保证施工质量。由于乳化沥青混合料的成型有个过程,因此其早期强度较低,应注意做好路面的早期养护,用适当的措施提高路面早期强度。阳离子乳化沥青的技术性能好,它与矿料的黏附靠电荷吸附,与大部分石料都能很好黏结,适用性能广泛,并能在矿料潮湿和气温较低的情况下应用。因此,在我国阳离子乳化沥青应用比较广泛,乳化剂品种也比较多样。阴离子乳化沥青由于其乳化剂价格便宜,具有较好的经济效益,在我国也得到了应用。阴离子乳化沥青与碱性石料黏附性好,在我国南方盛产石灰石的地区得到大量应用。这两种乳化沥青各有其特点,应根据施工条件的需要,因地制宜、因时制宜、扬长避短地选择使用。

一、乳化沥青表面处治路面

乳化沥青表面处治是铺筑厚度在1.0~3.0cm的一种薄层路面。表面处治适用于三级及三级以下公路、各级公路施工便道以及在旧沥青面层上加铺罩面层或磨耗层。表面处治由于厚度较薄,在计算路面厚度时,其强度一般不计算在内。表面处治能改善行车条件,保护基层免受行车的直接磨损、破坏,防止地表水及其他自然因素的破坏作用。

乳化沥青表面处治路面可采用拌和法或层铺法施工。拌和法施工同乳化沥青碎石混合料路面施工。层铺法施工可分为单层、双层和多层,单层和双层表处可用于轻交通量道路的面层或旧沥青路面的封层罩面,可以作为路面的磨耗层或保护层;多层表面处治在强基层上可作为较重交通道路的路面结构层。

层铺法乳化沥青表面处治采用的集料最大粒径应与处治层的厚度相当，其余各层的嵌缝料均为单一粒径的石料，这样的石料互相嵌锁性能较好，能使石料颗粒互相产生横向支承，能最大限度地发挥嵌锁作用，防止石料被行车推移。

二、乳化沥青贯入式路面

乳化沥青贯入式路面是在初步压实主集料上喷洒乳液后，再分层撒铺嵌缝料、喷洒乳液，逐层压实的路面结构。这种路面适用于二级及二级以下的公路，也可作为沥青混凝土路面的联结层。

由于乳化沥青贯入式路面的空隙率比较大，地表水容易渗入基层，因此其最上层应撒布封层料或加铺拌和层。如铺筑在半刚性基层上时，应铺筑下封层。作为联结层使用时，可以不撒表面封层料。

乳化沥青贯入式路面最好选择在干燥和较热的季节施工，并应在雨季前及日最高气温低于15℃以前半个月结束，这样能使贯入式结构层通过开放交通行车碾压，在不利季节到来之前完全成型。

乳化沥青贯入式路面的集料应选择有棱角、嵌挤性好的坚硬石料，当选用破碎砾石时，其破碎面要大于40%。贯入层主集料中大于粒径范围中值的数量不得少于50%。表面不加拌和层的乳化沥青贯入式路面，在施工结束后，每1000m^2路面应另备2～3m^3与最后一层嵌缝料规格相同的石屑或粗砂等，以供初期养护使用。

三、乳化沥青碎石混合料路面

乳化沥青碎石混合料路面适用于三级及三级以下公路的沥青面层，二级公路的罩面施工以及各级公路沥青路面的联结层或整平层。乳化沥青碎石混合料路面的沥青面层宜采用双层式：下层采用粗粒式乳化沥青碎石混合料，上层采用中粒式或细粒式乳化沥青碎石混合料。单层式只适用于少雨干燥地区或半刚性基层上使用。在多雨潮湿地区必须做上封层或下封层。

四、乳化沥青混凝土路面

乳化沥青混凝土路面可用于高等级公路的路面或下面层，也可以在城市道路上应用。这种路面在我国应用范围不很广，还缺乏足够的经验和实践，因此在规范中没有列入。

五、旧沥青路面材料冷再生

随着我国经济的高速发展，公路上的交通量也急剧增长，许多沥青路面的原有设计已不能满足现有行车的需要。而采取一般的养护措施已不能解决问题，必须按新的设计要求进行翻修改建，这样就有大量的废旧沥青材料需要处理。这些废旧沥青材料对于缺乏砂石料的地区也是宝贵的资源，过去一般采用热法再生利用，需消耗大量能源，并且污染环境，工序繁杂，成本较高。近年来我国用乳化沥青进行冷法再生利用，其工序简便、可节省材料、降低工程造价，在缺少砂石料地区，将旧沥青路面材料冷法再生利用会取得较好的经济效益。

六、袋装常温沥青混合料

袋装常温沥青混合料是用一定级配的矿料与适量的特制黏结料，加入适量的软化剂或添加剂，在常温下拌和并装袋密封储存的一种筑养路材料。此种材料具有节省能源、运输简便、施工方便等特点，特别适用于修补沥青路面的坑槽。

袋装常温沥青混合料一般分为两种类型，即溶剂型和乳剂型。溶剂型常温沥青混合料是在一定条件下，用稀释沥青与矿料在常温下拌和而成；乳剂型常温沥青混合料是在一定的条件下，用慢裂型乳化沥青和一定量的添加剂与矿料拌和均匀然后装袋而成。

七、透层、黏层和封层

1. 透层

透层是为使沥青面层与非沥青材料基层结合良好，在沥青路面的级配砂砾、级配碎石基层及水泥、石灰、粉煤灰等无机结合料稳定土或粒料的半刚性基层上浇洒乳化沥青而形成的透入基层表面的薄层。透层油对于在非沥青材料基层上铺筑沥青面层是必须的，也是乳化沥青最主要的用途之一。有的工程取消了透层油，致使有的路段出现了月牙形推挤裂纹病害，这是不对的。

2. 黏层

黏层沥青的作用是使上下沥青层、新铺沥青层与原有沥青路面或水泥混凝土路面及沥青混合料与构造物完全黏结成一整体。

下列情况时应浇洒黏层乳化沥青：双层式或三层式沥青混合料路面在铺筑上层沥青面层前，其下面的沥青层已被污染（但当连续摊铺并且未受到污染时可省去黏层）；旧沥青路面上加铺沥青层；水泥混凝土路面上铺筑沥青面层；与新铺沥青混合料接触的路绿石、雨水口、检查井等的侧面。

3. 封层

为封闭沥青面层的表面空隙，防止水分侵入面层或基层而铺筑的沥青混合料薄层。铺筑在面层表面的称为上封层，铺筑在面层下面的称为下封层。

（1）上封层

①沥青面层的空隙较大，远水严重。

②有裂缝或已修补的旧沥青路面。

③需加铺磨耗层改善抗滑性能的旧沥青路面。

④需铺筑磨耗层或保护层的新建沥青路面。

上封层采用拌和法或层铺法施工的单层式乳化沥青表面处治，也可以采用乳化沥青稀浆封层。

(2)下封层

①位于多雨地区，并且沥青面层混合料空隙率较大。

②在铺筑基层后，不能及时铺筑沥青面层，并且需开放交通时。

③在半刚性基层上做乳化沥青下封层。

(3)半刚性基层下封层。随着半刚性基层在我国的发展，二灰碎石、水泥稳定土/砂砾、三渣路基等半刚性基层在高等级公路建设中使用越来越普遍，总结在半刚性基层上做乳化沥青下封层的实践经验，有一定的现实和普遍意义。在半刚性基层上做乳化沥青下封层有以下作用：

①在路基水化养生期间和最佳含水量时，提供一个沥青密封保护膜，防止内部水化水蒸发，使路基水化作用充分进行，达到较高的承载强度。

②防止雨、雪水下渗，开放临时交通时保护基层表面不受损坏。

③黏结基层与沥青面层，延迟反射裂缝。

半刚性基层下封层的材料选择乳化沥青应满足以下要求：

①黏附性能：为防止脱皮，应保证沥青面层与半刚性基层良好有效的黏结。

②油膜成型状况：所用配方应使乳化沥青在洒布时不流淌，能形成均匀的油膜。

③工作性：乳化沥青在储存、泵送及洒布特性良好，不离析结皮。

④一定的渗透性。

乳化沥青洒布量范围应从0.7～1.8L/m^2选取，同时考虑油膜状况、基层渗透状况、是否发生流淌以及经济性等方面。

本章思考题

1. 乳化沥青材料具备哪些技术优越性？其类型和生产方式有哪些？

2. 乳化沥青材料的推广应用已成为公路养护发展的趋势，结合各地使用情况，试分析目前存在哪些问题和今后有待于完善的相关技术措施。

3. 简述乳化沥青材料质量控制方法。

第六章

沥青路面再生利用技术

第一节 概 述

沥青路面再生技术，是将需要翻修或者废弃的旧沥青路面，经过翻挖回收、破碎、筛分，再和新集料、新沥青材料适当配合，重新拌和，形成具有一定路用性能的再生沥青混合料，用于铺筑路面中、下面层或路面基层的整套工艺技术。

路面使用一段时间后，由于自然条件、车辆荷载等因素造成的路面早期破损，面临着维修、翻修或改建的问题，并由此产生大量的沥青废料。倘若不加以有效利用，不仅占用宝贵土地，引发二次环境污染，而且将造成资源的极大浪费。研究发现，废旧沥青混合料只是在功能上有所降低，除其中的沥青存在部分老化外，砂、石等粗细集料从性能上讲并未失效。

因此，对废旧沥青混合料进行回收、重新加热，通过试验确定掺入适量沥青、再生剂和集料进行拌和，完全可以作为新拌沥青混合料用于路面结构。沥青路面的再生技术，能够节约大量的沥青和砂石材料，节省工程投资，同时有利于处治废料，节省能源，保护环境，因而具有显著的经济效益和社会、环境效益。近年来，世界各国广泛进行沥青路面再生技术的试验研究，取得丰硕的成果，并且已在生产中大面积推广应用。沥青路面再生技术已成为当代公路建设中的重大科学技术之一。

沥青混凝土路面一般设计年限为 15 年，实际上，通常使用年限仅 10 年左右。所以每隔 10～15 年，沥青混凝土路面就需要翻修一次。我国公路建设发展迅速，经过 10 多年的建设，目前高速公路总里程已经跃居世界第二位。如按照沥青路面的设计寿命 15 年，从现在开始，我国的许多高速公路都已进入大、中修期，每年翻修开挖出来的旧沥青混合料将超过 200 万吨。而我国目前的公路建设每年以 2000 亿元投资规模飞速发展，加上我国道路石油沥青含蜡量高，优质道路石油沥青大部分依赖进口，因此，无论是从能源的角度看还是从环保的角度看，旧沥青路面再生利用技术目前在我国都应该得到重视和发展。

一、沥青路面再生技术分类

沥青路面再生利用技术可分为：厂拌热再生、就地热再生、就地冷再生、厂拌冷再生四种施工方法。厂拌热再生就是将旧路面铣刨废料运回沥青拌和厂，按一定的比例和新沥青材料、再生剂、新集料在热态下混合、搅拌，形成符合要求的沥青混合料。就地热再生也称热表面再生，主要是指加热旧路面面层至要求的深度（一般不超过3cm），翻松旧路面，添加还原或再生剂，重新铺筑成型的施工方法。厂拌冷再生是用乳化沥青或热态的低黏度沥青与常温的废旧沥青混合材料、新集料拌和成再生混合料，运至工地后，经摊铺压实而成路面的施工方法。就地冷再生是指对旧路面进行冷破碎、翻松，添加乳化沥青及其他外加剂，拌和、摊铺、压实而成路面的施工方法。

在工程中采用何种工艺，主要应考虑旧路面基层损坏情况和沥青路面面层的厚度，推荐应用工艺方案如表6-1所列。

沥青路面再生工艺的选择方案 表6-1

基层情况	面层厚度（mm）	再生工艺方案
损坏	90～200	厂拌再生
完好	≤40	厂拌再生
	40～60	厂拌再生或就地再生
	≥60	就地再生

二、国内外沥青路面再生技术概况

1. 国外路面再生技术

沥青路面再生利用技术始于美国，1915年他们首先进行了再生利用的试验研究。但以后由于大规模的新路建设，这项技术没有得到足够的重视，进展缓慢。直到1973年石油危机爆发，这项技术才又引起人们的重视并迅速在全国推广应用。美国联邦公路局、材料与试验协会等单位经常召开有关旧沥青路面再生利用的各种学术会议，有力地推动了该项研究工作；1981年，美国交通运输研究委员会编制出版了《路面废料再生指南》；美国沥青协会分别于1981年和1983年出版了《沥青路面热拌再生技术手册》、《沥青路面冷拌再生技术手册》，这为旧沥青路面再生利用提供了重要的理论依据。随后由于技术日趋成熟，到1985年再生沥青混合料的用量就增加到近2亿吨，几乎占全部路用沥青混合料的一半。与此同时美国在再生剂开发、再生混合料的设计、施工设备等方面的研究也日趋深入，沥青路面的再生利用在美国已是常规实践。

前苏联对旧沥青路面再生利用技术的研究也比较早，1966年出版了《沥青混凝土废料再生利用技术的建议》，但实际应用不多。1979年出版的《旧沥青混凝土再生混合料技术标准》中详细介绍了各种再生方法，并规定了再生混合料只可用于高等级路面的基层和低级路面的面层，说明当时的再生混合料再生效果还不是很好。1984 年又出版了《再生路用沥青混凝土》一书，详细阐述了就地再生和工厂再生的方法。

日本从 1976 年开始进行再生沥青混合料应用技术的研究，1980 年厂拌再生沥青混合料累计达 50 万吨。日本道路协会于 1984 年出版了《路面废料再生利用技术指南》，并且就有关厂拌再生技术编成了手册，极大地推动了路面再生利用技术的发展。到 2002 年再生沥青混合料已达 4167.1 万吨，占全年沥青混合料产量的 54.77%，极大地节约了材料、投资，并有效保护了环境。

欧洲一些国家对沥青路面再生技术的研究开展的相对较晚。其中联邦德国再生技术研究的发展速度较快，不仅首先将厂拌再生沥青混合料应用于高速公路路面养护，而且到 1978 年已经将全部废旧沥青路面材料加以利用。芬兰现在几乎所有的城镇都在组建沥青路面废料的收集和储存工作。据欧洲 EAPA 在互联网上公布，其成员国的旧沥青混合料已 100% 被再生利用。

纵观欧、美、日国家对再生沥青混合料应用技术的研究及其发展状况，可以看到，他们在再生沥青混合料拌制工艺以及与之配套的各种加热、铣刨、计量机具的研制方面，都取得了很大的成就，已经形成了一套完整的沥青再生利用技术，达到了规范化和标准化的程度。但是在大功率、高质量、低成本的再生方法及再生设备的研究上，还有待完善。

2. 国内路面再生技术

20 世纪 70 年代我国开始对旧沥青路面再生利用技术的可行性、经济性和实际应用进行了大量的试验研究，并不同程度地利用废旧沥青混合料进行再生试验路铺筑，但都将其作为废料利用，一般只用于轻交通道路、人行道或道路垫层。山西、湖北、河北等省的公路养护单位在国内较早进行旧沥青混凝土路面回收利用的研究。1982 年山西省结合沥青混凝土路面的大、中修工程共铺筑重点试验段 80 余公里，湖北省公路局发动全省各公路养护单位进行了再生利用试验研究。1983 年建设部下达了“废旧沥青混合料再生利用”的研究项目，试验路观测结果证明，再生路面的综合使用品质不低于常规热拌沥青混凝土路面。湖南省将乳化沥青加入旧渣油表处面层料，并分别用拌和法和层铺法修筑了再生试验路，也证明了其技术的可行性和经济性。1991 年建设部发布了《热拌再生沥青混合料路面施工及验收规程》(CLT 43 -91)，指出再生沥青混合料所需的集料、沥青的品质和混合料的技术要求，应符合不用废料的普通沥青混合料的有关规定。但是自 20 世纪 90 年代以来由于大规模公路建设，旧沥青路面再生利用工作处于停滞状态。

近几年，一些早期修建的沥青路面相继进入维修养护期，每年约有 12% 的沥青路面需要翻修,沥青混凝土路面再生技术又重新引起广泛重视。一些公路科研、生产单位开始尝试着将旧沥青路面进行从中轻交通量的简单再生逐步向高等级公路旧沥青路面再生技术发展,并在沥青再生剂、再生沥青路面修筑技术方面取得了一定进展。

总之,旧沥青路面再生利用技术在我国基本上处于初始阶段,对再生利用技术的研究也是以实用技术为重点。目前我国还没有研制出合适的再生剂以及沥青路面再生机械设备,也没有建立再生沥青混合料性能评价方法和指标体系等。这些都是旧沥青混合料再生需要解决的关键技术,也是我国真正推广旧料再生技术的一个重要前提,说明了我国对旧沥青混合料再生技术的研究是很有必要的。

第二节　厂拌热再生技术

所谓厂拌热再生技术,是将旧的沥青路面混合料切削回收,集中到再生拌和厂,再根据旧混合料技术性能的变化,掺入不同的添加材料,然后拌和成符合路面技术性能要求的再生混合料,运入施工现场,摊铺并碾压成为新的沥青路面。厂拌再生技术在国内外应用非常普遍,其施工机械为多台功能单一的再生设备如路面铣削机(或冲击镐)、破碎筛分机、再生拌和机、运输厂拌设备、路面摊铺机及压路机等共同配合,完成全部再生作业。厂拌再生通常均采用热拌再生技术,再生混合料的级配、新旧料的掺配比例、温度及拌和均匀程度等,均由再生拌和设备进行控制。因此,沥青路面厂拌再生混合料的质量主要由再生拌和设备来实现和控制。

一、厂拌热再生技术的特点

厂拌热再生技术在沥青路面再生利用中是一种较成熟的技术,是目前公路养护部门最常用的一种方法,它所搅拌出的沥青混合料基本可适用于各种沥青路面结构层。厂拌热再生技术具有以下特点:

(1)它所用的机械设备除了拌和设备与热拌沥青混合料路面施工所用的拌和设备有一部分不同之外,其他设备基本相同。对于拌和设备,有的厂家在出厂时就提供了相应的废料再生利用的配套设备。特别是对于连续式拌和设备,目前它能很好地解决废料再生问题,而对于厂家没有提供相应的废料再生设备的拌和楼,施工单位在不改变原拌和楼性能的基础上,也能很容易自行加工解决废料再生利用配套设备。

(2)通过试验,确定废旧混合料中的沥青含量与性能及其矿料级配比例,从而确定再生剂的数量及新混合料的级配,使新拌的沥青混合料符合马歇尔试验要求的技术标准,并具有良好的施工性能。

(3)摊铺碾压成型的沥青混合料路面与新沥青混合料的路面基本相同,能较好地恢复路面的承载能力,平整、美观。其施工质量标准不会因为使用了废旧混合料而降低。

二、旧沥青混合料的回收

如前所述,在沥青路面进行专项工程和大修工程修补时,要铣刨大量的废旧沥青路面材料。养护部门一般情况下要将这些废料运至固定的场地,按路面使用年限、路面结构、养护状况等将大体相同的路段所铣刨的废旧材料集中堆放,从而使废旧路面材料性质相对一致,以便于处理加工。在进行再生路面设计之前,要对废旧路面材料性质,如旧料中沥青的含量及性质、旧料的级配组成及技术指标等进行全面了解,应从废旧沥青路面铣刨料中选取具有代表性的样品,进行抽提筛分试验,这样便可得到回收的废旧沥青和旧集料性质,以便对其进行研究。

1. 回收旧沥青的性质

如前所述,通过对回收的废旧沥青混合料抽提试验,取得回收废旧沥青,再对回收废旧沥青进行常规路用性能指标的测定,可得出如下结论:沥青材料经过长期行车和自然因素作用后,逐渐趋于老化,在沥青组分上表现为:油分减少,胶质和沥青质增加;在路用技术性能上表现为:针入度降低,软化点上升,延度降低。表 6-2 为山西省几段高速公路回收沥青的指标。

通过对废旧沥青混合料抽提试验,并与原路面沥青混合料中的沥青含量相比较,发现废旧沥青混合料中的沥青含量有不同程度地降低或损失,使用年限越长,损失越大。这可能由以下三个方面原因引起的:①沥青混合料摊铺后,在使用初期,沥青中轻质油分要挥发,从而使沥青含量有所降低。②沥青路面在使用过程中,由于行车荷载和自然因素的作用,路面发生不同程度的破损(裂缝、坑槽和剥落)和磨损,使混合料中的部分沥青损失掉。③由于长期的光照和氧化作用,使沥青材料化学结构发生了变化,并可能与其他物质发生反应,从而使沥青受到了损失。回收沥青含量见表 6-3。

废旧沥青路用技术指标示例 表 6-2

技术指标 \ 取样地点	太旧高速旧关段	太旧高速寿阳段	东山高速松庄段	东山高速杨家峪段	原太高速忻源州段	原太高速原平段	规范要求
路面类型	AC－16I						
原沥青型号	AH－90						
针入度(25℃,100g)(s)	46.6	43.8	41.0	39.8	46.4	48.6	80～100
延度(5cm/min,15℃)(cm)	29.7	27.1	25.2	24.8	28.4	28.9	≥100
软化点(℃)	58.3	60.4	61.2	62.3	57.8	57.5	42～52

废旧沥青混合料筛析结果示例　　表 6-3

取样地点	太旧高速寿阳段	太旧高速旧关段	东山高速松庄段	东山高速杨家峪段	原太高速忻州段	原太高速原平段	规范要求
路面类型	AC－16I						
含油量(%)	4.3	4.4	4.1	4.2	4.4	4.5	4.0～6.0
筛孔(mm)	通过百分率(%)						
19.0	100	100	100	100	100	100	100
16.0	98.0	99.3	99.3	99.6	98.8	99.0	95～100
13.2	96.2	96.3	96.0	98.1	96.2	96.2	75～90
9.5	89.9	91.3	87.8	90.1	90.0	88.7	58～78
4.75	72.4	76.0	69.5	66.3	73.1	71.0	42～63
2.36	52.3	56.0	49.8	48.1	52.9	50.4	32～50
1.18	39.6	42.3	36.5	36.4	40.1	38.3	22～37
0.6	32.1	34.1	28.8	29.0	32.5	31.2	16～28
0.3	21.2	22.3	17.5	18.2	21.4	20.8	11～21
0.15	18.1	19.1	13.8	15.4	18.3	17.8	7～15
0.075	12.1	12.8	5.6	6.0	12.3	12.0	4～8

2. 旧集料的筛析

废旧沥青混合料主要是由热摊铺施工的混合料中冷铣刨得来的。在滚筒式铣刨刀具的作用下，路面材料被刨起，这必然使路面材料破碎。在实际工作中，我们发现如铣刨速度为 2～3m/min，铣刨深度为 4cm 左右，铣刨起来的废料块(片)一般不超过 5cm×5cm，所以铣刨废料必然细化且粉料增加。同时，沥青路面在车轮荷载的冲击、振动、挤压作用下，矿料颗粒接触点处产生的挤压应力和剪切应力有时可以超过砂石材料的极限强度，而使矿料颗粒发生碎裂而破坏；矿料颗粒之间的摩擦也会引起粒料表面的磨损，使沥青混合料中的粉料增加。从表 6-3 的筛析结果可看出，对于 AC－16I 型沥青混合料，矿料颗粒破碎后，各种筛孔的通过率都有明显的增加。因此，矿料颗粒粒径的细化是回收旧集料的又一个重要特征。

三、厂拌热沥青混合料配合比设计

再生沥青混合料，因用了一定数量的旧路面材料，使得在混合料的组成设计方法上，有别于新沥青混合料。在进行再生混合料组成设计之前，首先需确定再生沥青混合料的类型。对于高等级公路路面补修，一般来说，要求再生混合料类型与原路面一致。当然，有时要根据路面病害的形成原因、摊铺厚度的限制、原材料的不同对矿料级配范围作适当调整，但需实验论证。

沥青混合料的组成设计，要合理地确定旧料的掺配率(利用率)；要根据旧料的老化程度确定是否要掺加再生剂，并确定其掺加的数量；要确定旧沥青和新沥青的配合比，使调配而成的再生沥青具有适合的黏度，并在性能上获得某种程度的改善，以满足路用要求；要根据再生路面结构类型和旧料级配情况调整再生混合料的集料级配，以满足混合料在强度、抗滑、防渗、稳定等方面的要求。

1. 配合比设计的任务与要求

(1)厂拌热再生混合料配合比设计的主要任务：

①确定旧路面材料的掺配比例；

②选择再生剂和新沥青材料，并确定其用量；

③选择集料，确定新旧集料的配合比例；

④检验再生沥青品质，并确定再生混合料最佳油石比；

⑤根据路用要求，检验再生混合料的物理力学性质。

(2)厂拌热再生混合料配合比设计的基本要求。再生混合料的配合比设计并不是单纯的技术问题，它涉及诸多因素。正确而合理地设计再生混合料，必须事先有充分的调查资料，了解有关道路历史和交通发展的前景，依据对再生混合料的技术经济要求来进行设计。这些技术经济要求是：

①再生混合料必须具有足够的强度和热稳定性，夏季高温下不出现泛油、推挤、壅包和车辙。

②再生混合料具有良好的低温抗裂性。为此，要求混合料在低温下表现为较好的抗变形能力，较高的抗弯拉强度和较低的弯拉模量。

③再生沥青路面应具有足够的抗滑性和防渗性。

④再生沥青路面应具有良好的抗老化能力，路面经久耐用。

⑤尽可能多地使用旧路面材料，提高旧料掺配率，最大限度地节约沥青和砂石材料。

2. 旧料掺配率的确定

旧料掺配率是旧料占整个再生混合料的重量百分率，即

$$P = \frac{G_0}{G_R} \times 100\% \tag{6-1}$$

式中：P——旧料掺配率(%)；

G_0——再生混合料中旧料的重量(kg)；

G_R——再生混合料重量(kg)。

旧料掺配率的确定，取决于以下几方面的因素：

(1)废旧沥青路面材料的品质。旧料经过抽提试验，取得了有关旧沥青及旧

集料的资料,即可对旧料品质作出评价。若旧沥青老化严重,黏度很高,沥青质含量又多(如超过15%),流变指数很小(如低于0.4),则说明旧沥青品质很差,必须使用富芳香分油料作再生剂,否则,再生效果将很差。若将这种旧料用于路面面层,则应选用较低的掺配率。如果原沥青路面是采用优质沥青铺筑的,虽经多年使用,但旧沥青老化不严重,或者即使黏度变得很高,但仍具有良好的流变性质,则可取用较高的旧料掺配率。

旧料的沥青含量较低,再生利用时必须添加较多的新沥青,当旧料的掺配率较低时,再生沥青的性质主要取决于新沥青的性质。在此情况下,旧料基本可作为集料看待,在级配可能调整范围内,可以使用较多的旧料。

旧料中集料的品质、级配的好坏,往往也影响掺配率的选择,若旧集料是风化软质石料,或集料过粗,或细料过多,则再生利用时宜取用较低的掺配率。

(2)再生混合料的用途及其质量要求。在高等级公路路面养护施工中,再生沥青混合料直接用于路面面层时,要求再生混合料具有良好的品质,旧料掺配率宜取较低值,如30% ~40%;若在低等级公路路面养护中,旧料掺配率可取较高值,如50% ~80%。

现各地铺筑再生沥青路面,为适应大交通量的要求,常做成双层路面结构,即将再生层铺筑于路面下层,上面加铺全新混合料面层(封层或罩面)。对于这种再生路面结构,可适当放宽对再生混合料的质量要求,旧料掺配率可取较高值。

(3)施工条件。采用机械拌制再生混合料,旧料掺配率将受到机械工作方式和旧料加热方法的限制。例如,采用间歇式拌和机拌制再生混合料,新集料在干燥筒内过热,温度达240℃左右,然后进入拌和缸,加入旧料,旧料借助于热传导吸收新集料的热量而升温,为了保证再生混合料出料温度不过低,则必须限制旧料的掺配率,一般不超过30%;如旧料在进入拌和缸前,经过预热(一般预热温度不超过100℃),旧料的掺配率可适当提高至40%。

采用滚筒式拌和机拌制再生混合料,根据拌和机不同的改装方式,旧料掺配率可以达从40%至60%不等。

(4)沥青和砂石材料的供应。在沥青和砂石材料供应困难、资金短缺的情况下,有时为了解决近期内路面工程改建、维修,以满足交通运输的要求,可稍稍放宽对再生混合料品质的要求。如采取将再生层铺筑在路面下层,以求提高旧料掺配率,节约沥青和砂石材料,减少工程投资。

总而言之,确保再生混合料的质量,最大限度地节约沥青和砂石材料,争取尽可能高的经济效益和社会效益,是确定旧料掺配率的基本原则。

3. 再生剂的选择

当回收的旧沥青材料其针入度小于沥青路面要求的最稠沥青的针入度,即旧沥青针入度小于40(1/10mm)时，宜考虑使用再生剂。选择再生剂，包括选择再生剂的品种和选择再生剂的黏度。

(1)选择再生剂的品种。若根据再生混合料使用要求，只要求再生剂能够软化旧沥青，调节其黏度，而不要求改善其性能，在这种情况下，可任意选用各种低黏度的沥青料如润滑沥青、机沥青、抽出油及其废料作再生剂，而不管其芳香分或饱和分的含量如何。

若根据再生混合料使用要求，不但要求再生剂能够调节旧沥青的黏度，而且要求对旧沥青的路用性质有所改善，则必须根据旧沥青质含量的多少，选取芳香分含量足够多的油料作再生剂。

(2)选择再生剂的黏度。黏度较低的再生剂具有较强的渗透能力，老化脆硬的旧路面材料，宜选用黏度较低(<0.5Pa · s)的油料作再生剂；反之，则可选用黏度在0.5 ~20Pa · s范围内的油料作再生剂。

4. 新沥青材料的选择

拌制再生混合料时，添加新沥青材料的目的在于补充混合料所需的结合料，使混合料总的沥青结合料含量达到最佳状态；同时，它还在某种程度上调节旧沥青的黏度，改善旧沥青的性质。

新沥青材料应具有良好的温度稳定性，与集料有良好的黏附性以及耐老化等性能。通常，应特别注意沥青材料的延性。延性好的沥青其路用性能必然是比较好的，而且其流变性质也比较好，因为延性好的沥青其流变指数都比较高。新沥青材料的黏度，以再生沥青的设计黏度作为选择的依据。

5. 再生沥青的质量标准

国外对再生沥青大多未提出专门的质量标准，我国也同样如此。然而，既然再生沥青的黏度(或针入度)和延度都可由试验室直接测得，或者用计算预估的方法求得，那么对于再生沥青的品质就需要有一个质量标准来加以评定。譬如，如果再生沥青既具有适当的黏度，又具有良好的延性，则表明再生沥青的品质优良，所拌再生沥青混合料也必将具有良好的路用性能，就可用于交通量较大的道路作面层，并期望获得耐久的使用寿命。反之，若再生沥青的黏度虽然被调配至适当范围，但延性很差，则表明再生沥青的品质不良，于是所拌制的再生沥青混合料就不一定适于铺筑路面面层，或只宜用于路面下层。可见，拟定衡量再生沥青品质的标准是有必要的。

我国现有的道路沥青技术规范，可以作为再生沥青的评定标准。当然，再生沥青毕竟不同于新沥青材料，无需对所有的技术项目都进行评定，而只要针对再生沥青的主要技术指标加以对照评定就行了。有技术规范作为评定标准，就能对再生沥青的品质作出恰当的评价，并进而对再生沥青路面结构作出合理的设计。譬如，根据《公路沥青路面施工技术规范》对不符合技术标准的沥青作如下规定:对于针入度符合适当标号,软化点低于50℃,延度不小于20cm的沥青材料,只能修筑适于交通量为3000辆/d以下的沥青面层,而不能用于修筑高等级公路的防滑层和封层。对新沥青材料有这种规定,那么对于再生沥青当然也应遵循这一规定。

如果再生沥青质量不符合要求,而根据路面结构设计需要,可以考虑采取改性沥青材料和其他技术措施。

6. 再生混合料的集料技术要求

沥青路面在自然因素和行车荷载的反复作用下,引起粒料疲劳、损伤和破碎,或旧路面材料经过铣刨、破碎,筛分分级,集料级配发生变化,都必须添加新集料重新调整级配,以满足不同类型的混合料对集料级配的要求。为了保证再生沥青混合料具有良好的技术性能,在材料选择和配合比设计上,应高度重视。因为旧沥青路面材料的性能不同程度的衰退,需要通过掺配优质、坚硬、棱角分明的集料来改善混合料的性质。

(1)碎石必须具有足够的强度,以承受行车荷载的作用;碎石颗粒应有良好的形状,以接近立方体为准,以便形成嵌挤强度;针状和片针颗粒的含量应不超过15%。

(2)碎石与沥青材料要有良好的黏结力,通常以水煮法评定,其黏结力宜在5级以上,故宜选用碱性石料。碱性石料硬度变化较大,为保证路面有足够的耐磨性,应尽可能选用硬质石料。必要时,也可以掺入部分酸性石料,以提高集料的耐磨性。

(3)风化石料或软质石料,易被压碎,且不耐磨,不得用于拌制面层混合料。集料中风化软质石料含量,可以采取压碎值试验和硫酸钠溶液浸泡试验加以检验。压碎值在沥青路面施工技术规范中有规定:硫酸钠溶液浸泡五次循环,其重量损失不大于12%。

(4)砾石表面圆滑,颗粒之间摩阻力小,不能形成足够的嵌挤强度,在行车作用下很容易发生活动,使路面产生推移和变形。若必须使用时,宜将砾石加以破碎,以增加棱角,提高嵌挤能力。

(5)砂在混合料中起填充粗粒料空隙、提高混合料强度和稳定性的作用,砂应具有棱角、质地坚硬,不得使用风化砂。

(6)机制石屑有丰富的棱角,可提高混合料的内摩阻力。通常采取石屑和砂掺和使用。

7. 再生沥青混合料沥青含量的确定

确定再生沥青混合料的沥青含量,实际上是确定再生混合料所需添加新沥青的数量。所谓沥青混合料的最佳沥青含量,是指保证混合料具有良好路用性能所必需的沥青含量。譬如,能够保证混合料压实后具有足够的强度和稳定性;能够充分裹覆集料表面,填充集料空隙并又留有一定空隙;能够保证沥青路面在冬季低温下有足够的柔韧性;能够有利于拌和、压实,具有良好的施工和易性等等。

沥青混合料沥青含量是沥青结合料占整个混合料的重量百分率。油石比即沥青与混合料中集料重量之比。它们两者之间有如下关系:

$$i = \frac{r}{1 + r} \tag{6-2}$$

或

$$r = \frac{i}{1 - i} \tag{6-3}$$

式中:i——沥青混合料沥青含量(%);

r——沥青混合料油石比(%)。

我国广泛采用马歇尔试验方法来确定沥青混合料的用油量。再生沥青路面的出现,使国内外许多人对马歇尔试验方法能否适用于再生沥青混合料产生了疑义。这是因为马歇尔试验的稳定度标准值只有最小值,而未限制最高值。对于老化严重脆硬的旧沥青路面材料,倘若不用再生剂使之软化,而直接用高黏度的沥青拌和成混合料,则马歇尔稳定度往往会很高,且旧料掺配率越大,其稳定度越高。但这并不说明再生混合料具有良好的品质,相反,用这种混合料铺筑路面面层,会导致过早地出现龟裂。因此,用马歇尔试验法确定再生沥青混合料的用油量不尽如人意。然而,迄今为止国内外尚未研究出更好的试验方法来取代马歇尔试验法。现在,许多欧美国家、日本都仍然使用马歇尔试验法确定再生混合料的沥青含量。我国这几年铺筑再生沥青路面的实践也证明,马歇尔试验方法仍然不失为一种较好的试验方法。这是因为马歇尔试验方法所用设备简单,便于为试验者所掌握,同时还因为长期以来积累了丰富的经验和资料。旧路面材料再生利用,若在应用马歇尔试验方法确定再生混合料用油量的同时,充分注意到旧沥青材料的再生,根据再生混合料的使用要求,适当地使用再生剂,改善混合料拌制工艺条件,那么所确定的用油量是能够令人满意的。

四、厂拌热再生施工技术

再生沥青路面机械化施工,是将废旧路面材料经过适当加工处理,使之恢复路用性能,重新铺筑成沥青路面的过程。由于施工工艺水平的高低和施工质量的好坏,对再生路面的使用品质有很大影响,故施工是最为重要的环节。目前在我国,厂拌热再生路面施工基本上已实现了机械化,其施工工艺流程如图 6-1 所示。

1. 废旧料铣刨、运输、破碎、筛分

(1)铣刨旧路面。路面铣刨可按前述铣刨方法和质量要求进行铣刨,应避免破坏基层,并在气温合适的季节进行。

(2)运输、储存旧料。将光泽好、不干涩发脆,不带杂质的旧料,收集运到拌和厂(场)储存。堆场地基应平整坚实,排水良好,多雨地区宜设雨篷遮阳挡雨。保持旧料干燥、松散,料堆高度一般小于1.5m,以不结块为度。

(3)破碎、筛分。破碎筛分一般在废旧料进入搅拌缸前进行。由于铣刨料本身较细,所以用一级破碎筛分即可;对于翻挖来的路面或老油皮,由于其为片状或块状,所以可采用考虑二级破碎筛分。加热破碎法即采用各种热能(如太阳能、红外线加热器或炒料器等)使沥青旧料热融分解。

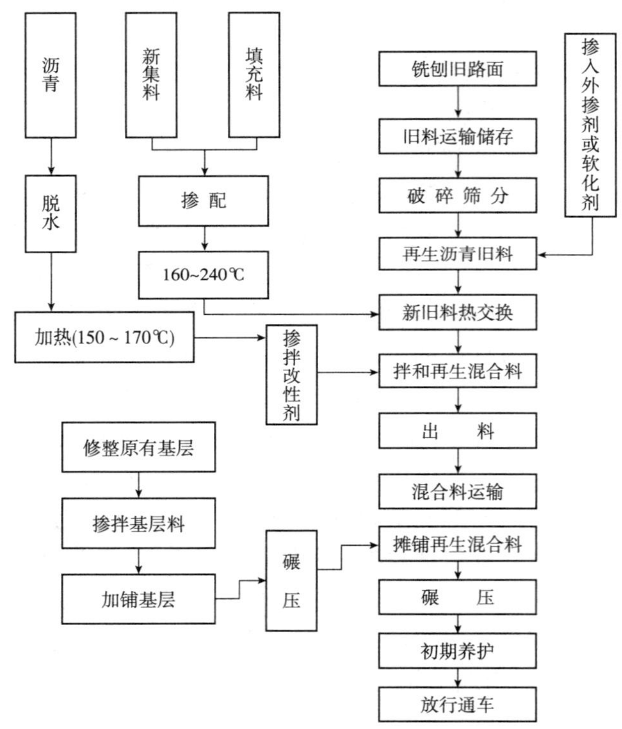

图6-1 厂拌热再生施工工艺流程

2. 混合料的制备

(1)掺加再生剂。宜预先将需要掺加的再生剂(常用的有润滑油、机油、玉米油等)喷洒掺拌在沥青旧料中,静止数小时或1~3天,使再生剂渗入,软化旧料;也可在拌制再生混合料时,将再生剂喷洒入旧料。

(2)施工配料。按再生混合料的组成设计,将旧料、新集料、新沥青及再生剂(如有需要)进行配料。每次掺加新沥青的数量为总沥青量与旧料掺配量中旧沥青和再生剂含量之差。高等级再生沥青路面工程,对再生沥青路面的质量要求较高,再生混合料设计应注意选用品质良好的集料和沥青材料;若旧料老化严重,则应注意选用合适的再生剂;注意通过各项试验确定材料配合比。

(3)再生沥青混合料的拌和。必须准确掌握加热、掺配工艺和剂量,切实控制拌和温度。新集料先进入高温区,加热温度范围为160~240℃,而旧料宜进入余热区通过热交换和余热升温融化,待新旧集料混合且热传递平衡后,再加入新沥青拌和至颜色均匀一致后出料,出料温度应在140~160℃。

不同的掺配比例,废料不同的含水量,新料的加热温度、新旧料在搅拌缸中的热传递拌和时间都不相同。表6-4为掺配不同比例废料,在废旧料不同含水量的情况下,新料的加热温度和拌和时间(假设废旧料为常温20℃,拌和出料温度为150℃)。

掺配不同比例废旧料新的加热温度和热传递拌和时间 表6-4

项目	掺配10%旧料		掺配20%旧料		掺配30%旧料	
	含水量2%	含水量3%	含水量2%	含水量3%	含水量2%	含水量3%
新集料的加热温度(℃)	174	177	199	205	230	241
新旧料热传递拌和时间(s)	5		10		20	

(4)认真做好工地试验。检验再生沥青混合料的沥青含量、物理力学性能等,如有不合设计要求的,应及时检查原因,修正配比或工艺,以确保工程质量。

3. 摊铺、碾压和初期养护

(1)准备工作。再生混合料摊铺前的准备工作,包括修整原有基层、清理基层上的泥土及污秽杂物,修整基层表面,浇洒透层油或黏层油,必要时还应考虑设置下封层。对于基层拱度不当,要进行调拱。在摊铺前一、二天,应对基层表面状况进行一次检查,无论未补强而仅设置整平层,还是加铺了补强层,其上面又设置了下封层,如发现局部出现坑洞、脱皮等损坏现象,应加以修补。

对于粒料基层,如不设置下封层,应在摊铺前扫除浮动石子和尘土,并浇洒透层油,以保证基层与沥青面层能良好的黏结。若基层设置有下封层,或再生沥青面层直接加铺在旧沥青面层上,则应在表面浇洒黏层油。在陡坡、急弯路段尤其要注意浇洒黏层油,以免沥青面层产生滑移。

(2)混合料摊铺、碾压和初期养护。再生沥青路面的摊铺、碾压和初期养护等工艺、质量要求与一般路面施工基本相同。

4. 施工质量控制与验收

再生沥青路面施工质量控制和验收参照《公路沥青路面施工技术规范》(JTG F40—2004)和《公路工程质量检验评定标准》(JTG F80/1—2004)执行。

第三节　就地热再生技术

在许多情况下，沥青路面表面虽然被行车所磨损，失去了应有的粗糙度；或者由于沥青混凝土混合料中含油较多，出现了并不十分严重的车辙；或者由于低温收缩，路面出现许多裂缝，但面层材料并未老化，而下层还仍然坚实完好，没有必要将路面面层进行大修，只要在表面加以修整，就能恢复路面的使用性能。为此，出现了就地修复沥青路面的施工方法，它可以使原沥青路面材料全部被重新利用。就地热再生施工技术也称热表面再生，主要是指加热旧路面面层至要求的深度（一般不超过3cm），翻松旧路面，添加还原或再生剂，重新铺筑成型的施工方法。

一、就地热再生技术特点

沥青路面就地热再生工艺是对旧沥青路面就地加热、翻松、拌和、摊铺、压实，一次性将旧沥青路面翻新成型的施工方法。一般是在路面的损坏程度还没有波及到基层时采用这种再生方法，其主要特点是：

（1）旧沥青路面混合料就地再生利用，不需要搬运废料过程及废弃物堆放场地，可减少环境污染。

（2）旧沥青路面混合料100%得到再生利用，可以节省新混合料的用量，工程费用低，经济效益显著。

（3）与其他维修方法相比，施工进度快、施工周期短，可以快速开放交通。

（4）减少路面材料往返运输量，节约了运输费用，减少了工程配套车辆及其对正常道路运输的干扰。

（5）施工中产生的振动、噪声比其他施工方法小，市区可以进行夜间作业。

（6）由于使用专用机组进行连续机械化施工，此方法不适用于小型维修工程及难以确保连续机械化施工的工程。

（7）这种再生方法是以沥青路面面层为施工对象，当路面损坏波及基层以下时，原则上不适用。

（8）此方法是在现场加热旧沥青路面，施工容易受气候的影响，寒冷季节一般不宜施工。

二、就地热再生施工方法

根据路面破损情况的不同和对修复后路面质量等级的不同要求，就地热再生的施工工艺主要有以下三种。

1. 重铺再生法

重铺再生法是用复拌机在整型再生法施工的基础上，把旧路面材料翻松、搅拌均匀并整平后作为路面下面层,同时在其上面再铺设一层新的沥青混合料作为磨耗层,形成全新材料的路面,最后用压路机碾压成型。这种方法适用于破损较严重路面(如出现大面积坑槽)的维修翻新和旧路升级改造施工,修复后形成与新建道路性能完全相同的全新路面。

重铺再生法分两种工艺:

(1)加热—整型—压入碎石工艺。若原沥青路面基本平整,但经长期行车,路面磨损,附着系数降低,影响行车安全,可采取表面修整,以恢复路面的粗糙度。其做法是先用加热器将路面加热,加热深度约为2.5~3cm。接着用加热耙松机边加热边翻松,再摊铺整平,然后用少量沥青处治过的5~10mm的沥青碎石,均匀地撒布在整平过的路面上,随即用钢轮压路机压入。所用碎石应坚硬而富有棱角,以提高路面的粗糙度。

(2)加热—整型—罩面工艺。当旧沥青路面具有足够厚度,可供进一步利用,为恢复其平整度和断面形状,可采用这种路面修整法。它由一台翻修再生机和数台压路机组合施工。翻修再生机在一次行程内就可完成路面修复,其工艺过程如下:

①加热软路面。翻修再生机利用机器内的红外线加热器加热路面,使路面软化,根据气温、风速、风向、路表的温度以及混合料的含水量,调整自己的工作状态,保证路面的加热温度。一般情况下,在面层下1.5cm深处的温度可达150~200℃,加热深度可达40mm。尽管加热温度很高,但时间短,旧路面内的沥青不致因温度太高而老化。

②翻松路面。翻修再生机上安装有翻松机,当面层经加热软化后,镶有硬质合金尖齿的翻松带就压入路面中,机器在行走过程中将路面翻松。由于路面被加热,因而路面内集料不会产生破碎。翻松的路面材料由装在刮刀前面的螺旋式推进器收集到路面中间。

③拌和整型。翻松的路面材料集中到路中后,由旋转式乳化沥青洒布机洒布一层乳化沥青,接着由拌和机进行拌和,并由刮平板刮平。翻修再生机前面装有一只集料斗,新拌制的沥青混合料由自卸汽车卸入集料斗内,由输送机将新混合料运送到下面的摊铺整平板,根据所需要的路拱、摊铺宽度和摊铺厚度(考虑松铺系数),把新混合料摊铺在经过整平的旧料上,之后进行碾压,即形成平整、密实的路面。

这种加热、整型、罩面维修工艺主要是为了提高路面抗滑能力,修正车辙,改善路拱和提高沥青路面的强度。

2. 复拌再生法

复拌再生法是由加热机将旧路面加热至一定温度后,用复拌机将旧路面翻松,并把翻松后的材料与新沥青混合料在复拌机的搅拌器中拌和均匀,形成新品质的沥青混合料,然后摊铺到路面上,用压路机碾压成型。这种方法适用于维修中等程度破损的路面,修复后可以恢复沥青路面的原有特性。

复拌再生法可以改善矿料级配、沥青含量，达到改善路面结构综合性能指标的目的，并能够形成全断面均匀的再生面层；重铺再生法由于最上层使用的是新沥青混合料，即使有局部路段的旧混合料发生变化，也能确保上面层均一的外观质量。但再生层不能改变矿料级配及沥青含量。

复拌再生工艺使用的机械与上述翻修摊铺机有些相似，不同的是它除能够将旧路面材料加热、翻松、添加再生剂拌和再生外，还能和来自集料斗中的新混合料按比例混合，然后再进行摊铺整平，压实成路面，这样可使旧路面材料的性能获得某种程度的改善。

3. 整型再生法

整型再生法是由加热机对旧沥青路面加热至一定温度后，用复拌机将路面翻松，并在复拌机上的搅拌器中把翻松的材料拌和均匀(可同时加入适量的添加剂恢复沥青性能)，然后摊铺到路面上，用压路机碾压成型。也可以用人工将已加热软化的路面进行翻松作业。这种方法适合维修破损不严重、破损面积较小的路面，修复后可消除原路面的车辙、龟裂等病害，恢复路面的平整度，改善路面性能。

三、就地热再生方法的作业流程

应当指出，无论采用哪种方法进行就地热再生，都必须事先对破损的路面进行取样检测分析，再选择相应的施工方法，制订具体的施工方案，并确定应添加材料的性质和比例，这样才能保证道路修复后的质量。

1. 作业流程

复拌再生法和重铺再生法的作业流程见图6-2。

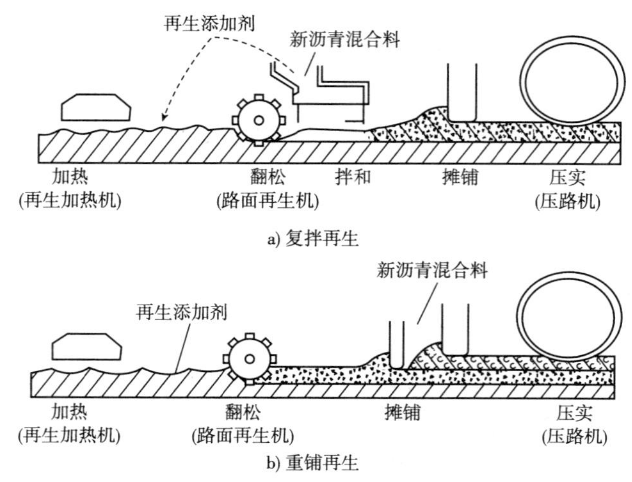

图6-2　两种施工方法的作业流程

以复拌再生法为例，其施工工艺流程如下：路面就地热再生机组依次驶过破损的路面，首先由路面加热机对路面进行加热，使路面温度达到100～130℃，接着由复拌机再次加热路面，使路面温度上升到140～160℃，同时翻松旧路面。新沥青混合料由自卸汽车卸入复拌机中部的料斗中，再经刮板输送机送至复拌机中部的搅拌器中，翻松切削下来的旧材料与新混合料在搅拌器中被拌和均匀，经螺旋布料器均匀铺开，由熨平板整平并预压，最后由压路机压实成型。这样整个沥青路面修复工作在行进中一次完成。

2. 工艺过程

沥青路面就地热再生施工的工艺过程如图6-3所示。

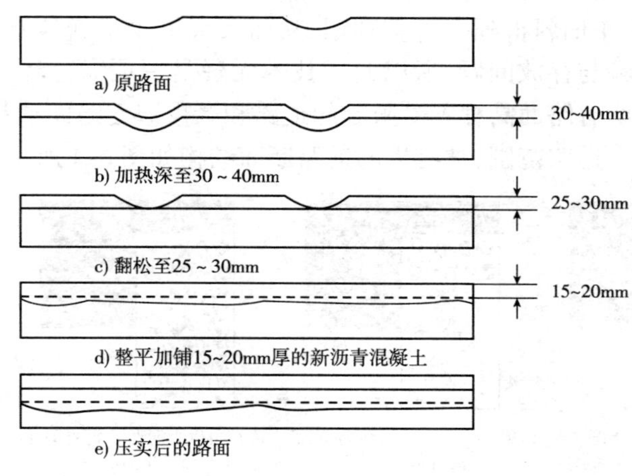

图6-3　就地热再生施工工艺图

四、就地热再生施工注意事项

1. 碾压

摊铺后的沥青层要用压路机进行最终的碾压。碾压要注意：压路机应紧跟再生机，以保证碾压时温度足够高。接缝处应首先进行碾压，因为温度高时，两种材料容易黏结。前进和后退应保持在同一个碾压带上，禁止在热混合料上转向。

2. 质量控制

再生后的最终沥青混合料路面要满足沥青路面施工技术规范的要求。需要添加新混合料时，新料必须经过单独的检验，抽样的频率和数量应与常规施工一样。

第四节　就地冷再生技术

就地冷再生工艺是20世纪80年代后期发展起来的一种较新的路面翻修技

术。这种工艺包括了四个主要工序：首先是准备旧路面的再生材料包括破碎和翻松旧路；其次是加入乳化沥青以及还原剂、水泥以及其他添加剂和水，并加以拌和；第三是成型和压实；最后是在再生的路面上加铺磨耗层。为了增强补强作用还可以加铺黏结层和结构层。就地冷再生工艺主要用于结构层的翻修。

一、就地冷再生技术特点

1. 概况

沥青路面的就地冷再生是国外20世纪80年代后期迅速发展起来的一种新技术，目前已成为国际上道路维修改造的主要方法之一。其优点是可大大降低路面维修成本，提高公路维修质量，保持路面结构的完整性，缩短路面维修工期，简化施工工序。同时，由于旧料得到了再生利用，从而大大减少了新筑路料的开采量，也不存在旧料的运输与存放问题，所以此项技术无疑是一项绿色环保技术。就地冷再生技术适用于所有路面高程不受限制的道路和严重缺乏路面材料地区的高等级公路。相应于以上道路范围，被再生的道路断面结构如图6-4所示。

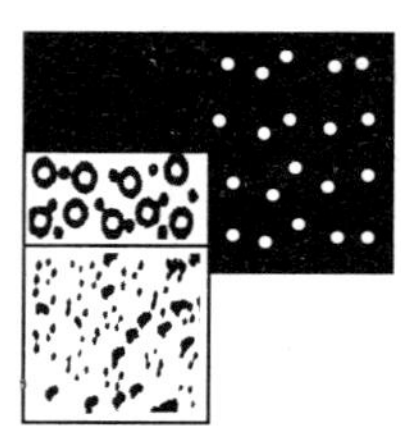

a) 被再生为沥青层(沥青磨耗层、沥青黏结层、沥青基层)

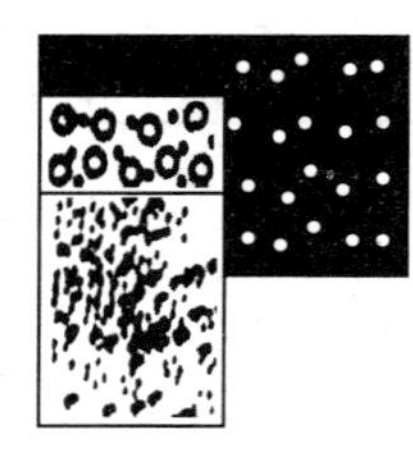

b) 被再生为沥青层(沥青磨耗层、沥青基层和基层)

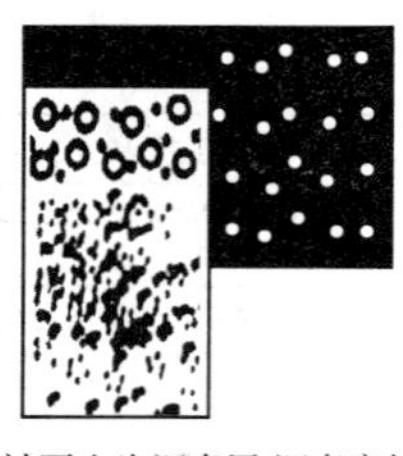

c) 被再生为沥青层(沥青磨耗层和基层)

d) 被再生为沥青层

图6-4　被再生的道路断面结构图

对于土路，在土质合乎筑路要求的前提下，加入集料和再生添加剂，可得到稳定的基层。此时的就地冷再生实际上为稳定土拌和施工。

2. 技术特点

就地冷再生工艺与其他工艺相比较的主要特点是：

(1) 全部旧料就地再生，不仅减少了新料的用量，而且节省了运输费用。

(2) 在翻修路面的补强问题上有着很大的灵活性，可以在再生的路面上只铺一层稀浆封层；也可在其上加铺一层热沥青混合料磨耗层；也可以将再生路面作为底面层，在其上加铺中面层和上面层，构成三层结构的路面；还可以将再生路面作为第一层结构层而在其上铺多层结构的沥青路面。

(3) 消除旧路面不规则的横向裂缝。

(4) 由于已经有了再生路面作为底面层，在其上加铺其他面层的工作量将相应减少，因而节约了施工时间、降低了施工成本。

(5)减轻环境污染、减少能源消耗。

这些特点显示了冷再生工艺的良好发展前景,许多国内外著名的筑路机械制造企业,如德国的 Wirtgen、美国的 CMI、ASTEC、中国的徐工等公司都生产有各种类型的冷再生机,而这些机械的出现也进一步促进了冷再生工艺的推广应用。

二、就地冷再生技术种类

就地冷再生的种类按掺加新胶结材料的种类可大致分为掺水泥类、掺沥青类和水泥沥青综合类。在就地冷再生施工中,绝大多数情况下需要使用再生添加剂,以便提高再生材料的强度。而水和新集料则视情况而定。采用何种添加剂,添加量多少?是否加水和新集料,加入量多大?均应根据试验确定。首先应将旧路材料取样化验,获得原始数据;然后根据原始数据加入再生添加剂,必要时加入水和新集料制成新材料试件并进行承载力检测;将检测结果与现行的施工规范进行比较,即可确定出合适的添加剂、新集料种类及添加量。就地冷再生添加剂主要有水泥、水泥稀浆、乳化沥青、泡沫沥青、石灰、粉煤灰等。目前常使用的添加剂以水泥和乳化沥青为主,可单独或二者结合使用。二者结合使用能在获得所需承载力的同时提高基层弹性,以防止产生裂缝。

1. 水泥类就地冷再生方法

在水泥类就地冷再生方法施工中采用水泥作稳定材料,有以下三种添加方式:

(1)将固态粉状水泥撒布在再生机前的被再生路面上,这样,当再生机经过时,可将其与被切削下的旧路铺层材料一同进行拌和。

(2)出于环保及精确施工考虑,用专用水泥稀浆搅拌输送车按比例连续地将水泥与水拌和成稀浆(悬浊液),通过计量控制系统直接喷洒进再生机拌和罩壳内。这样不仅可以保证水泥用量的精确性,同时也防止了因刮风而损失水泥材料。

(3)采用专用水泥撒布车布料,撒布车作为再生机组的一部分。

由于被再生道路的情况千差万别,因此所采用的再生添加剂的添加量也各不相同甚至差别很大。不论采用粉状水泥或稀浆方式添加,水泥用量一般在 2% ~ 4%(质量百分比)之间。已进行的施工实践情况大致如下:水泥按单位面积用量:10 ~ 27kg/m^2;按单位体积用量:50 ~ 142kg/m^3,按质量百分比;2.5% ~ 8%,常用 3% ~ 5%。水按质量百分比为 1% ~ 7%,常用 2% ~ 5%。当采用乳化沥青作为再生添加剂时,添加量按质量百分比为 0.5% ~ 7%,常用 2% ~ 4.5%。

2. 沥青类就地冷再生方法

在沥青就地冷再生方法施工中可采用乳化沥青作稳定剂,也可采用泡沫沥青作为稳定材料,而在目前的工程应用中采用后种方法比前者多。

就地冷再生以泡沫沥青作为稳定材料试验表明,向热沥青中加入精确计量的水时，将产生泡沫，并大大增加沥青的体积和表面张力。在发泡过程中，沥青黏度显著降低，可以很容易地分散在集料中，与具有一定含水量的冷集料进行充分混合，而不必对集料进行加热。从这一点看，泡沫沥青的使用机理和乳化沥青比较相似。泡沫沥青的产生原理见图6-5。

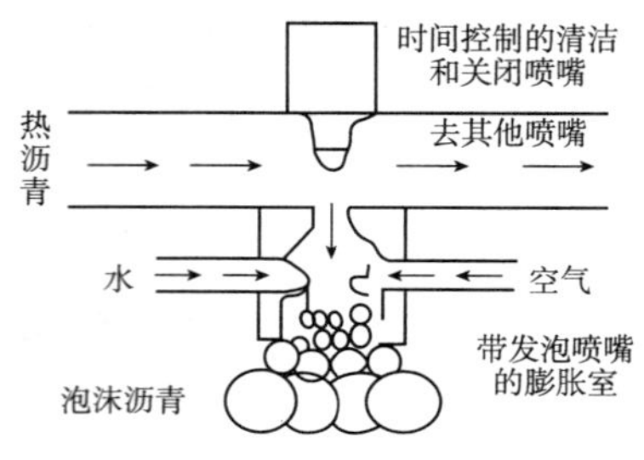

图6-5 泡沫沥青的产生原理

泡沫沥青由再生机上的泡沫沥青输送及喷洒系统产生并直接喷洒进再生机的拌和罩壳内。在粒料中，其用量一般为3% ~5%（质量百分比）；当被再生材料本身含有较多沥青时，其用量可降低为2% ~3%。在采用泡沫沥青作为稳定材料时，同时加入少量（一般为1% ~2%）水泥是有好处的，它可以使再生层获得所需强度的同时，提高表层质量，防止裂缝发生。

乳化沥青和泡沫沥青均为液态，应该将运输罐车与再生机用输送管道相连，通过主机上的计量控制系统自动添加。

新集料的种类主要有砂、石英砂、石灰石、卵石、砾石、碎石、再生粒料、砂砾混合料等，粒度范围大致为0 ~40mm，添加量视具体情况差别很大。

新集料的添加方式按再生机的不同分为两种：一种是由自卸汽车间隔一定距离在旧铺层上卸成料堆，位于再生机前的平地机进行预先摊铺；另一种是自卸汽车把新集料直接卸入再生机的接料斗，由再生机进行连续自动计量添加。

再生层在采用振动压路机压实前，应先用平地机整型，最后再用轮胎压路机完成最终压实，从而可获得良好的表面特性。

3. 综合类就地冷再生方法

使用水泥和乳化沥青进行就地冷再生的方法称为综合类。使用水泥加上乳化沥青可以减少乳化沥青的用量，在当前乳化沥青价格高于水泥的时候，可以节省工程投资。另一方面，乳化沥青的加入可以减低水泥稳定层的刚性，因而减少反射裂缝。冷再生工作原理见图6-6。

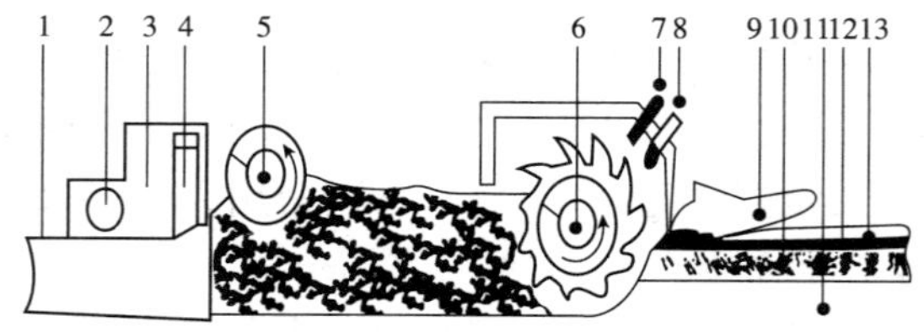

图6-6 使用水泥和乳化沥青进行再生施工图

1-稳定并预压实后的基层；2-振捣装置；3-变频振捣整平板；4-振捣器；5-分料螺旋；6-切削和拌和转子；7-乳化液喷嘴；8-水喷嘴；9-破碎器；10-沥青路面面层；11-路面基层；12-预撒的集料；13-预撒的水泥

三、就地冷再生施工工艺

1. 施工工艺流程

就地冷再生的工艺过程是：把路面现有旧铺层的材料进行铣刨、破碎，必要时加入一定比例的新集料与再生添加剂，再进行充分、均匀地拌和，使之成为一种全新的材料重新铺筑在路面上，经压实成型后，即变成具有所需承载力的新路面基层。就地冷再生的工艺流程图见图6-7。

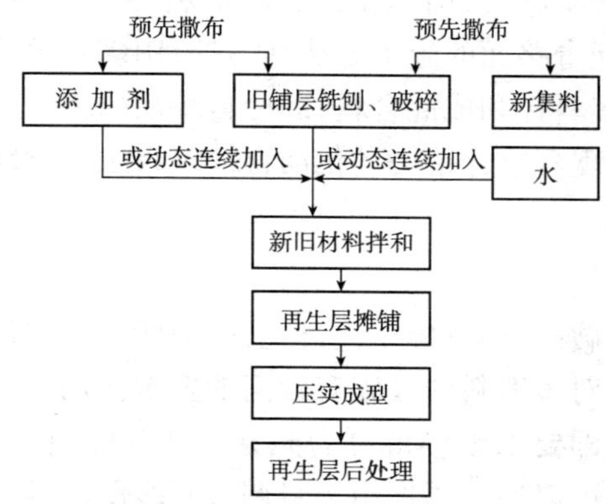

图6-7 就地冷再生工艺流程图

2. 主要材料选择

就地冷再生施工所用材料除了废旧沥青路面材料外，主要还需用水泥、乳化沥青、水等。

3. 机械化施工要点

就地冷再生沥青混合料，由于旧沥青路面材料含有沥青，又用沥青乳液进一步加以稳定处治，因而提高了再生基层的稳定性和承载能力。

(1)采用水泥进行就地冷再生的施工工序如下：

①撒布水泥。为了撒布均匀，水泥应由专门撒布机撒布。水泥的撒布量要根据材料试验确定。经验表明，撒布量约是集料重量的3.5%～4.5%。

②铣刨和拌和。通过就地冷再生机铣刨和拌和，废旧沥青路面材料将与水泥和水均匀地拌和在一起，然后从再生机上破碎铲的缺口流出。

③铣刨材料的摊铺。用平地机还是用再生机的整平板摊铺混合料要根据路面坡度而定。如果坡度较大，就要使用平地机。在其他情况下，再生机的整平板可以铺筑出合乎要求的路面。最后碾压应采用适当重量级的轮胎或钢轮压路机。

(2)使用乳化沥青进行就地冷再生，一定要检查现场材料的稳定性。应通过试验室试验测试下列材料特性：①级配；②黏结剂的性质；③乳化沥青的匹配性；

④最大密实度;⑤混合料的力学性质。

用乳化沥青再生的道路,需要加铺一个沥青磨耗层或封层。所以在缺少沥青拌和厂或离拌和厂较远的地区,采用乳化沥青再生路面的施工方法有较大优势。

第五节　厂拌冷再生技术

厂拌冷再生路面施工,是采用乳化沥青与旧料和新集料在常温下拌和成混合料,经摊铺、碾压而成沥青路面的施工方法。另外,用黏度较低的沥青材料,稍予加热,和常温的旧料、新集料拌和成混合料,即冷料热油的再生施工法,由于集料不加热,故也属冷拌施工。现着重介绍用乳化沥青铺筑再生沥青路面的施工工艺。

一、前期准备工作

1. 旧料的加工

旧沥青路面铣刨、破碎、筛分等工艺过程,同前所述。但厂拌冷再生施工,为了保证再生路面的质量,对于旧料的破碎有较高的要求。用于厂拌冷再生的旧料,破碎后的团粒宁小勿大,即要求破碎得更为充分一些。即使是旧料中的粗集料有所破碎也没有关系,因为可以通过添加粗集料调整其级配。其原因在于,厂拌冷再生施工旧料中所含的沥青不可能像热法再生那样能和新沥青材料充分交融,而需要在气温较高的季节经过长时间的行车反复碾压,新、旧沥青调整位置,才能发生某种程度的融合。旧料破碎愈充分,和新沥青材料接触的表面积就愈大,新、旧沥青交融就愈快、愈好,就愈利于再生路面的早日成型。

总结厂拌冷再生施工再生沥青路面的经验,旧路面材料破碎充分,是保证再生路面表面致密而均匀、成型快、质量好的技术关键。

2. 基层处理

基层处理同前所述。若基层需洒布透层油,可直接使用乳化沥青。乳化沥青渗透性好,故透层油可以在摊铺面层混合料前 1 ~2h 洒布,无需提前过多,这样既可避免污染,又便于组织施工。

二、厂拌冷再生沥青路面施工

1. 乳化剂的选择

乳化沥青有阳离子型、阴离子型等品种。阳离子型乳化沥青具有和潮湿石料黏附能力强等许多优点,因而推荐使用。

2. 混合料拌和

用沥青乳液拌制再生沥青混合料,其方法基本与普通乳化沥青路面施工一样。厂拌冷再生沥青混合料,在热季因乳液会很快破乳而造成油水分离,故冷拌再生混合料一般不宜长距离运输。拌制再生混合料的地点,宜设在现场或距离现场附近不远的地方。

普通滚筒式拌和机和间歇式拌和机,都适用于沥青乳液冷拌再生混合料。由于无需加热,故不存在热拌再生混合料所出现的问题,而可以直接使用这些机械,只需设置一加水装置。在现代化的滚筒式拌和机中,是将供料装置连接起来,以自动保持正确的配合比;同时,沥青泵和水泵的工作也与集料(即旧料和新集料)的供给相联系,协调作业,这样就能保证生产出均匀的混合料。间歇式拌和机则具有比滚筒式拌和机配料更为准确的优点。

用乳化沥青拌制再生沥青混合料,一般比热拌沥青混合料所需拌和时间要短。在用机械拌和时,往往会出现拌和过度的现象。拌和过度,一方面会使黏附在集料上的乳液薄膜磨损掉;另一方面还会导致沥青乳液过早的破乳,但是正常的破乳时间是希望在摊铺后直到碾压时才开始。过早的破乳,拌和时沥青就会成团析出,从而破坏了再生混合料的均匀性。但是若拌和时间过短,集料表面沥青乳液又不能充分裹覆。因此,在开始拌和后,应注意调节拌和时间。对于滚筒式拌和机,拌和时间可以通过改变滚筒的倾斜角度,或者改变乳化沥青喷嘴在滚筒中的位置而得到调节。

与热拌再生混合料不同的是,不管采用何种拌和方式,冷拌再生混合料中的粗集料(尤其是新集料中的粗集料),并不都能全部被沥青乳液所裹覆,不过对此无需过于担心。因为在摊铺和碾压过程中,还有可能再获得进一步的裹覆,最终不会出现白石子露出路表面上的现象,故冷拌再生混合料允许见到一定数量的花料。

夏季高温季节施工时,为延缓破乳时间,在拌和之前可用氯化钙水溶液浇洒在集料上,使之湿润,然后再加乳液拌和。

3. 混合料摊铺与压实

冷拌再生混合料摊铺整平后,首次碾压应在乳液刚开始破乳或在破乳前即进行。但是碾压也不能过早,过早碾压会阻碍混合料水分的蒸发,影响压实度,这对密级配混合料尤其应该注意。然而碾压推迟时间太长,则又会造成压实困难,有时甚至会导致沥青与集料之间已形成的黏结发生破坏。因此,适时地进行碾压是重要的。

碾压时应按先轻后重、自路边向路中的方式进行。初始碾压可用双轮光碾,也可以用轮胎压路机或振动压路机。压实冷拌再生混合料,大多用低频振动,其振幅和频率可以根据混合料类型而改变,这由现场试验确定。终压均应用光轮钢碾压实,以消除轮迹,获得平整的路面表面。

4. 加铺封层

高等级公路路面养护中,冷拌再生混合料一般不能直接做面层,而要在其上加铺一层新沥青混凝土面层。在再生层上加铺封层有助于改善路面状况。在冷拌再生路面完工后，立即进行加铺封层。

5. 初期养护

用乳化沥青铺筑的冷拌再生沥青路面，在完工后，其初始状态往往使人担心能否成型。必须在开放交通后，经过较长时间行车反复碾压才能逐渐成型。因此，初期养护显得格外重要。

冷法施工的再生沥青路面，其成型的快慢与气温高低有密切关系。在高温季节，沥青能够在行车荷载的挤压揉搓作用下，调整位置而重新分布，从而使路面较快地成型。如果施工后气温长时间较低，或者在秋季施工，很快就进入冬季，则往往路面成型较差，易出现松散、坑洞等病害。所以，使用乳化沥青铺筑再生路面和铺筑热拌沥青路面一样，都应尽可能安排在高温季节来到之前进行施工。

本章思考题

1. 简述沥青路面再生技术的分类、特点及使用范围。

2. 沥青路面再生利用常用的再生稳定材料是什么？有哪些材料有待于进一步完善？

3. 结合高等级公路沥青路面实际情况，分析沥青路面再生利用技术的发展前景。

附录一:高等级公路病害及缺陷的定义

1. 沥青混凝土路面

(1)龟裂

轻:初期龟裂,缝细、无散落、裂区无变形;块度处于 20 ~ 50cm 之间,按面积算。

中:裂块明显,缝较宽,无或轻散落或轻度变形,块度小于 20cm 按面积计算。

重:裂块破碎,缝宽,散落重,变形明显,急待修理,块度小于 20cm 按面积计算。

(2)块状裂缝

轻:缝细,不散落或轻微散落,块度大,块度大于 100cm;按面积计算。

重:缝宽,散落,裂块小,块度处于 50 ~ 100cm 之间;按面积计算。

(3)纵向裂缝

轻:缝壁无散落或轻微散落,无或少支缝,缝宽小于 5mm;按长度计算。

重:缝壁散落、支缝多,缝宽大于 5mm;按长度计算。

(4)横向裂缝

轻:缝壁无散落或轻微散落,无或少支缝,缝宽小于 5mm;按长度计算。

重:缝壁散落、支缝多,缝宽大于 5mm;按长度计算。

(5)坑槽

轻:坑浅,面积小于(小于 $1m^2$),坑深小于等于 25mm;按面积计算。

重:坑深,面积较大(大于 $1m^2$),坑深大于 25mm;按面积计算。

(6)松散

轻:细集料散失、路表粗麻;按面积计算。

重:粗集料散失、多微坑,表面剥落;按面积计算。

(7)沉陷

轻:深度浅、行车无明显不舒适感,深度小于等于 25mm;按面积计算。

重:深度深、行车明显不舒适,深度大于 25mm;按面积计算。

(8)车辙

轻:变形较浅,深度小于等于 25mm;按长度计算。

重:变形较深,深度大于 25mm;按长度计算。

(9)波浪壅包

轻:波峰波谷高差小,高差小于等于25mm;按面积计算。

重:波峰波谷高差大,高差大于25mm;按面积计算。

(10)泛油:路表呈现沥青膜、发亮、有轮印;按面积计算。

(11)修补不良:修补后出现损坏;按面积计算。

2. 水泥混凝土路面

(1)破碎板

轻:板被分为3~4块,板块未发生松动和沉陷;按块计算。

重:板被分为4块以上或4块以下3块以上,但板块有松动、沉陷和唧泥等现象;按块计算。

(2)裂缝

轻:面板内仅存在一条裂缝,包括横向裂缝、纵向裂缝和不规则斜裂缝,裂缝窄、缝未剥落。缝宽度小于3.0mm,一般为未裂通的裂缝,按块计算。

中:面板内仅存在一条裂缝,包括横向裂缝、纵向裂缝和不规则斜裂缝。中等缝,边缘有碎裂,缝宽3.0~10.0mm,按块计算。

重:面板内仅存在一条裂缝,包括横向裂缝、纵向裂缝和不规则斜裂缝。缝宽,边缘有碎裂,并伴有错台出现;缝宽大于10.0mm;按块计算。

(3)板角断裂

轻:裂缝与纵横缝相交,且交点距角点均等于或小于板边长的一半,裂缝为窄缝,缝宽小于3.0mm;按块计算。

中:裂缝与纵横缝相交,且交点距角点均等于或小于板边长的一半,裂缝为中等缝,缝宽3.0~10.0mm;按块计算。

重:裂缝与纵横缝相交,且交点距角点等于或小于板边长的一半,裂缝为宽缝,缝宽大于10.0mm,断角有松动;按块计算。

(4)错台

轻:接缝两边出现高差,高差小于10.0mm;按条计算。

重:接缝两边出现高差,高差大于10.0mm;按条计算。

(5)唧泥

板决在荷载通过时明显活动,接缝处有沉积基层材料,不分等级;按块计算。

(6)边角剥落

轻:沿接缝单侧约一倍板厚宽度范围内的板边碎裂,裂缝面与板面成一定角度,未贯通板厚,浅层剥落,接缝槽深度范围内(约5cm)碎裂;按条计算。

中:沿接缝单侧约一个板厚宽度范围内的板边碎裂,裂缝面与板面成一定角度,未贯通板厚,中、深层剥落,接缝附近混凝土多处开裂;按条计算。

重:沿接缝单侧约一个板厚宽度范围内的板边碎裂,裂缝面与板面成一定角度,未贯通半板厚,深层剥落,接缝附近混凝土多处开裂,并且深度超过接缝槽底部;按条计算。

(7)接缝料破损

轻:因填缝料老化、挤出、剥落等原因,接缝内无填料或被砂、石、土填塞,填料老化,不泌水,但尚未剥落脱空或被砂、石、泥土填塞;按条计算。

重:因填缝料老化、挤出、剥落等原因,接缝内无填料或被砂、石、土填塞,三分之一以上长出现空缝或被砂、石、土填塞;按条计算。

(8)坑洞:板面出现有效直径大于3cm、深度大于1cm的局部坑洞,不分等级;按块计算。

(9)修补损坏

轻:板面损坏修复后又出现的损坏,补块稍有损坏或有轻微剥落;按块计算。

中:板面损坏修复后又出现的损坏,补块明显损坏,有刺落和裂缝;按块计算。

重:板面损坏修复后又出现的损坏,补块开裂、沉陷;按块计算。

(10)拱起:横缝两侧的板体发生明显抬高,不分等级;按条计算。

(11)层状剥落

轻:板表面细集料散失、粗集料暴露或表层疏松剥落,面积小于板块的20%;按块计算。

重:板表面细集料散失、粗集料暴露或表层疏松剥落,一般在混凝土受冻融破坏或先天性强度严重不足时才出现,面积大于板块的20%;按块计算。

3. 路基

(1)路肩边沟不洁。路肩(包括土路肩、硬路肩和紧急停车带)和边沟(包含边坡)有杂物、油渍、垃圾及堆积物;按道路前进方向的长度计算。

(2)路肩损坏

轻:路肩上出现的各种损坏。

重:路肩上出现的各种严重损坏。

(3)边坡坍塌、水毁冲沟。挖方路段边坡坍塌、填方路段边坡冲沟,按道路前进方向的长度计算。长度小于等于5m为轻度损坏;5~10m之间为中度损坏;大于10m为重度损坏。

(4)路基构造物损坏、路缘石缺损。路基构造物如挡墙等圬工体断裂、沉陷、倾斜、局部坍塌、松动和较大面积勾缝脱落,按道路前进方向的长度计算。长度小于等于5m为轻度损坏;5~10m之间为中度损坏;大于10m为重度损坏。

(5)路基整体沉降。指下沉深度超过3cm的路基整体沉降,按道路前进方向的长度计算。长度小于等于5m为轻度损坏;5～10m之间为中度损坏;大于10m为重度损坏。

(6)排水系统淤塞

轻:边沟、排水沟和藏水沟等排水系统淤积;按长度计算。

重:边沟、排水沟和截水沟等排水系统全截面堵塞;按处计算。

4. 桥涵隧构造物

(1)桥涵技术状况。桥梁技术状况评定采用《公路桥涵养护技术规范》(JTG H11－2004)规定的方法分为五级。

(2)桥头跳车。路面与桥面、涵项等衔接处不平引起的颠簸;按处计算。

(3)伸缩缝损坏。伸缩缝松动、铺装碎边、缝内堵塞。

(4)泄水孔堵塞。泄水孔堵塞,排水不畅。

(5)栏杆、护栏损坏。构件松动、开裂、剥落、露筋、锈蚀、脱落、错位、变形或残缺。

(6)翼墙、锥坡损坏。翼墙裂缝、剥落、断裂、下沉、外倾、砌体变形和倒塌;锥体塌陷、铺砌缺损、冲沟、滑坡或坡顶下降。

(7)上跨桥防护网损坏

轻:上跨高速公路的公路桥、人行桥上的防落网松动、破口或严重锈蚀,有效直径小于等于0.2m。

重:上跨高速化路的公路桥、人行桥上的防落网松动、破口或严重锈蚀,有效直径大于0.2m。

(8)隧道洞体损坏。衬砌及侧墙裂缝变形,局部砌体脱落;洞口端墙、翼墙倾斜、位移;侧墙内装脱落,冻胀破坏;电缆沟、排水沟、圬工体损坏。

(9)隧道渗漏、积水和排水不良。洞身渗水、漏水,路面积水,隧道内外排水不良;端墙、翼墙及衬砌互相连接处有裂缝漏水。

(10)通风、监视系统故障。通风系统故障包括风机保养不善、无法启动,系统控制紊乱;监视系统故障、射像器件损坏、传输信号线路及显示器故障。

(11)照明设施故障。照明设施故障、灯具损坏、回路接地及相间短路。

5. 沿线设施

(1)收费站服务区管理不善。收费站、服务区、停车场、建筑物局部损坏、广场路面破损和污水、垃圾处理不善;收费岛头损坏、防撞立柱变形、严重锈蚀,收费亭、天棚有污染。

(2)防撞护栏破坏

轻:防撞护栏缺少、损坏后修复不及时或修复质量达不到规范要求,长度小于等于4m为轻度损坏。

重:防撞护栏缺少,损坏后修复不及时或修复质量达不到规范要求,长度大于4m为重度损坏。

(3)隔离栅损坏。隔离栅损坏后修复不及时或修复质量达不到规范要求;按处计。

(4)紧急电话缺损。紧急电话缺少或损坏,电话不通,箱体歪斜、松动或锈蚀等;按处计。

(5)标志缺损。各种交通标志(里程碑、轮廓标、百米标等)残缺、位置不当或尺寸颜色不规范、不鲜明、可变信息板故障;按处计。

(6)标线缺损。标线缺少或损坏;按每米计算。评定时不考虑车道数量的影响。

(7)绿化空白路段。应绿化而未绿化的路段;按每米计算。

(8)绿化管护不善。路树、花草枯死,虫害未及时防治或缺树,绿化带未及时修剪或有杂物;按每米计算。

附录二:高速公路养护质量评定方法

(1)高速公路养护质量评定包括 MQI 计算、质量分级和次差路率确定,见附图 2-1。

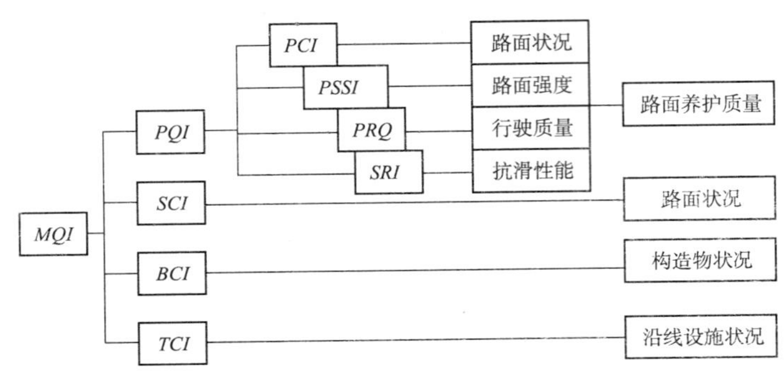

附图 2-1　*MQI* 的相关指标及关系

①路段 *MQI* 计算。高速公路管理单位或经营公司应按式(2-1),以公里为单位计算路段 *MQI*。

$$PQI = W_{PCI}PCI + W_{PSSI}PSSI + W_{ROI}RQI + W_{SRI}SRI \tag{2-1}$$

式中:W_{PCI}——*PCI* 在 *PQI* 中的权重;

W_{PSSI}——*PSSI* 在 *PQI* 中的权重;

W_{RQI}——*RQI* 在 *PQI* 中的权重;

W_{SRI}——*SRI* 在 *PQI* 中的权重。

②区间或路线 *MQI* 计算。在进行以区间或路线为单位的养护质量评定时,应采用区间或路线内所有路段的 *MQI* 算术平均值,作为该区间或路线的 *MQI* 值。

③养护质量评价。按附表 2-1 规定的标准对各路段、区间或路线进行养护质量评价,确定养护质量等级。

高速公路养护质量标准　　附表 2-1

评价等级	优	良	中	次	差
MQI	≥90	≥80,<90	≥70,<80	≥60,<70	<60

④次差路率确定。根据各路段 *MQI* 的评价结果,按式(2-2)计算区间或路线的次差路率(R_0P)。

$$R_0P = 100 \times \frac{次等率里程 + 差等路里程}{检测里程} \tag{2-2}$$

式中：R_0P——次差路率(Ratio of Poorly Maintained Expressway Sections)(%)。

(2)高速公路养护质量评定工作由高速公路管理单位或经营企业具体负责实施,每季度评定一次。

(3)高速公路管理单位或经营企业应于每个季度的首月10日前,按附表2-2和附表2-3的要求向省级交通主管部门或公路管理机构报送所辖高速公路养护质量的评定资料。

(4)高速公路管理单位或经营企业应及时利用计算机信息系统,如:高速公路路面管理系统(CPMS),对所检测的数据进行分析处理,根据评定结果提出养护对策,确保高速公路的养护质量和服务水平。

(5)检测单位应积极引进现代化的检测技术(仪器、设备和系统),提高检测数据的准确性。

(6)省级交通主管部门和公路管理机构应加强对高速公路养护质量评定工作定期和不定期的检查和监督,确保检测结果真实可信。

(7)高速公路养护质量(*MQI*)评定时,对不足1km的路段按1km处理。

(8)桥涵构造物扣分计入桥涵构造物所属路段。

(9)高速公路匝道的养护质量由高速公路管理单位或经营企业自行评定,评价结果不纳入统计和上报范围。

高速公路养护质量报表(汇总)　　附表2-2

年　月　日

项　目	养护质量评定结果		
所属省市			
路线编码名称			
管养单位			
管养长度(km)			
主管单位			
平均 *MQI*(双向)		养护质量(双向)	
平均 *MQI*(上行)		养护质量(上行)	
平均 *MQI*(下行)		养护质量(下行)	
次差路率(双向)(%)			
次差路率(上行)(%)			
次差路率(下行)(%)			
评定长度(km)			

续上表

项　目	养护质量评定详细结果					
	双　向		上　行		下　行	
	长度(km)	比例(%)	长度(km)	比例(%)	长度(km)	比例(%)
MQI(优)						
MQI(良)						
MQI(中)						
MQI(次)						
MQI(差)						
MQI <80						
PQI <75						
SCI <75						
BCI <75						
TCI <75						

高速公路养护质量报表(明细)　　附表 2-3

路线名称：　　上下行：　　年　月　日

起点桩号	路段长度(m)	评定结果 *MQI*	路　面					路基 *SCI*	构造物 *BCI*	设施 *TCI*
			PQI	*PCI*	*RQI*	*PSSI*	*SRI*			

(10)养护质量评定数据频率和规定

①数据采集频率。与路面破损等指标比较，在高速公路上，路面结构强度、路面抗滑性能和道路平整度的变化较为缓慢。根据有关规范规定、国内外有关文献、管理经验、养护需求、检测设备的性能(速度)和检测成本，认为高速公路路面结构强度和路面抗滑性能可2年检测一次，道路平整度1年检测一次。其余指标由于变化频繁，需要经常性地检测，检测频率设定为3个月一次，这样也有助于将养护质量评定工作与高速公路的日常巡视检查和日常养护工作结合起来。

②数据采集规定。路况数据、路面结构强度、道路平整度和路面抗滑性能的检测需遵循相关设备的使用规程，根据本标准的技术要求实施。

附录三:高等级公路养护维修安全作业图例

1. 基本图例

养护维修安全作业基本图例见附图 3-1。

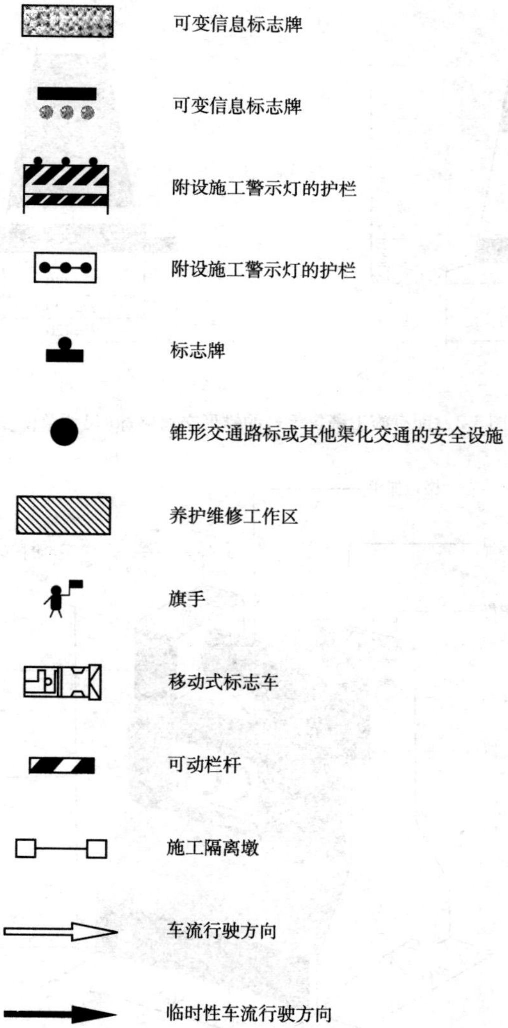

可变信息标志牌

可变信息标志牌

附设施工警示灯的护栏

附设施工警示灯的护栏

标志牌

锥形交通路标或其他渠化交通的安全设施

养护维修工作区

旗手

移动式标志车

可动栏杆

施工隔离墩

车流行驶方向

临时性车流行驶方向

附图 3-1 安全作业基本图例

2. 养护维修作业设施图例

养护维修作业设施图例见附图 3-2 ~ 附图 3-8。

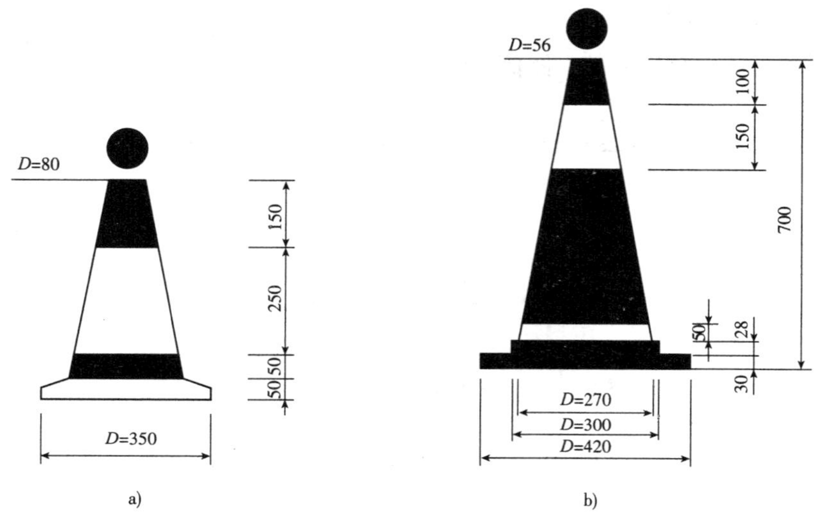

附图 3-2　配有施工警告等号的锥形交通路标(尺寸单位:mm)

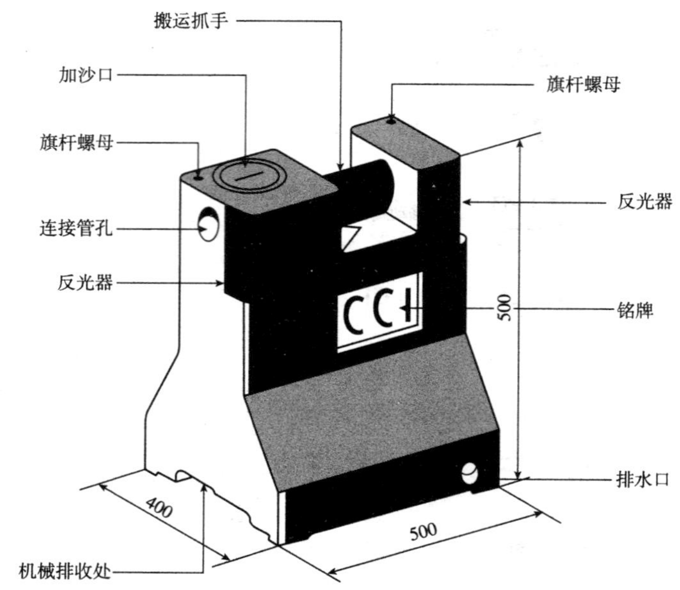

附图 3-3　施工隔离墩(尺寸单位:mm)

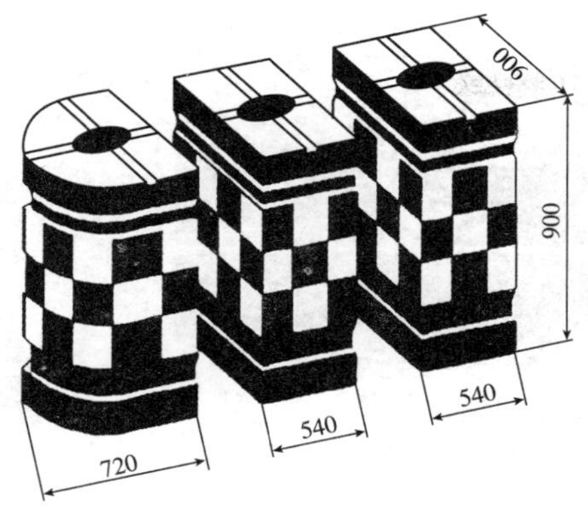

附图 3-4 防撞桶(尺寸单位:mm)

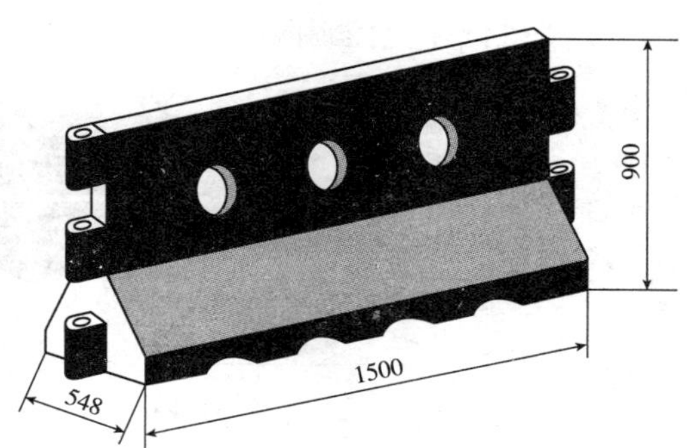

附图 3-5 防撞墙(尺寸单位:mm)

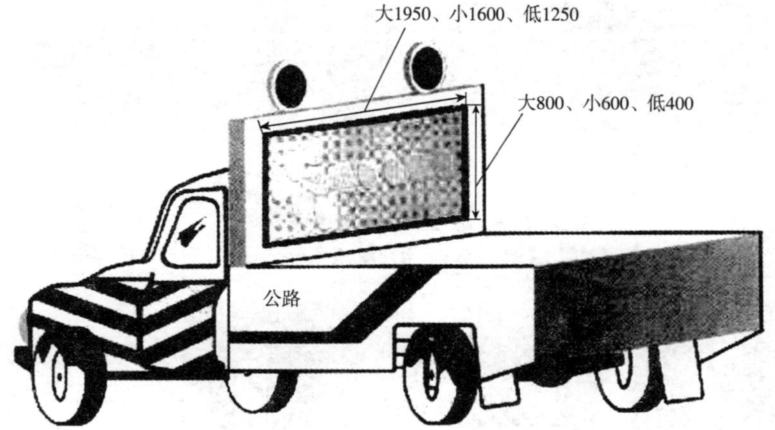

附图 3-6 移动式标志车(尺寸单位:mm)

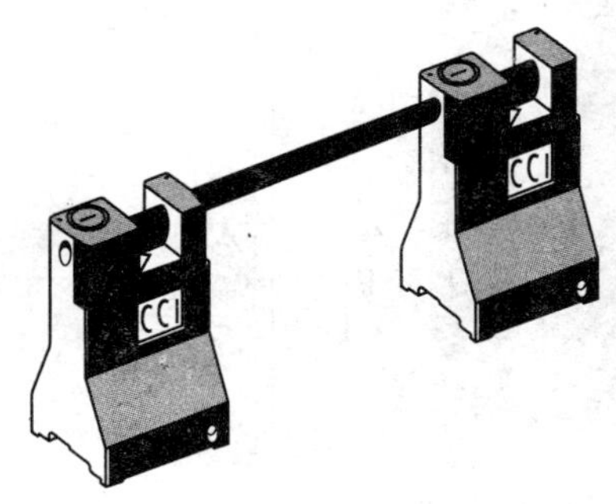

附图 3-7 施工隔离墩的连接

附图 3-8 施工警告频闪灯

3. 养护维修作业控制区布置图

养护维修作业控制区布置图见附图3-9～附图3-27。

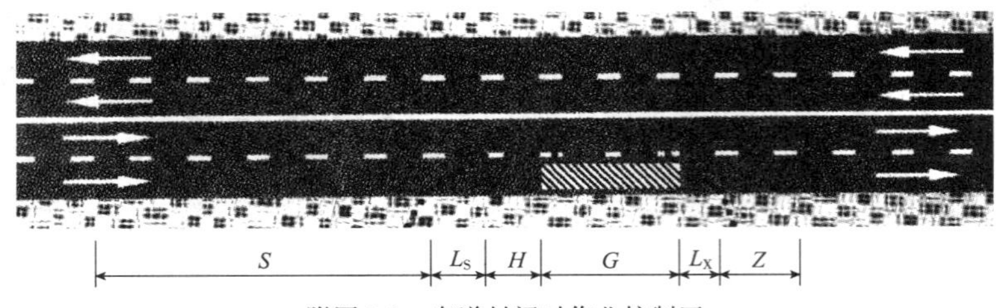

附图3-9　车道封闭时作业控制区

S-警告区；L_S-车道封闭上游过渡区；H-缓冲区；G-工作区；L_X-上游过渡区；Z-终止区

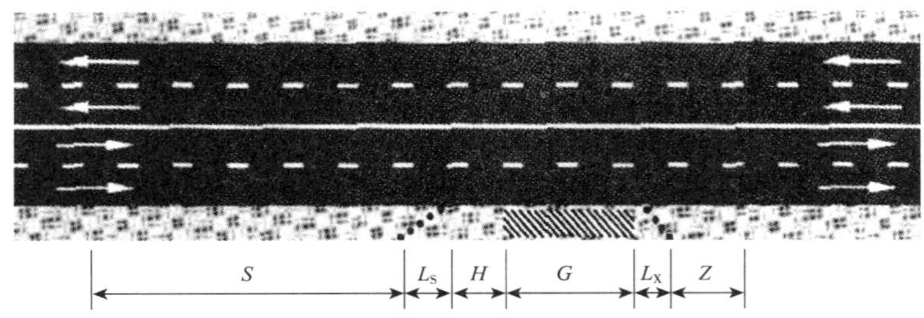

附图3-10　路肩封闭时的作业控制区

S-警告区；L_S-车道封闭上游过渡区；H-缓冲区；G-工作区；L_X-上游过渡区；Z-终止区

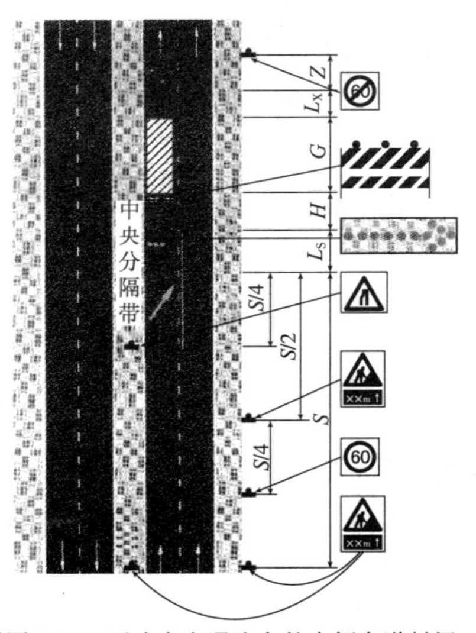

附图3-11　不改变交通流向的内侧车道封闭养护维修作业

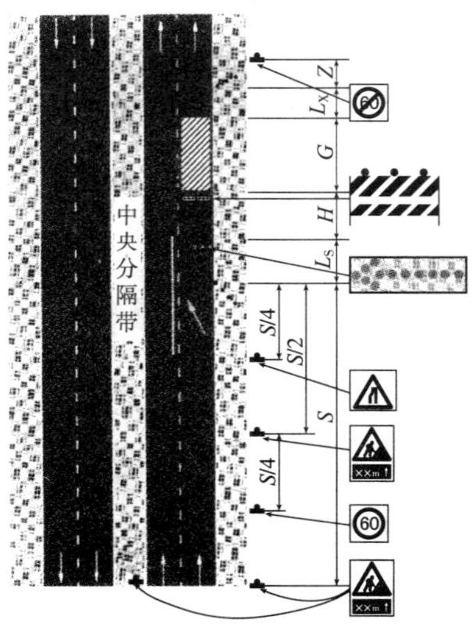

附图3-12　不改变交通流向的外侧车道封闭养护维修作业

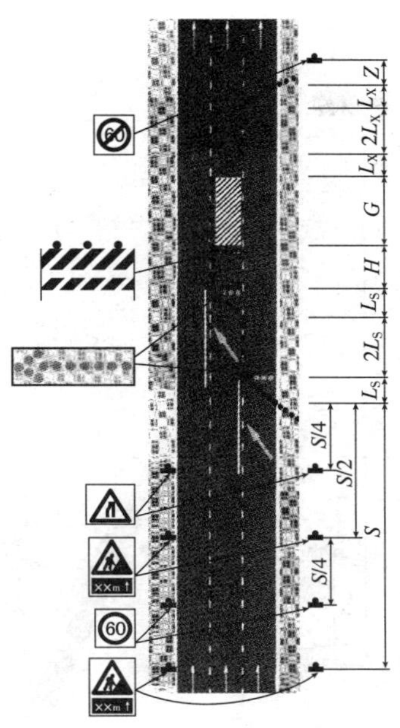

附图 3-13 不改变交通流方向的单向三车道养护维修作业

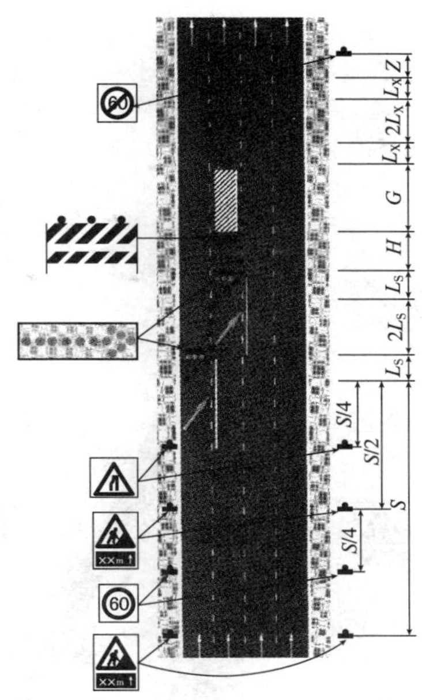

附图 3-14 不改变交通流方向的单向四车道养护维修作业

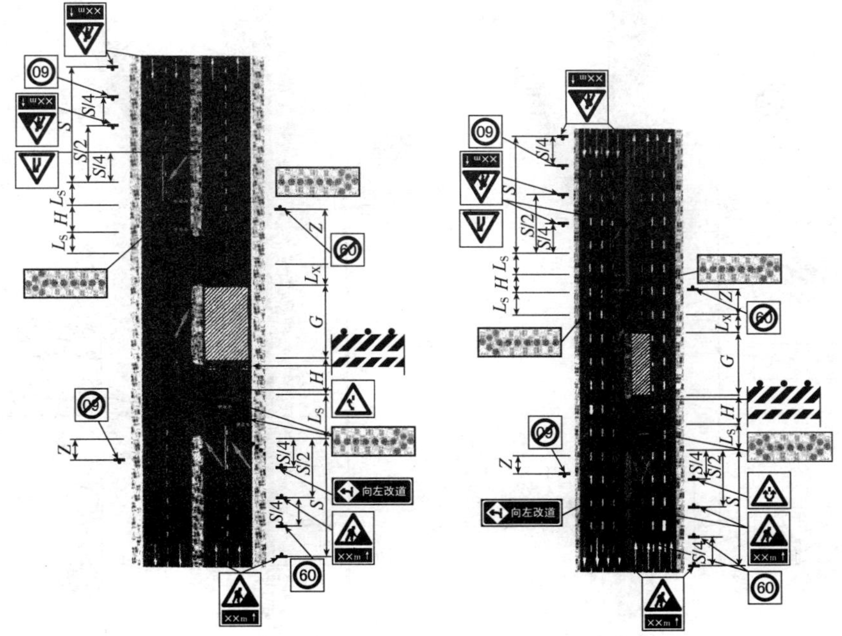

附图 3-15 改变交通流方向的单向两、四车道养护维修作业

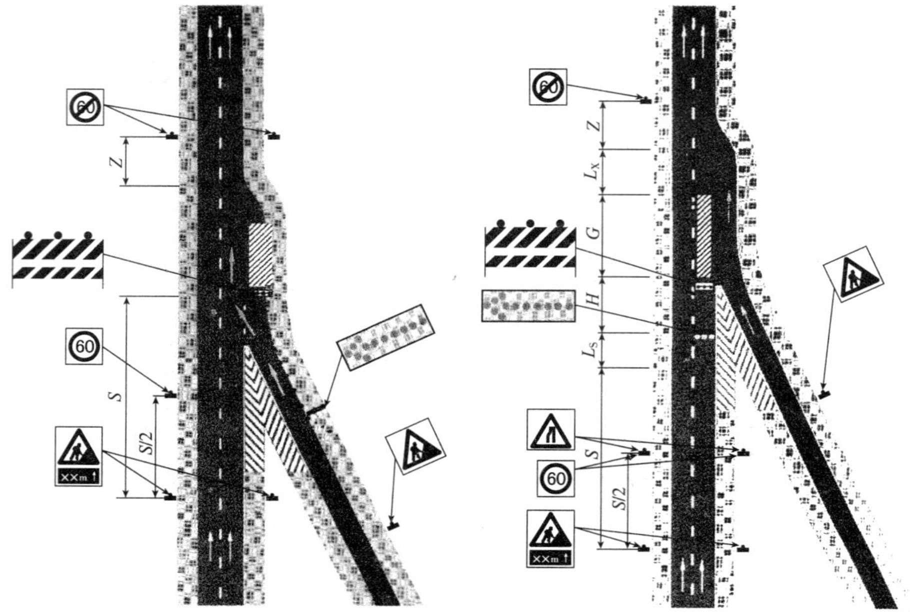

附图 3-16　立交进口匝道附近养护维修作业

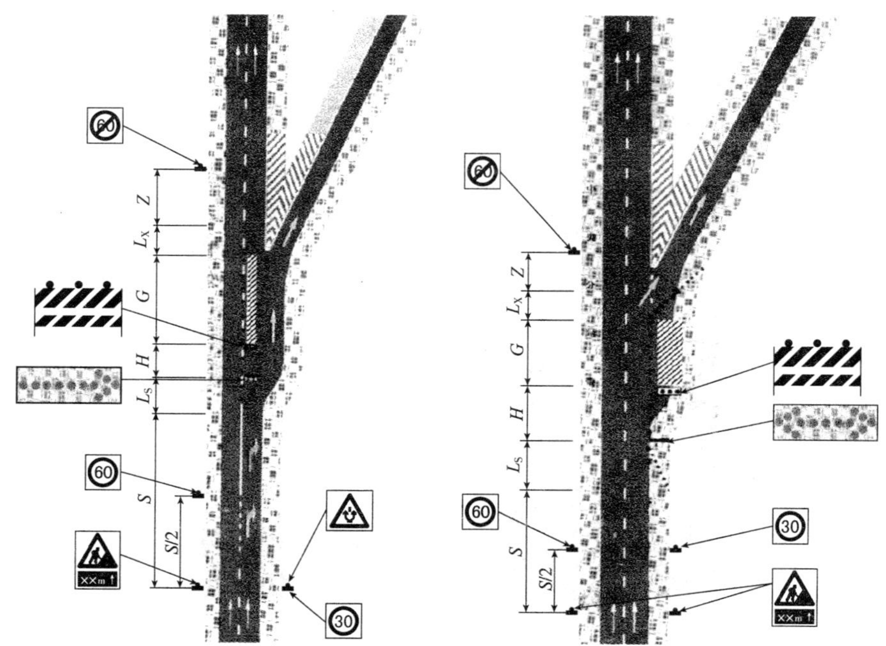

附图 3-17　立交出口匝道附近养护维修作业

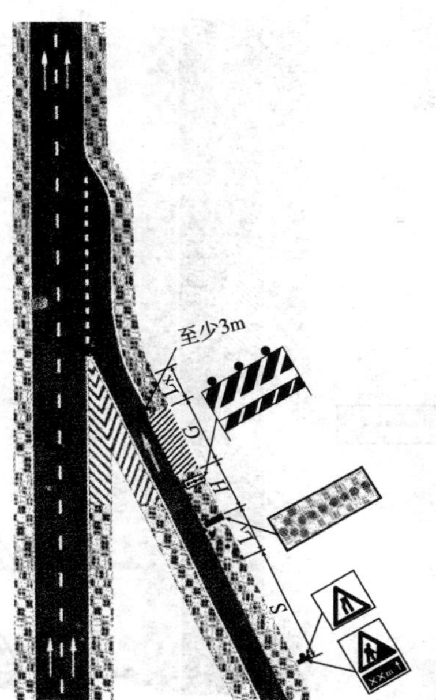

附图 3-18 立交匝道上养护维修作业

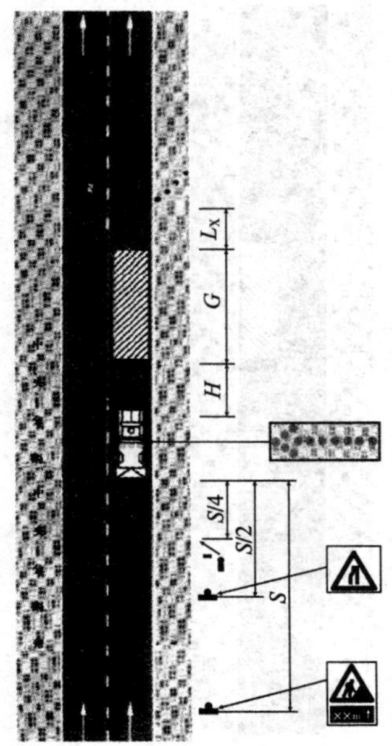

附图 3-19 临时定点外侧车道养护维修作业

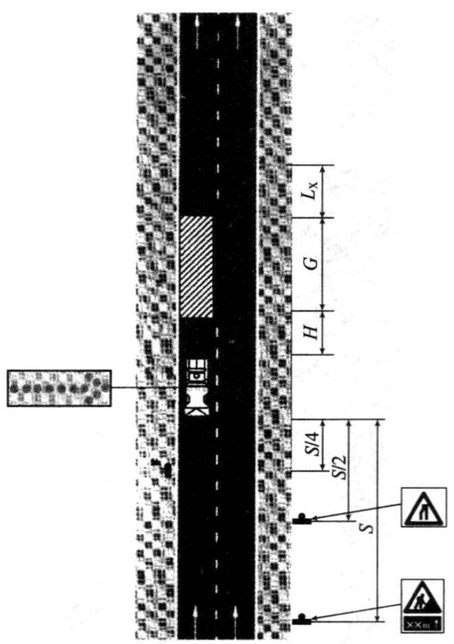

附图 3-20　临时定点内侧车道养护维修作业

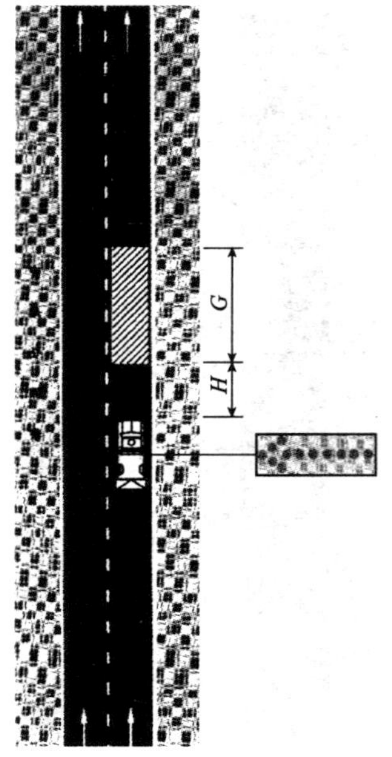

附图 3-21　移动养护维修作业

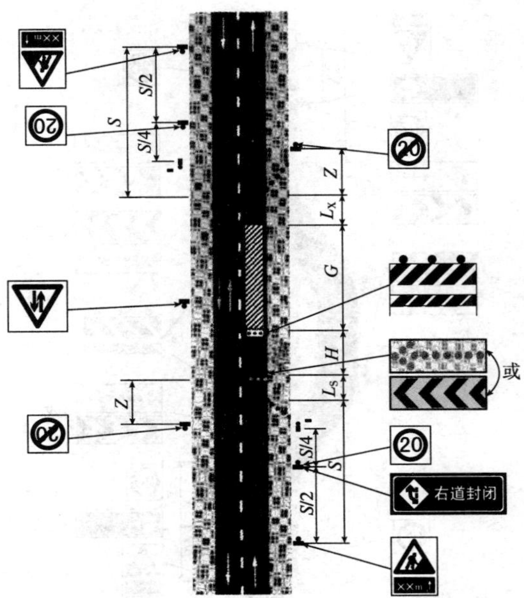

附图 3-22 路段双车道一个车道封闭养护维修作业

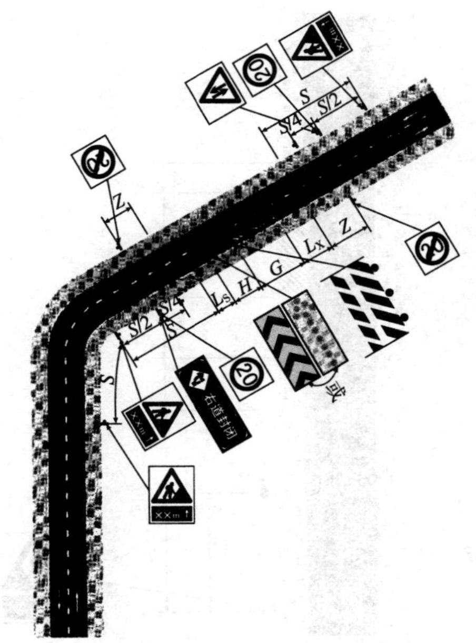

附图 3-23 弯道上养护维修作业

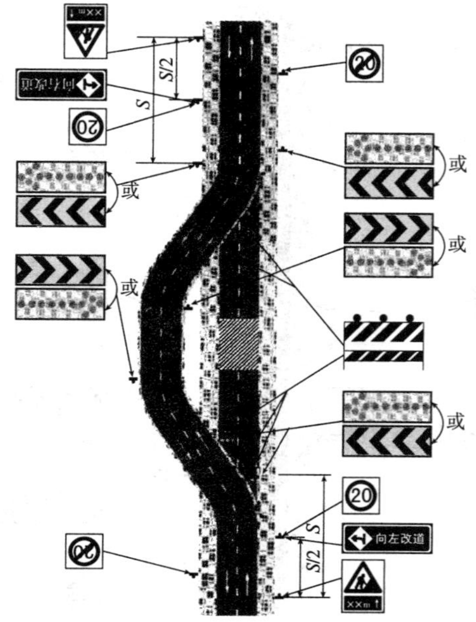

附图 3-24　整个路面养护维修作业

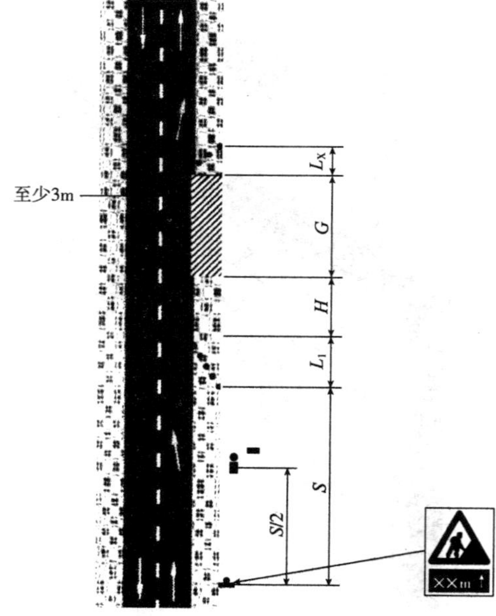

附图 3-25　路肩养护维修作业

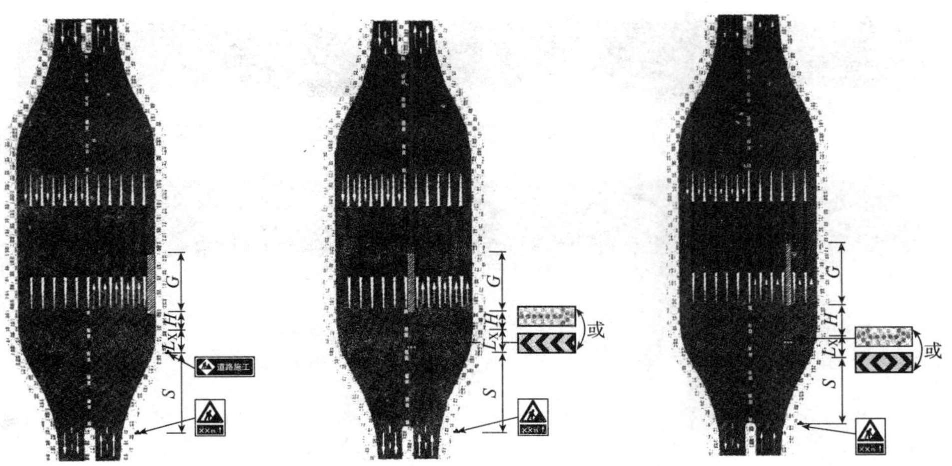

附图 3-26 收费广场收费亭外、内侧和中间车道养护维修作业

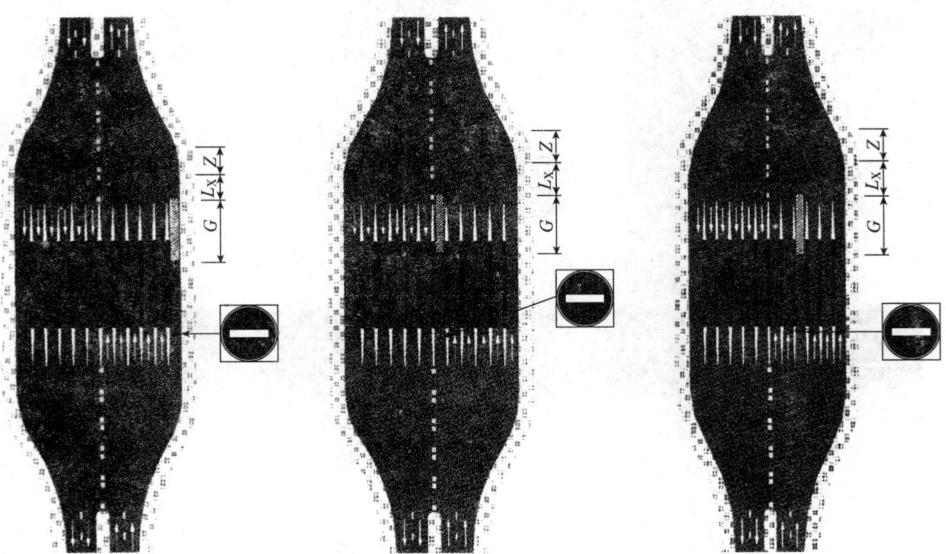

附图 3-27 收费广场收费亭下游外、内侧和中间车道养护维修作业

4. 养护维修作业交通标志设置图

养护维修作业交通标志设置图见附图 3-28 ~ 附图 3-45。

附图 3-28 工作区在道路右侧时的交通标志设置图

附图 3-29　工作区在道路靠中央分隔带内侧时的交通标志设置图

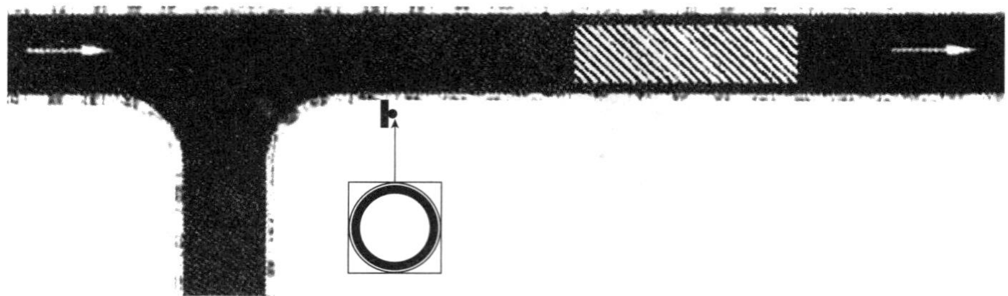

附图 3-30　禁止通行标志的设置图

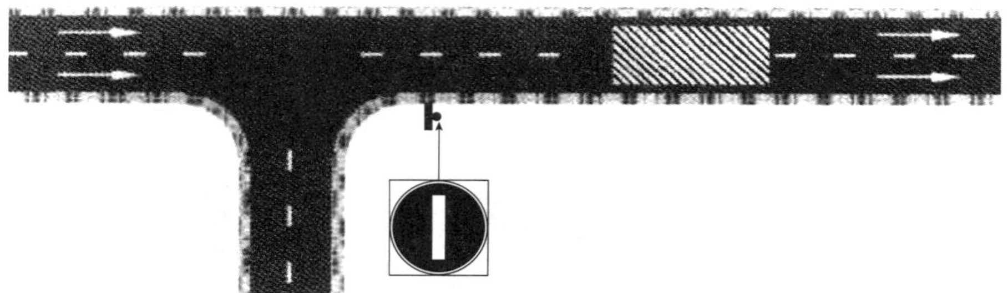

附图 3-31　禁止驶入标志的设置图

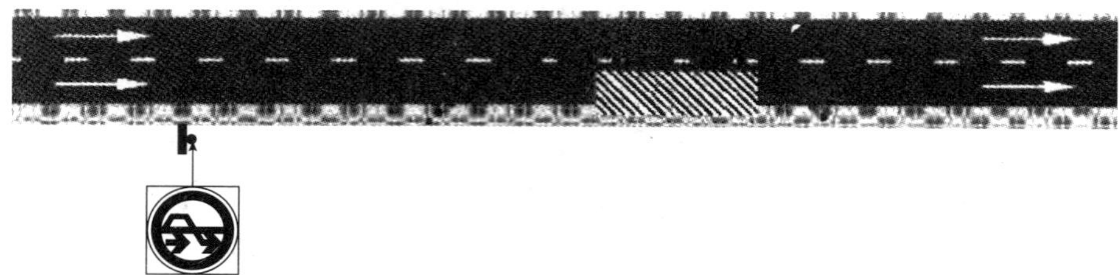

附图 3-32　禁止超车的设置图

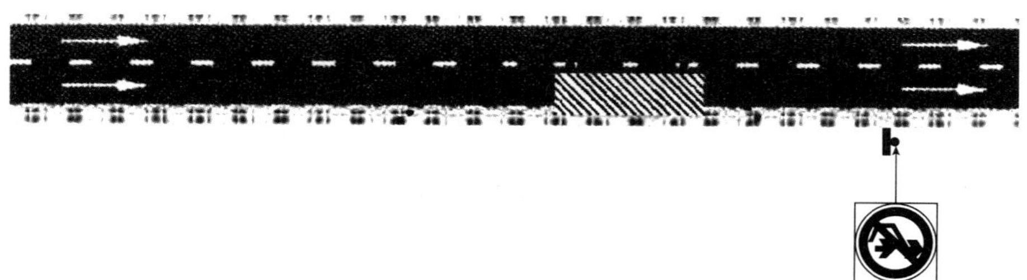

附图 3-33　解除禁止超车标志的设置

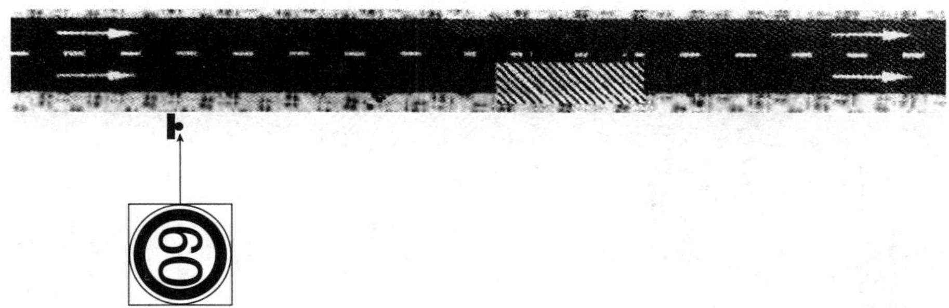

附图 3-34 限制速度标志的设置图

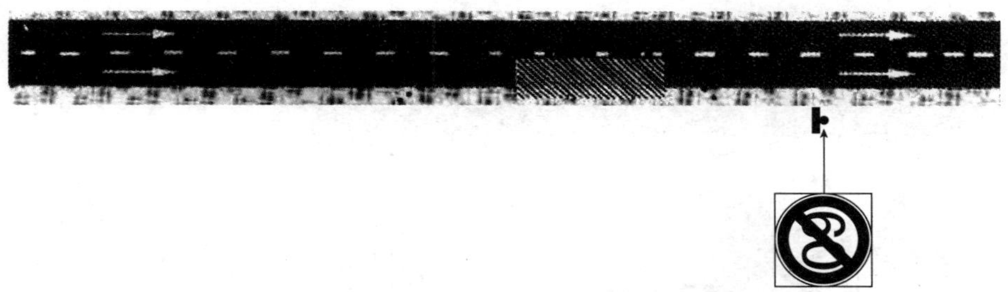

附图 3-35 解除限制速度标志的设置图

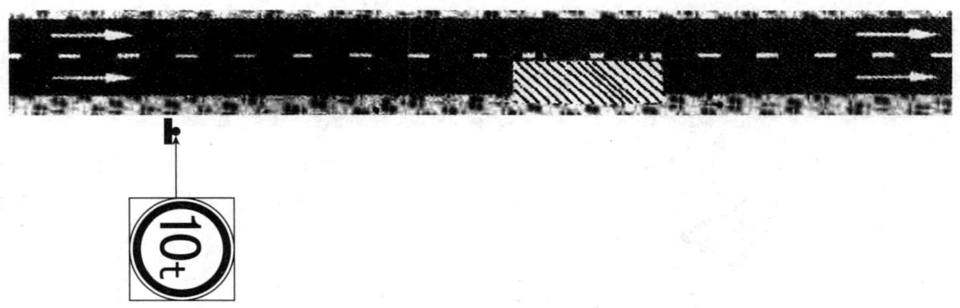

附图 3-36 限制质量标志的设置图

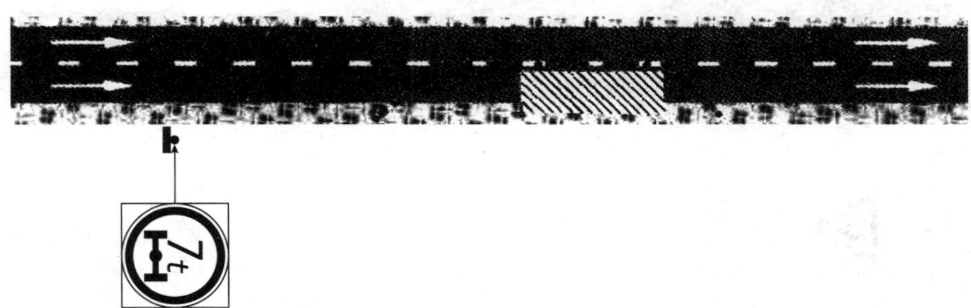

附图 3-37 限制轴重标志的设置图

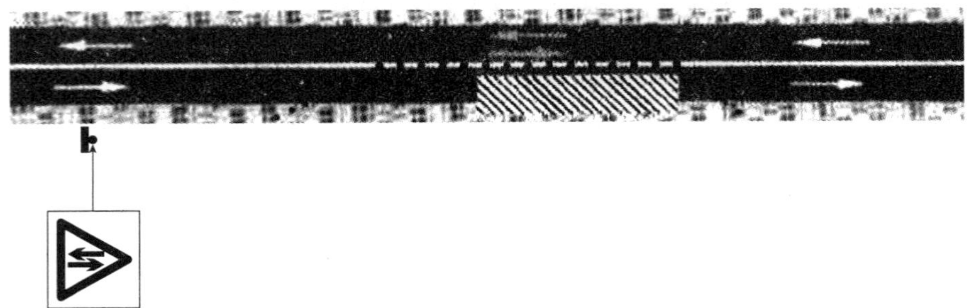

附图 3-38　双向交通标志的设置图

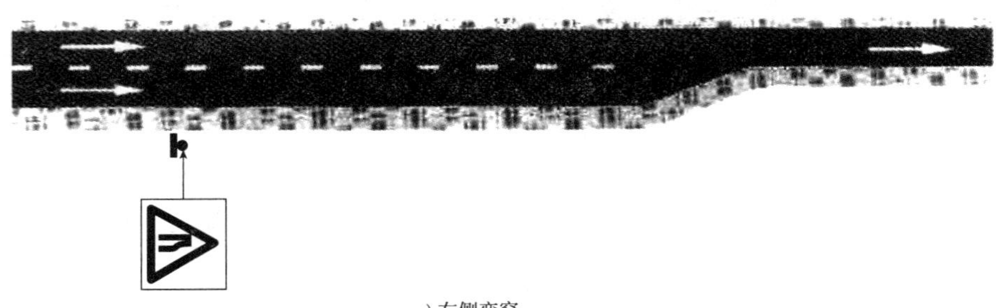

a) 右侧变窄

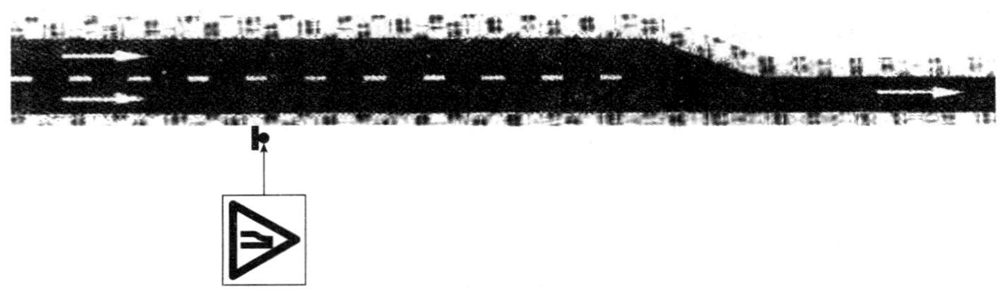

b) 左侧变窄

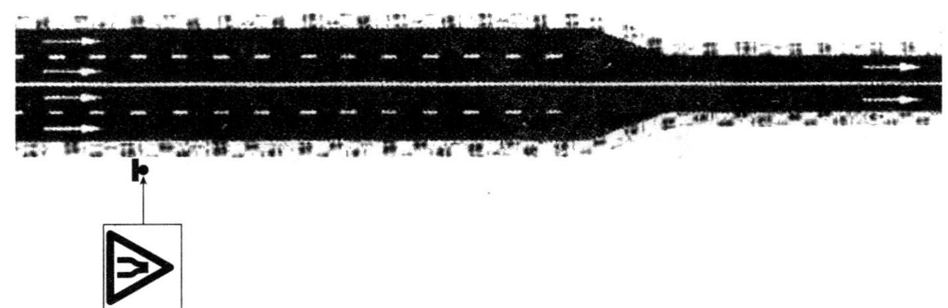

c) 两侧变窄

附图 3-39　窄路标志的设置图

a) 前方施工

b) 前方施工

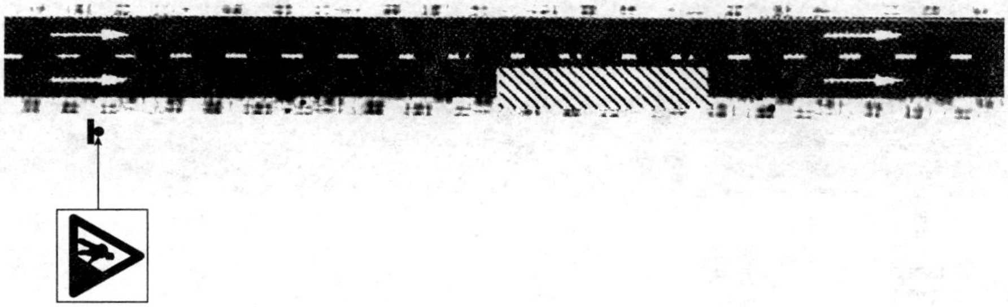

c) 施工

附图 3-40 施工标志的设置图

附图 3-41 车辆慢行标志的设置图

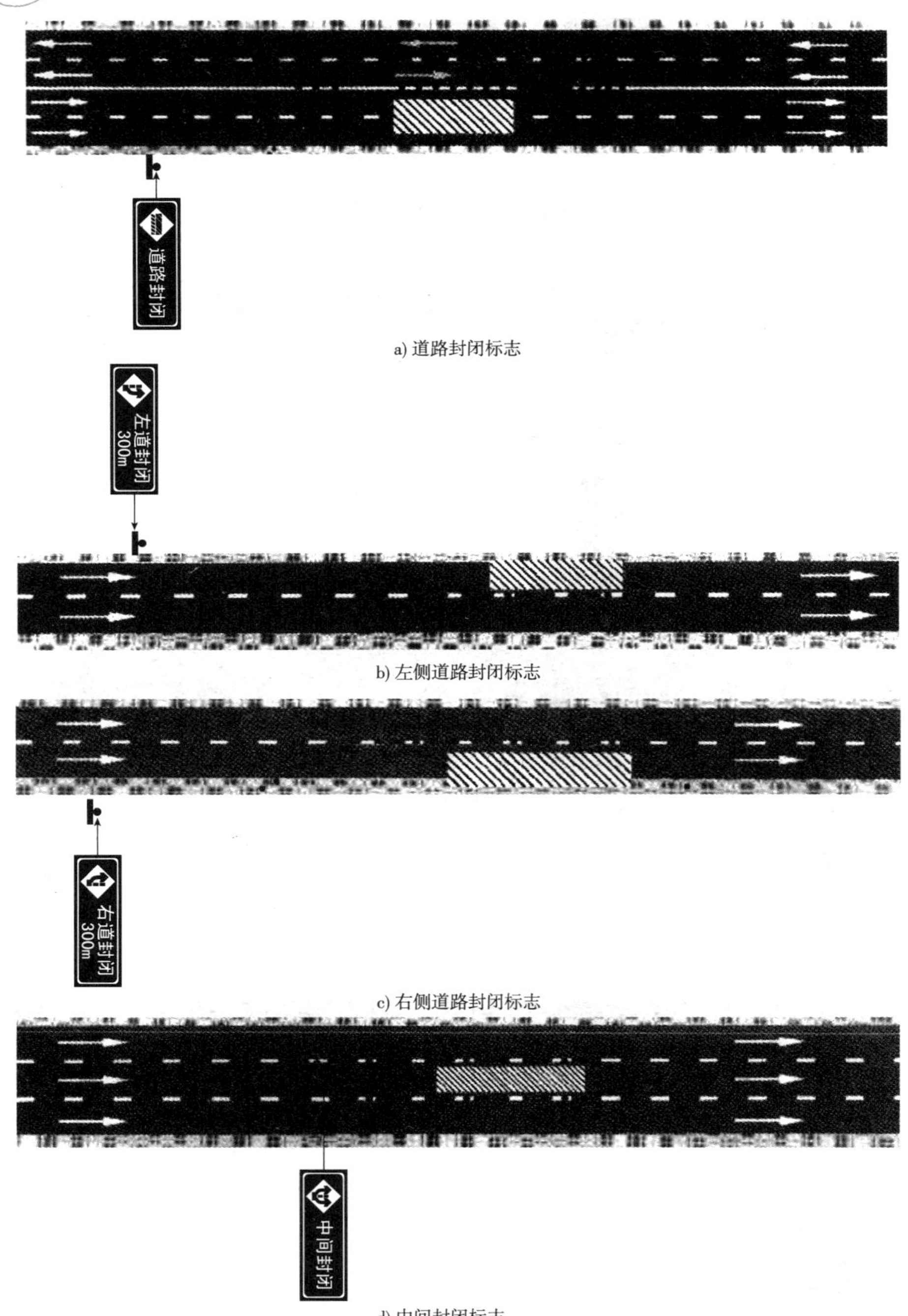

a) 道路封闭标志

b) 左侧道路封闭标志

c) 右侧道路封闭标志

d) 中间封闭标志

附图 3-42　车道封闭标志的设置图

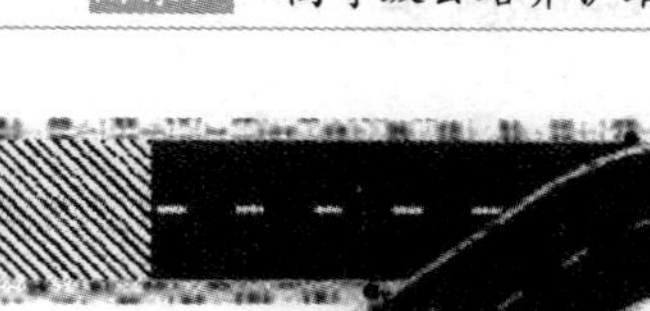

a) 向右改道

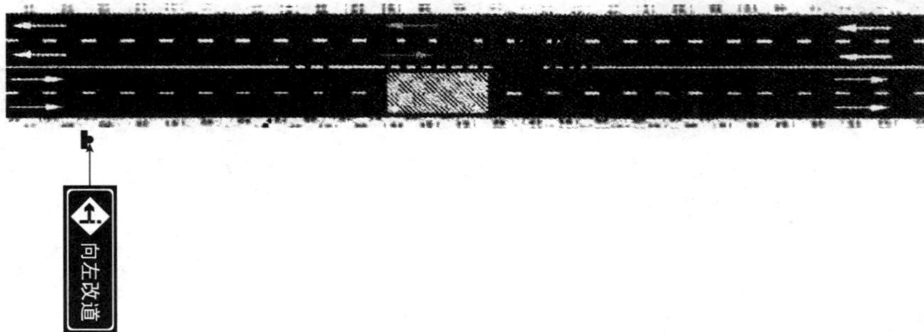

b) 向左改道

附图 3-43　改道标志的设置图

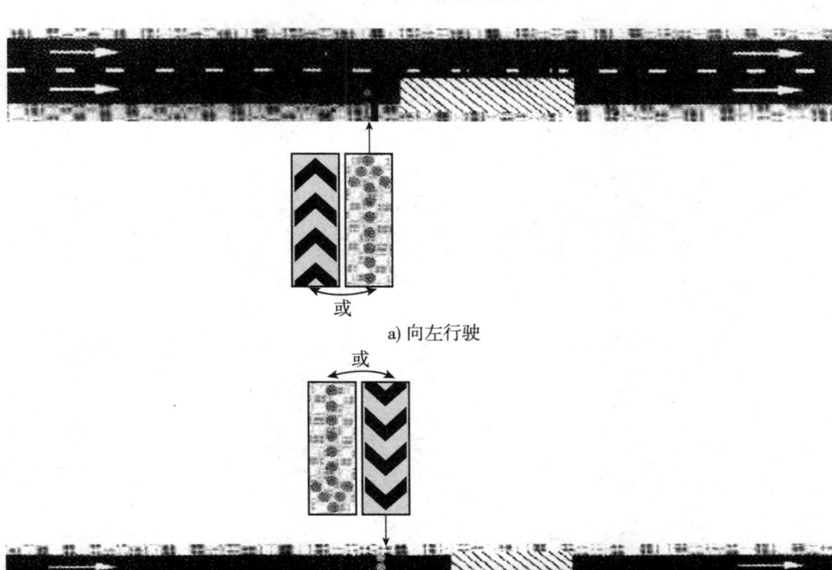

a) 向左行驶

b) 向右行驶

附图 3-44　线形诱导标志的设置图

附图 3-45　车道合流标志的设置图

参 考 文 献

[1] 中华人民共和国交通部行业标准. JTG F40—2004 公路沥青路面施工技术规范[S]. 北京:人民交通出版社,2004.

[2] 中华人民共和国交通部行业标准. JTG F80/1—2004 公路工程质量检验评定标准[S]. 北京:人民交通出版社,2004.

[3] 中华人民共和国交通部行业标准. JTJ 052—2000 沥青及沥青混合料试验规程[S]. 北京:人民交通出版社,2000.

[4] 中华人民共和国交通部行业标准. JTJ 034—2000 公路路面基层施工技术规范[S]. 北京:人民交通出版社,2000.

[5] 中华人民共和国交通部行业标准. JTG H10—2009 公路养护技术规范[S]. 北京:人民交通出版社,2009.

[6] 中华人民共和国交通部行业标准. JTJ 073.2—2001 公路沥青路面养护技术规范[S]. 北京:人民交通出版社,2001.

[7] 中华人民共和国交通部行业标准. JTJ 075—94 公路养护质量检查评定标准[S]. 北京:人民交通出版社,1994.

[8] 中华人民共和国交通部行业标准. JTG H30—2004 公路养护安全作业规程[S]. 北京:人民交通出版社,2004.

[9] 中华人民共和国交通部行业标准. 高速公路养护质量检评方法(试行). 北京:人民交通出版社,2002.

[10] 交通部公路科学研究院. 微表处和稀浆封层技术指南[M]. 北京:人民交通出版社,2006.

[11] 中华人民共和国交通部文件. "十一五"公路养护管理事业发展纲要. 交公路发[2006]482号,2006.

[12] 中华人民共和国交通部文件. 关于防治高速公路沥青路面早期损坏指导意见. 交公路发(2005)523号,2005.

[13] 高速公路养护管理手册编委会. 高速公路养护管理手册[M]. 北京:人民交通出版社,2002.

[14] 周余明等. 高速公路养护管理[M]. 北京:人民交通出版社,2001.

[15] 山西省高速公路管理局. 养护岗位[M]. 北京:人民交通出版社,2005.

[16] 沙庆林. 高速公路沥青路面早期破坏现象及预防[M]. 北京:人民交通出版社,2001.

[17] 徐培华. 高等级公路路基路面养护技术[M]. 北京:人民交通出版社,2003.

[18] 高建立. 高速公路沥青路面养护关键技术与工程实例[M]. 北京:人民交通出版社,2006.

[19] 沈金安. 高速公路沥青路面早期损坏分析与防治措施[M]. 北京:人民交通出版社,2005.

[20] 吕伟民. 沥青路面再生技术[M]. 北京:人民交通出版社,1989.

[21] 黄颂昌,徐剑,秦永春. 我国沥青路面养护技术现状与发展展望[J]. 公路交通科技,2006(08).

[22] 施晓平. 浅述高速公路管养分开与和谐养护建设[J]. 交通企业管理,2007(04).

[23] 徐培华. 蔡乾东等. 高速公路沥青路面车辙维修关键技术研究. 研究报告,2007(07).
[24] 徐培华. 高等级公路沥青路面车辙病害维修与防治技术[J]. 公路养护,2006(03).
[25] 王运芳. 高等级公路沥青路面坑槽病害成因分析[J]. 交通标准化,2003(11).
[26] 张连强. 高速公路沥青路面裂缝病害成因分析[J]. 交通世界,2005(08).
[27] 唐云伟,陆永军,李明泽. 沥青路面裂缝产生的原因及防治措施[J]. 交通科技,2006(04).
[28] 张碧琴,柳银芳. 京沪公路青县至吴桥段高速公路沥青路面坑槽处治[J]. 公路交通科技(应用技术版),2006(06).
[29] 张雅涛. 高等级公路加强预防性养护的意义及具体实施建议[J]. 交通世界,2006(04).
[30] 陈其学. 高速公路路面预防性养护决策[J]. 公路交通技术,2007(01).
[31] 任勇. 基于生命周期费用的沥青路面预防性养护时机研究[D]. 西安:长安大学,2006.
[32] 杨光,刘丹等. 乳化沥青稀浆封层路面养护应用技术的探讨[J]. 辽宁交通科技,2003(04).
[33] 杨明,苏卫国. 预防性养护雾封层措施试验路工程实践[J]. 公路,2006(11).
[34] 张恒涓. 一种沥青路面预防性养护的好方法[J]. 公路,2002(10).
[35] 王春清. 京秦高速公路沥青路面预防性养护技术研究[D]. 西安:长安大学,2007.
[36] 黄联锋. 乳化沥青稀浆封层技术的研究与应用[J]. 上海公路,2000(04).
[37] 潘放等. 稀浆封层在开阳高速公路上的应用[J]. 公路,2003(08).
[38] 徐培华等. 改性稀浆封层技术试验研究[J]. 公路,1996(09).
[39] 陈驰平. 高速公路微表处养护技术应用浅议[J]. 湖南交通科技,2005(02).
[40] 张争奇等. 微表处技术在高速公路沥青路面养护中的应用[J]. 中外公路,2006(03).
[41] 李明俊,宿官忠. 微表处技术在北京六环路养护工程试验路段中的应用[J]. 石油沥青,2005(03).
[42] 黄颂昌,徐剑,秦永春. 微表处技术在我国的研究应用与发展前景[J]. 石油沥青,2004(06).
[43] 徐剑,黄颂昌,秦永春. 微表处在高速公路沥青混凝土路面维修工程中的应用[J]. 公路,2003(10).
[44] 富文军,姜武杰. 同步碎石封层技术在沥青路面养护中的应用[J]. 建筑机械化,2006(5).
[45] 陈小琪,刘培林等. 同步碎石封层技术的试验路研究[J]. 上海公路,2006(3).
[46] 宋哲玉. 高聚物改性乳化沥青[J]. 公路养护,2007(1).
[47] 宋哲玉,徐培华. 改性乳化沥青生产工艺的优化[J]. 石油沥青,2004(05).
[48] 秦永春,徐剑,黄颂昌,李福普. 道路用乳化沥青技术要求的研究[J]. 公路交通科技,2005(02).
[49] 孙祖望. 沥青路面再生技术的现状与发展(二)[J]. 建筑机械,2005(04).
[50] 刘朝晖,褚晨枫,张起森. 沥青路面厂拌热再生技术与设备[J]. 建筑机械化,2007(03).
[51] 黄颂昌,彭明文,徐剑. 国内外沥青路面再生技术应用[J]. 公路交通科技(应用技术版),2006(11).
[52] 董泽蛟,谭忆秋,曹丽萍. 乳化沥青冷再生混合料的室内设计与性能评价研究[J]. 公路交通科技,2006(2).